中学化学教育与素养丛书

中学化学
教育研究方法

ZHONGXUE HUAXUE
JIAOYU YANJIU FANGFA

主　编　皇甫倩　刘　星
编　委　李　佳　许应华　刘　瑞　万延岚

西南大学出版社
国家一级出版社　全国百佳图书出版单位

图书在版编目(CIP)数据

中学化学教育研究方法 / 皇甫倩，刘星主编.
重庆：西南大学出版社，2023.12. -- ISBN 978-7
-5697-0839-4

Ⅰ.G633.82

中国国家版本馆CIP数据核字第2024K5X501号

中学化学教育研究方法
主编 皇甫倩 刘 星

责任编辑：伯古娟
责任校对：李 勇
装帧设计：起源
排　　版：陈智慧
出版发行：西南大学出版社（原西南师范大学出版社）
　　　　　地址：重庆市北碚区天生路2号
　　　　　邮编：400715
印　　刷：重庆亘鑫印务有限公司
成品尺寸：195 mm×255 mm
印　　张：17.25
字　　数：411千字
版　　次：2023年12月　第1版
印　　次：2023年12月　第1次印刷
书　　号：ISBN 978-7-5697-0839-4
定　　价：68.00元

前 言

当代著名的科学家和科学史学者贝乐纳曾经指出,良好的方法能使我们更好地发挥运用天赋的才能,而拙劣的方法则可能阻碍才能发挥。随着我国教育研究的快速发展,社会各界了解教育研究规范的需求日益增强。越来越多的化学师范类专业的学生开始参与教育研究,甚至很多非化学师范类专业的本科生也在各自的领域针对自己感兴趣的化学教育问题尝试开展研究,学生急需一本提纲挈领、言简意赅的化学教育研究方法教材,用于之后的学习或教学当中。

《中学化学教育研究方法》秉持以学生为中心、服务学生的教材理念,把学生的认知特点作为教材编写的逻辑起点,打破了以往只以理论为依据的教材编写逻辑,并重构质性和量化研究方法有机融合的教材体系。

教材的主要特色与创新如下。

(1)教材内容:兼顾理论与实践,探索以问题和案例为中心的内容模式。本书重点介绍了几种研究类型。在介绍具体的研究方法时,遵循"意涵—价值—类型—过程—实施"的思路,并在每章开头以一个具体的案例为研究问题,沿着研究问题自然展开的逻辑顺序,逐一阐述各种研究方法的基本理论及具体操作程序。这不仅在理论上进一步深化了教育科学研究的逻辑体系,而且在实践中对于指导一线教师开展课题研究也具有重要的现实意义。本书同时引入优秀化学教育科研案例,使读者熟悉并参与研究的选题和论证、研究成果表达等化学教育研究的过程,以案例分析的方式帮助读者构建整体、系统、逻辑严密的研究思维。

(2)教材编写:采用"校际联合"的教材建设团队。为突破传统教材编写的校域局限,本教材联合了国内一流高校在化学教育研究方法的理论探索、教材编写、课程建设和教学改革方面做出突出贡献的知名教师。这一"校际联合"团队以跨学科、多元化的视角,不断更新和充实其他领域的前沿研究成果,将社会学、统计学等多门学科的研究方法有效运用到化学教育研究领域，共同致力于更新化学教育研究方法的理论知识、教材编写体系、课程建设逻辑，创新和改革教学模式，致力于将《中学化学教育研究方法》打造成国内一流教材。

（3）教材结构：层次分明，结构完整，重构了中学化学教育研究的方法体系。教材包括中学化学教育研究概述、中学化学教育研究的问题与假设、教育调查研究、教育实验研究等15章。章与章之间彼此联系，逻辑性强，知识框架的构建完整、全面。

本教材适用于化学师范类专业的本科生、其他专业参与化学教育研究或对化学教育研究感兴趣的本科生、计划报考教育学硕士的考生和教育学硕士，也可供一线中学化学教师学习参考。

本教材的写作历时数年，成稿得益于华中师范大学李佳副教授、重庆师范大学许应华教授、四川师范大学刘瑞副教授、青岛大学万延岚副教授的悉心帮助，得益于西南大学教师教育学院理科教育中心全体成员的共同努力，在此感谢他们付出的辛勤劳动。

最后，真诚感谢西南大学教师教育学院各位领导和专家的无私帮助，感谢西南大学教务处的鼎力支持，感谢西南大学出版社编辑团队的付出。

由于作者水平、能力和精力有限，书中难免存在一些疏漏之处，恳请广大读者不吝赐教。

编者

目 录

第一章 中学化学教育研究概述 ·· 1
  第一节 中学化学教育研究的意义 ·································· 2
  第二节 中学化学教育研究的特征 ·································· 5
  第三节 中学化学教育研究的范式 ·································· 8
  第四节 中学化学教育研究的过程 ·································· 13

第二章 中学化学教育研究的问题与假设 ································ 17
  第一节 中学化学教育研究假设的选题原则和程序 ···················· 18
  第二节 中学化学教育研究问题的主要来源和类型 ···················· 23
  第三节 中学化学教育研究假设的提出与设计 ························ 29

第三章 文献综述的撰写 ·· 31
  第一节 文献综述的概述 ·· 32
  第二节 文献检索的途径与方法 ···································· 36
  第三节 如何撰写文献综述 ·· 45

第四章 教育调查研究 ·· 50
  第一节 教育调查研究概述 ·· 51
  第二节 教育调查研究的一般过程 ·································· 55
  第三节 问卷的编制 ·· 58

第五章 教育测量研究 ·· 67
  第一节 教育测量法的内涵与特点 ·································· 68
  第二节 教育测量工具的评价指标 ·································· 70
  第三节 教育测量法的实施及注意事项 ······························ 76

第六章 教育实验研究 ·· 81
  第一节 教育实验法的内涵与特点 ·································· 82

第二节　教育实验法的类型……………………………………………85
　　第三节　教育实验法的实施及注意事项………………………………88

第七章　教育统计研究……………………………………………………96
　　第一节　统计学中的基本概念…………………………………………97
　　第二节　描述性统计法…………………………………………………101
　　第三节　推断性统计法…………………………………………………110

第八章　教育叙事研究……………………………………………………114
　　第一节　教育叙事研究的缘起与基本内涵……………………………115
　　第二节　教育叙事研究的价值、结构与表达…………………………120
　　第三节　教育叙事研究的过程与规范…………………………………128

第九章　教育个案研究……………………………………………………137
　　第一节　教育个案研究概述……………………………………………138
　　第二节　教育个案研究的实施…………………………………………146
　　第三节　教育个案研究报告的撰写……………………………………152

第十章　课例研究…………………………………………………………155
　　第一节　课例研究的概述………………………………………………156
　　第二节　化学课例研究的过程…………………………………………161
　　第三节　化学课例的撰写………………………………………………173
　　第四节　化学课例研究报告的撰写……………………………………180

第十一章　课堂观察研究…………………………………………………193
　　第一节　课堂观察法的内涵与价值……………………………………194
　　第二节　课堂观察法的类型……………………………………………199
　　第三节　课堂观察法的实施及注意事项………………………………205

第十二章　新兴的教育研究方法与技术…………………………………212
　　第一节　眼动追踪技术在教育研究中的应用…………………………213
　　第二节　脑科学在教育研究中的应用…………………………………217
　　第三节　信息技术在化学教育研究中的应用…………………………220

第十三章 中学化学教育科研论文的撰写·················223
第一节 中学化学教育科研论文的选题·················224
第二节 中学化学教育科研论文的结构·················231
第三节 中学化学教育科研论文撰写的步骤·················235

第十四章 实证研究报告的撰写·················240
第一节 开题报告的撰写·················241
第二节 结项报告的撰写·················246

第十五章 学术规范与学术失范·················253
第一节 引用的规范·················254
第二节 注释与参考文献的规范·················257
第三节 学术失范·················260

部分参考文献·················264

第一章 中学化学教育研究概述

如果你想让教师的劳动能够给教师带来一些乐趣，使天天上课不至于变成一种单调乏味的义务，那你就应当引导每一位教师走上从事研究的这条幸福的道路上来。

——苏霍姆林斯基

【学习目标】

（1）了解中学化学教育研究的意义。
（2）总结中学化学教育研究的特征。
（3）明确三种主要研究范式分别适用于何种情况。
（4）掌握中学化学教育研究的过程。

中学化学教育研究是探索中学化学教育规律，使人类对中学化学教育活动的过程及其本质的认识逐步深化的实践。它是随着中学化学教育的发展而产生和发展起来的。2022年12月28日，在教育部等十三个部门共同发布的《关于规范面向中小学生的非学科类校外培训的意见》中，特别指出要"强化教研工作，切实提升课堂教学质量"。由此，越来越多的化学教师和研究者加入中学化学教育教学的研究行列。中学化学教育研究的意义是什么？它有哪些特征？不同教育研究范式有怎样的联系和区别？如何开展中学化学教育研究？

本章将从中学化学教育研究的意义、特征、范式及研究过程四个方面，对中学化学教育研究进行全面概述。

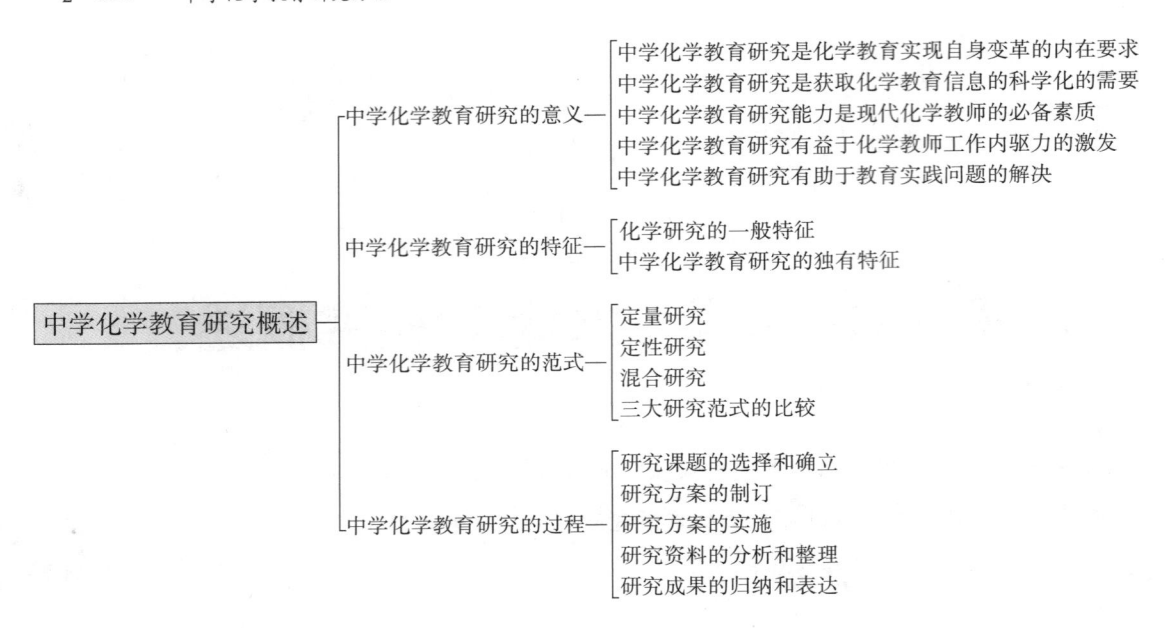

```
                          ┌─ 中学化学教育研究是化学教育实现自身变革的内在要求
                          │  中学化学教育研究是获取化学教育信息的科学化的需要
            ┌─ 中学化学教育研究的意义 ─┤  中学化学教育研究能力是现代化学教师的必备素质
            │             │  中学化学教育研究有益于化学教师工作内驱力的激发
            │             └─ 中学化学教育研究有助于教育实践问题的解决
            │
            │             ┌─ 化学研究的一般特征
            ├─ 中学化学教育研究的特征 ─┤
            │             └─ 中学化学教育研究的独有特征
中学化学教育研究概述 ─┤
            │             ┌─ 定量研究
            │             │  定性研究
            ├─ 中学化学教育研究的范式 ─┤
            │             │  混合研究
            │             └─ 三大研究范式的比较
            │
            │             ┌─ 研究课题的选择和确立
            │             │  研究方案的制订
            └─ 中学化学教育研究的过程 ─┤  研究方案的实施
                          │  研究资料的分析和整理
                          └─ 研究成果的归纳和表达
```

第一节 中学化学教育研究的意义

研究中学化学教育对教育自身理论发展具有重要的建构意义,对教育实践具有重要的指导价值。下面仅就中学化学教育研究对化学教育自身发展、化学教育信息获取、化学教育实践、化学教师发展的意义做简单论述。

一、中学化学教育研究是化学教育实现自身变革的内在要求

随着时代的发展,人们越来越清楚地意识到教育对社会发展与进步的重要性,教育改革已成为全社会关注的焦点。教育由"应试教育"向"素质教育"全面转轨,从关注"三维目标"到关注"核心素养",涉及教育思想、教育内容、教育方法、教育评价等多方面的综合改革。教育改革需要教育研究的大力开展,教育研究正成为教育改革的一个重要组成部分。

化学教师不仅是教育改革的实践者,更是教育改革的研究者。教育研究能更新化学教师的教育思想观念,为顺利实现教育改革扫除障碍。化学教师先进的教育思想观念并不是凭空就能产生的,它必须建立在对化学教育本质的正确理解上,对化学教育发展的趋势和方向的正确判断上。中学化学教育研究通过探索化学教育的内在规律,分析影响化学教育的各方面因素,树立科学的化学教育思想观念,从而保证化学教育改革的顺利进行。

教育改革的最终目的就是提高学校的教育质量,而教师的教育教学方法是贯彻教育思想、实现教育目标的关键性因素。科学有效的教学方法的获得,同样也离不开中学化学教育研究。实践表明,教师通过教育科研可以找出影响学生化学学习的各变量之间的关系,从而选择恰当的教

学方法和教学策略,有效地促进学生学习。例如,化学教师通过深入研究化学学科的特点及学生学习化学的规律而提出的"实验探究教学法",既调动了学生学习化学的兴趣,充分体现了学生学习化学的主体性和探究性,也有力地促进了学生对化学知识的理解,这是培养学生科学素养的有效途径。

教育要改革,教育研究需先行。化学教育改革是一部发动机,推动着化学教育的创新和发展,而中学化学教育研究则是燃料仓,能够为化学教育改革提供先进的教育教学思想和方法等重要保障。开展中学化学教育研究是教师发展的迫切需要,更是教育改革的强烈需要。

二、中学化学教育研究是获取化学教育信息的科学化的需要

教育管理部门、化学教师、家长、学生如何才能获得有用的化学教育信息呢?当然,获取化学教育信息的方法有很多,既可以查阅书籍,又可以向专家咨询,还可以询问或观察有相关经验的同伴的做法,或参考自己过去的经验,甚至依靠直觉等,但这些并不总是可靠的。所查资料文献也可能没有任何有价值的观点;专家也不可能永远是对的;同伴也许在这个问题上没有经验;个人的经验或直觉也可能与这件事无关或者是被曲解了。科学方法提供了另外一种获得信息的方法,这些信息是我们所能获得的最精确和最可靠的信息。那么,这种方法是什么?

在我们所体验到的感觉信息中,我们基本上都能建立关系、看到关系或联系,几乎所有人把这种关系看作"事实",即我们所生活的这个世界的知识元素。例如,我们可以推论,在化学课堂上教师讲授可能不如让学生参加讨论更能使他们集中注意力。但在上述的例子中,我们并不能肯定我们的想法就是正确的。我们正在做的事仅仅只是推测或预感,或者说是假设。

现在必须做的事就是对每种推测或预感进行严格的检验,看看它们在其他条件下是否也成立。为了科学地研究关于学生注意力的推测,就要仔细而系统地观察在教师进行讲授或学生进行课堂讨论时学生的注意力如何。但是,这类研究并不科学,除非它们能公开进行。这意味着研究的所有方面都要被充分详尽地描述,以便人们随时检验。这些程序可以归结为以下五个独立步骤[①]。

第一,发现某类问题干扰了我们的生活。我们绝大部分人都不是科学家,这种干扰可能成为压力,或造成正常生活程序的中断。但对科学家来说,这可能就是个别知识领域中不能解释的差异,是一个需要被填补的缺口。

第二,采取一些步骤来更精确地定义要回答的问题,以便更清楚地了解研究的真正目的。

第三,尝试确定什么样的信息能够解决这一问题。

第四,尽可能地确定如何组织所获得的信息。

---

① 杰克·R.弗林克尔,诺曼·E.瓦伦.美国教育研究的设计与评估[M].4版.蔡永红,等译.北京:华夏出版社,2004:01.

第五,在收集和分析信息之后,还必须对结果进行解释。

在许多研究中,对某一问题或现象可能有多种解释,称为假设。假设可以出现在研究的任何阶段。一些研究者在研究开始时就提出假设,如"在课地老师讲授时学生的注意力比课堂学生讨论时差"。在其他情况下假设是在研究的过程中提出的,有时是在对收集到的信息进行分析和解释时提出的。我们想强调科学研究的两个关键特征:自由的思考和公开的程序。在研究的每一步中,最重要的是研究者要尽可能地对所有的可能性保持一种开放的态度,即关注和澄清问题、收集和分析信息、解释结论。此外,研究程序也要尽量公开,它并不是一项由知情者进行的秘密游戏。科学研究的价值也正在此,它能被任何对此感兴趣的人所重复。

总之,所有研究在本质上都源于好奇心,即找寻一种事物发生的方式和原因的愿望。对科学的误解产生了这样一种观念,即对某个问题有一种固定的一劳永逸的答案。这种错误的观念使我们形成了一种倾向,即倾向于接受或严格地坚持对非常复杂的问题给予过分简单的解答的观念。尽管确定性对我们有吸引力,但它却违反了科学的基本前提:只要有新的观点和证据作保证,那么所有结论都应该被看成暂时的和允许改变的。对中学化学教育研究者来说,牢记这点非常重要。

三、中学化学教育研究能力是现代化学教师的必备素质

化学教育研究的意识和能力是21世纪化学教师必须具备的基本素质。化学教育教学过程是一个复杂的活动过程,与教学有关的各方面因素总是在不断地发展变化中的。此外,化学教师在职前教育和职后培训中所学习的大多是抽象的教育理论知识,这些抽象、概括的理论知识并不能直接地"驱使"教育实践,而是需要一个"媒介",这个"媒介"就是化学教育研究。教师直接参与化学教育研究,能增强教师工作的责任感,并有助于教师针对教学实践中的具体问题,创造性地运用相关理论知识来解决。这样,教师的教学理论与教学实践紧密地结合起来,既提高了教育理论研究成果对具体教学实践变革的驱动力,又有力地促进了教师教育观念的更新,让其不断改善自身的教学行为,逐渐形成可持续发展的化学教育教学能力。教育研究是通往专家型教师的桥梁。化学教师只有善于把本职工作自觉纳入研究的轨道,有意识地培养自己的研究习惯,提高自己的研究能力,学会在研究状态下工作,在工作状态下研究,才能在教育创新上有所作为,形成独特的教学风格。

四、中学化学教育研究有益于化学教师工作内驱力的激发

化学教师的教学过程和阶段具有周期性循环的特点。如果一名化学教师只教书、不研究,满足于一种程式化的工作方式,那么其教学很难在周期性更替中得到升华,往往停留在一种简单

的、低层次的循环往复之中。在这种周期性的循环过程中，化学教师难免会对教学工作产生倦怠感，从而影响其教学热情和质量。相反，如果一名化学教师以研究和探索的态度来对待日常教育教学工作，那么其教育教学过程会充满新意、创造性和乐趣，自然就会产生一种常教常新的体验，并且化学教育研究所取得的成果又会成为一种巨大的内驱力，促使化学教师全身心地投入教育教学工作中去。

五、中学化学教育研究有助于教育实践问题的解决

通过中学化学教育研究解决教育实践问题是中学化学教育研究的意义。正因为实践中存在很多问题，才激起了人们的研究激情；正因为进行了相关的研究，许多实践中的问题才得以解决。因此，为了更好地解决中学化学教育工作中出现的问题和冲突，降低中学化学教育教学过程中的盲目性，就必然要进行中学化学教育研究。

尽管当前我国中学化学教育研究十分活跃，呈现出蓬勃发展的态势，化学教师对"教师即教育研究者"的观点已有一定的认识，但是，相对于教育改革实践的需要以及与其他社会学科的发展水平相比，中学化学教育研究的水平还不高，对教育理论领域内许多新的、有价值的问题探讨不够深入，教育经验的总结还很少能上升到足够高的理论水平，理论与实践尚难真正结合，对国外教育理论和思潮的研究多停留在介绍和阐述的层面而缺少必要的分析和讨论，且偏向于发达国家，对发展中国家教育的研究还不够重视，同时冲淡了对本土化学教育的研究。

第二节　中学化学教育研究的特征

中学化学教育研究独具特色，并与化学研究、一般教育研究紧密相关，既有化学研究的一般特征，也有教育自身的特征。

一、化学研究的一般特征

一般来说，化学研究的主要特征包括科学性、客观性、创造性三种。

（一）科学性

中学化学教育研究的科学性是指化学研究过程的逻辑性和研究结论的实证性。化学研究是建立在系统观察和正确的逻辑推理基础上的。这里所谓的逻辑，主要包括归纳和演绎两种思维方式。归纳法是从具体、个别现象概括出抽象、一般的结论，演绎法是从抽象、一般的结论推演出具体、个别的现象，二者在研究过程中是相互结合的。研究者从一定的理论出发，演绎出系统的理论假设，经过资料的收集、分析和综合，通过归纳概括出研究结论，证实或证伪原先的理论假

设;或者在大量调查的基础上,掌握大量的事实,运用归纳方法进行总结概括,提出对教育现象具有解释或预测功能的一般理论。

(二)客观性

中学化学教育研究的客观性是指在研究过程中,教育研究者要保持客观、中立的立场,不因为自己的知识、立场、观念等影响自己对研究数据的分析。然而,我们不得不承认,要完全保证研究过程和研究结果的客观性几乎是不可能的。一方面我们不可能不受到我们自己原有的知识、立场和观念的影响,另一方面我们所研究的教育现实具有多种解释的可能性。尽管如此,我们必须坚持运用化学研究的规范,通过系统的思维和方法来约束自己,降低主观性的影响。

(三)创造性

中学化学教育研究的创造性是指研究者所做的研究,必须能够在研究对象、研究视角、研究方法等方面推陈出新,做出自己的新贡献。任何教育研究,都要有一定的创造性,包括在教育知识方面有所贡献,对教育实践能提供新的启发等,这样的研究才有一定的意义。

二、中学化学教育研究的独有特征

中学化学教育研究具有一定的独有特征:经验性、系统性、历史性、多学科性。

(一)经验性

中学化学教育研究的经验性特征取决于所研究的对象与研究者本身。中学化学教育研究是人们针对与化学教育实践活动相关联的教育理论和化学实践的研究,这便决定了中学化学教育研究不可能像自然科学研究那样只是聚焦在对自然现象发展变化规律的把握上,而是必然要涉及对人们在从事、经历化学实践活动时所获取的主观认识与经验的解释上;不可能只是一种单纯的主观世界和客观世界相互作用的过程,而是发生在主观世界与客观世界相互作用的产物之间多种形式的、错综复杂的实践活动。人类的主观认识与经验因为人们所处的时代、经济、文化背景的不同而不同,因此,针对同一问题的研究也会因为人们的经验不同而得出不同的结论。与此同时,中学化学教育研究者所面对的研究对象也是他们自身作为社会成员直接或间接经历的问题,因而他们在对研究对象进行解释时也不可能像自然科学研究者那样,完全将自己的主观感受悬置起来,只凭单纯的实验室数据进行判断、推导,而是会将自己的经验性理解渗透进研究过程之中。由此,中学化学教育研究的结果也不可避免地具有了经验性的特征,而不可能像自然科学研究成果那样有广泛的普适性。

(二) 系统性

中学化学教育研究虽具有经验性的特征，但它却不是关于某个问题的零碎、片段、表面的认识，而必须是对教育现象和问题进行的系统、连贯、深入的探索和表达。中学化学教育研究活动不仅自身具有连续性，而且是一个具有一定结构的整体，这两个方面构成了中学化学教育研究的系统性特征。一方面，从中学化学教育研究的实施层面看，其系统性体现在研究过程的计划性、组织性和有序性上。对于研究者而言，他们必须带着一个具体的问题或假设来有目的、有计划地进行研究，而不能盲目、随意地展开行动。研究过程的系统性使得研究者将原本散落在不同时间和空间的人、事、物纳入研究的视野，通过整体的分析与整理再纳入理论组织的框架。另一方面，从中学化学教育研究的结果层面看，任何中学化学教育研究都是在批判继承已有研究成果的基础上展开的，并力图丰富和完善已有的化学教育研究结果与知识体系。一些关于细小问题的研究恰恰是中学化学教育研究系统的具体组成部分。

(三) 历史性

中学化学教育研究的历史性是指化学教育活动具有悠久的发展历史，并受到历史发展普遍规律的制约。这个问题可以从以下两个层面进行理解。首先，化学教育活动具有历史继承性，人们对化学教育现象的理解与探讨也必然在前人智慧的基础上不断拓展。例如，通过阅读卢梭、裴斯泰洛齐、杜威等历史上著名教育学家的著作，能了解教育思想演进的历史脉络，进一步理解当前教育发展的现状与趋势。不了解历史，就不了解人类社会发展变化的"其然"和"所以然"，也就谈不上通过研究活动对社会实践产生影响。其次，教育活动不是超越历史、恒定不变的活动，中学化学教育研究也随着历史发展的步伐而不断改变着自身的研究范式。在中学化学教育研究的发展过程中，我们可以看到历史上不同的经典中学化学教育研究流派的分野，由此我们也可以明确当前全球文化多元化发展趋势与中学化学教育研究范式、方法多样化之间的关联。因为中学化学教育研究具有历史性特征，任何一项中学化学教育研究都不可能是孤立的。

(四) 多学科性

中学化学教育研究关注的虽然只是中学化学教育领域内的人类社会实践活动，但是这种实践活动却是与人类的其他实践活动密切相连的。所以当教育研究者尝试对其研究问题进行探究的时候，必然会牵涉社会学、心理学、人类学等其他社会科学对同一问题的认识与解释。因而，中学化学教育研究从根本上就不可能是一种封闭的、仅限于化学学科内的工作。这种情况表面上似乎导致了中学化学教育研究的学科性不强、研究的独创性不够，但其实对中学化学教育研究的深入推进非常有益。此外，中学化学教育的研究历史并不是很长，即便研究内容与其他社会科学探究领域关联不强，也需要广泛吸纳相关学科的研究立场、视角与方法，从而不断完善。

第三节　中学化学教育研究的范式

研究范式是一个研究群体所持有的研究视角，是建立于一系列共享的假设、概念、价值观和实践基础上的，是一种思考和开展研究的方法。本节介绍三种主要的中学化学教育研究范式：定量研究、定性研究和混合研究。

一、定量研究

（一）变量

在介绍定量研究方法之前，我们先了解变量的概念，因为定量研究者经常通过变量来描述世界，他们试图通过阐明变量间的关系来解释和预测世界的各个方面。

变量是能够承载不同的值或类别的条件或特征。例如，智力是教育领域常被研究的变量，不同人的智力有高有低；年龄也是一个从低到高的变量。为了更好地理解变量的概念，可与"常量"进行对比。常量是一个变量的单一值或类别，如"性别"变量是两个常量的集合：男性和女性。"男性（女性）"类别（即常量）仅仅是一个事物的集合。

上面提到的变量（年龄和性别）其实是不同类型的变量。年龄是定量变量，而性别是类别变量。定量变量是随程度或数量变化而变化的变量，通常涉及数字。类别变量是随类型或种类变化而变化的变量，通常涉及不同群体。年龄承载数字（如几岁），而性别承载两个类型或种类（男性和女性）。

此外，变量的另一种分类是自变量和因变量。自变量是引起另一个变量发生变化的变量。有时，自变量被研究者操纵（研究者决定自变量的值）；其他时候，自变量由研究者研究但不被操纵（研究者对自变量自然发生的变化进行研究）。自变量是先行的变量，因为如果它要制造变化，就必须在其他变量之前出现。因变量被认定为是受一个或多个自变量影响的变量。当自变量的变化倾向于引起因变量的变化时，自变量与因变量之间就会产生因果关系。有时，研究者称因变量为结果变量或反应变量。

另一个类型的变量是干预变量（通常也称中介变量）。干预变量或中介变量出现在因果链中两个其他变量之间。如果用 X 代表自变量，用 Y 代表因变量，可以写成 $X \rightarrow Y$。箭头"$\rightarrow$"表示"倾向于引起变化"或"影响"，即"自变量 X 的变化倾向于引起因变量 Y 的变化"。在 $X \rightarrow Y$ 中，只有一个自变量和一个因变量。在 $X \rightarrow I \rightarrow Y$ 中，有一个干预变量 I 出现在另外两个变量之间。识别干预变量是很重要的，因为这些变量可以帮助解释自变量引起因变量发生变化的过程。

最后一种变量是调节变量。调节变量是改变或调节其他变量关系的变量，描绘在不同条件或情境下，不同类型的变量之间的关系是如何变化的。了解调节变量很有用处，这样教师就能相应地调节教学方法了。

(二)基本过程

定量研究通常经历八个基本步骤。第一,基于该领域已有研究及理论基础,建构理论框架。第二,基于研究问题形成理论假设。第三,为了增强量化研究的操作性,对核心概念明确操作性定义。第四,明确研究对象的总体,确定抽样方案,选择样本或受试者。第五,设计研究工具并利用工具采集数据。如果是调查研究,通常需要设计访谈提纲或调查问卷。如果是实验研究,则需要设计实验组与控制组。第六,实施观察、访问或问卷调查,收集数据。第七,采用人工或计算机软件处理并分析数据。第八,根据数据分析结果,做出合理推论和总结,形成研究结论。如图1-1所示。

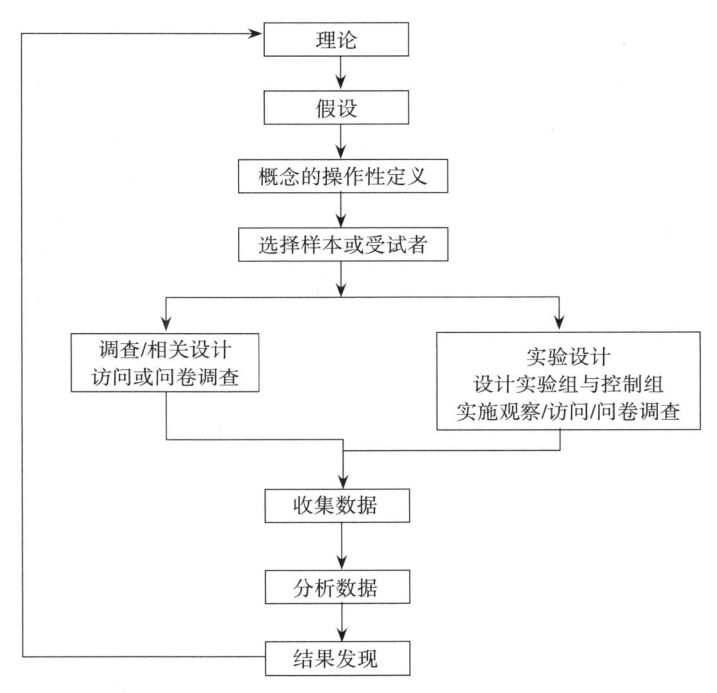

图1-3-1 定量研究的基本过程

(三)实验研究

实验研究的目的是判断因果关系。实验研究方法能够使我们识别因果关系,因为它允许我们在可控的条件下观察系统改变一个或多个变量的效果。具体地说,在实验研究中,研究者操纵自变量,然后观察发生的事情。于是,操纵作为实验者研究的干预行为,是实验研究关键的定义和特征。在研究因果关系时,操纵的运用是基于因果关系的活动理论。只有实验研究才涉及积极的操纵。正因如此(因为实验控制),在所有研究方法中,实验研究对因果关系的存在提供了最有力的证据。

(四)非实验研究

如果想要研究因果关系,应该开展一项实验,但有时这不可行。当重要的因果类研究问题亟待回答却不能开展实验时,研究仍然必须进行。在研究中,我们试图竭尽所能地做到最好,但是有时,这意味着我们必须使用较薄弱的研究方法。例如,在20世纪60年代有大量研究涉及吸烟与肺癌的关系。用人类做实验研究是不可能的,也是不道德的。因此,除了用实验室动物做实验研究之外,医学研究者依赖于非实验研究方法对人类进行了大量研究。

一种非实验研究有时被称为因果比较研究。在因果比较研究中,研究者研究一个或多个类别自变量与一个或多个定量因变量的关系。在最基本的情况下,有一个类别自变量与一个定量因变量。自变量是有类别的(如男性和女性、家长和非家长),因此不同组别的因变量平均分可以拿来比较,从而判断自变量与因变量之间是否存在关系。另一种非实验研究方法被称为相关研究。和因果比较研究一样,在相关研究中,自变量不被操纵。相关研究中,研究者研究一个或多个定量自变量与一个或多个定量因变量的关系;也就是说,在相关研究中,自变量与因变量都是定量的。

二、定性研究

定性研究是基于定性数据,倾向于遵循科学方法的探究性模式。常见的定性研究包括:现象学、民族志、个案研究、历史研究、扎根理论。

(一)现象学

现象学是定性研究的第一大主要类型。当开展现象学研究时,研究者试图理解一个或多个个体是如何体验一种现象的。现象学研究的关键要素是研究者试图理解人们如何从自己的角度体验一种现象,其目标是进入每个参与者的内心世界,从而理解他(她)的视角和体验。

(二)民族志

民族志是教育领域最受欢迎的定性研究方法之一。民族志一词在字面上的意思是"关于人的著作"。当民族志学者开展研究时,他们致力于描述一个人群的文化并从群体成员的角度去了解作为一名成员的感受。也就是说,他们的兴趣在于记录一个人群所共享的态度、价值、标准、实践、互动模式、视角和语言等方面,他们也可能感兴趣于群体成员生产或使用的物质。例如,该群体的穿衣风格、民族食物、建筑风格。民族志学者试图使用整体性描述,也就是说他们试图描述群组成员是如何互动、如何走到一起组成一个整体的,对此可以理解为这个整体比各个部分之和要大。

(三)个案研究

在个案研究中,研究者提供了一个或多个个案的详细记述。个案研究尽管总是依赖于定性数据,但也使用多种方法。个案研究可以用来回答探究性、描述性和解释性研究问题。与关注一些现象的个体体验的现象学、关注于某个方面文化的民族志,以及后面介绍的关注于发展解释性理论的扎根理论相比,个案研究更加多样化。然而,所有纯粹的个案研究都有一个共同点,就是它把每个个案都当作存在于现实生活背景中的一个整体单位(即个案研究是整体性的)。

(四)历史研究

从事物发生、发展和消亡的过程中探索其本质和规律性的方法,称为历史研究法。历史研究又被称为叙事研究,是指对过去发生事件的了解和解释。历史研究的目的在于对以往事件的原因、结果或趋向研究,以有助于解释目前事件和预测未来事件。应用到中学化学教育研究上,它是一种借助于已发表的论著与资料,从历史发展的角度研究化学教育,以提高对化学教育的认识与改进的方法。历史研究比较适合于进行纵向研究分析,适合于整个历史时期或很长一段时期的研究,其研究目的往往是探索一种趋势。

(五)扎根理论

扎根理论是用研究中收集到的数据生成和发展一个理论的定性方法,是生成理论或解释的归纳性方法。扎根理论的首要任务是建立介于宏大理论和微观操作性假设之间的实质理论(即适用于特定时空的理论),但也不排除对具有普适性的形式理论的建构。然而,形式理论必须建立在实质理论的基础之上,只有在资料的基础上建立实质理论以后,形式理论才可能在各类相关实质理论之上建立起来。这是因为扎根理论认为知识是积累而成的,是一个不断地从事实到实质理论,然后到形式理论演进的过程。建构形式理论需要大量的资料来源,需要实质理论的中介。如果从一个资料来源直接建构形式理论,这其中的跳跃性太大,有可能产生很多漏洞。此外,形式理论不必只有一个单一的构成形式,可以涵盖许多不同的实质性理论,将许多不同的概念和观点整合、浓缩,生成一个整体。这种密集型的形式理论与单一的形式理论相比,其内涵更加丰富,可以为一个更加广泛的现象领域提供意义解释。

三、混合研究

在混合研究中,研究者在一项单一研究或一系列相关研究中,混合或结合使用定量与定性的方法、手段或概念。研究中的定性和定量部分可能会同时进行或先后进行,用以回答一个研究问题或一系列相关问题。混合研究有助于改善研究质量,因为不同的研究方法有不同的优势和劣势。

在一项研究中结合两个(或更多)拥有不同优势的研究方法,可以提高研究的信效度。尽管通常在一项研究中使用超过一种研究方法不太现实,但应该意识到使用多重方法和策略的潜在好处。另外,即便研究者不在单一研究中使用多重手段或方法,已发表的相关研究也总是包括基于不同研究方法的研究。

当一项研究发现已经证明是采用了多种类型方法的研究,就可以更加相信它。我们认为,如果不同类型的研究都发现了相同的结果,那么这个研究发现就是被确证了。相反,如果不同的数据来源或研究类型获得了互为冲突的信息,那么就需要补充数据,来更彻底地探究现象的本质,并判断冲突的来源。也就是说,如果不同类型的研究得出了不同的研究发现,那么研究者就应该更深入地研究该现象,从而判断相互矛盾的结果产生的确切原因。

四、三大研究范式的比较

纯粹的定量研究依赖定量数据(数值型的数据)的收集,纯粹的定性研究依赖定性数据(非数值型的数据,如文字、图画)的收集。混合研究涉及定量和定性研究的混合。准确的、恰当的混合是由研究者面临的研究问题及情境性、实际性问题决定的。这三种研究范式对于解决教育领域面临的多方面复杂问题都是十分重要的。表1-1是这三种研究范式的比较。

表1-3-1　定量研究、定性研究与混合研究的重点

项目	定量研究	定性研究	混合研究
科学方法	验证性或"自上而下"的方法;研究者用数据来检查假设和理论	探究性或"自下而上"的方法;研究者基于实地研究所得数据来生成或构建知识、假设和扎根理论	验证性和探究性方法
本体论(现实/真理的本质)	客观的、物质的、结构的、一致同意的	主观的、精神的、个人的、构想的	多元主义;客观的、主观的、主体间的现实与其相互关系的评价
认识论(关于知识的理论)	科学的现实主义;寻找真理;通过对假设的实证性验证进行辩护;普遍的科学标准	相对主义;个体与群体的辩护;不同的标准	辩证的实用主义;实用主义的辩护(具体情况下什么为谁效力);普遍的标准(如永远要遵循伦理)和基于某群体具体需要的标准的混合
有关人类思想与行为的观点	有规律的、可预见的	环境的、社会的、情境的、个人的、不可预见的	有活力的、复杂的、部分可预见的;多重影响的,包括环境/培育、生物/自然、自愿/代理、机会/偶然
最常见的研究目标	定量的/数值的描述、因果解释、预测	定性的/主观的描述、有移情作用的理解、探究	多重目标;提供复杂的、全面的解释与理解;理解多重视角
利益	识别普遍的科学法则;体现国家政策	理解并评价特殊群体及个体;体现地方政策	连接理论与实践;理解多重因果关系、定律式的(普遍的)因果关系及个别的(特殊的、个体的)因果关系;连接国家和地方的利益和政策
焦点	窄角镜头,检验具体的假设	广角的、"深角的"镜头,检验现象的广度与深度,从而获得更多了解	多物镜的焦点
观察的本质	在可控的条件下研究行为;孤立单一变量的因果	研究自然条件下的群体和个人;试图理解局内人的观点、含义和视角	研究多重情境、视角或条件;研究多重因素同时运作的效果

续表

项目	定量研究	定性研究	混合研究
所收集数据的形式	使用结构化的数据收集工具进行精确测量，基于收集的定量数据	收集定性数据，如深度访谈、参与式观察、田野记录、开放式问题，研究者是首要的数据收集工具	收集多种数据
数据的本质	变量	文字、图像、类别	变量、文字、类别和图像
数据分析	识别变量间的数据关系	使用描述性数据，寻找模式、主题和整体特征；评价差异/变化	分别地、结合地进行定量和定性分析
结果	可推广的发现，代表了总体客观的、局外人的观点	推广独特的发现、局内人的观点	提供了主观的局内人和客观的局外人的观点；多重维度和视角的呈现与整合
最终报告格式	正式的统计报告	非正式的陈述性报告	数字与陈述的结合

定量研究、定性研究和混合研究三大范式各有其独特的价值。定性研究倾向于使用探究性的科学方法来生成假设，加深对特定人、地和群体的理解（如个案研究、民族志、现象学和历史研究）。定性研究是以发现为导向，在自然条件下开展的。另外，定量研究一般是在严格控制的条件下进行的，倾向于使用验证性的科学方法，关注于假设检验。在混合研究中，研究者在一项单一研究或一系列相关研究中，混合或结合使用定量与定性的方法、手段，有助于改善研究质量。

第四节 中学化学教育研究的过程

一般的教育研究的过程包括确定问题、查阅文献、收集资料、分析资料、得出结论，而中学化学教育研究在研究过程处理上存在较大的弹性。一个具体的中学化学教育研究课题的完成，包含一系列步骤，即包括研究课题的选择和确立、研究方案的制订、研究方案的实施、研究资料的分析和整理、研究成果的归纳和表达。

一、研究课题的选择和确立

中学化学教育研究的选题确定十分关键，决定中学化学教育研究的发展方向，也反映一个化学教育工作者研究水平的高低。一个好的研究课题，应该具备以下特点：问题必须有价值；问题必须有科学的现实性；问题必须具体明确；选题要新颖、有独创性；问题要有明确的内涵与外延、有可行性。

案例研讨

> **高中化学概念学习的认知研究**[①]
>
> 　　高中化学概念学习的认知研究中,研究的原因——概念学习是中学化学知识学习的主要内容,研究高中学生在化学概念学习和掌握过程中的认知和发展差异,从中寻找有效的教学方法和措施,具有非常重要的现实意义;该研究提出的三个问题——优秀生的成绩要好于后进生,但是造成该状况的原因何在呢(排除智力迟滞因素)?男女生在概念获得过程中是否有所不同呢?教育教学如何弥补这些认知差异呢?该研究的目的是:试图研究优秀生与后进生、男女生对高中化学概念的认知差异,寻找概念形成过程中的认知特点,分析和探讨产生认知差异的原因,从而更好地优化教学过程。

二、研究方案的制订

研究方案是对下一步工作的统筹性规划,提出并实施研究活动的可操作性计划,是进行中学化学教育研究的重要步骤。

(一)文献检索与分析

文献资料是宝贵的财富。研究者在研究之前查阅、了解有关该课题的研究情况和指导理论是非常必要的。当今社会信息高度发达,从大量信息中迅速查找出符合特定需要的文献是关系着课题研究后续步骤的关键环节。文献检索与分析一般包括以下几个步骤。

首先,在选定课题后需要对研究课题进行初步的分析,列出已掌握和还未掌握的相关研究内容。将众多的文献按一定的规律排列、存储起来,进而和自己的研究目的比较,明确需要检索的对象和范围,查找符合研究课题的文献。

其次,根据事先拟定的需要,选择检索途径和条件进行检索。检索途径包括网上的公共资源和各种研究机构数据库的付费资源。需要注意的是,一般在进行检索时范围应由大到小,逐渐缩小检索范围,检索范围可适当大于所需查阅内容的范围。

最后,对文献进行初步加工,即对检索的文献进行筛选、鉴别和阅读。此步骤要求对文献所体现的事实、数据进行定量和定性的分析,使研究课题具体化,并使它建立在先进的教育科学发展的水平上。

[①] 丁伟,王祖浩.高中化学概念学习的认知研究[J].上海教育科研,2007(4):88-90,69.

(二)研究方案的设计

研究方案的设计是一个很重要的环节,是在选定课题和检索文献的基础上制订的科学的研究计划和安排。此过程直接关乎课题研究的质量高低。周密的研究方案有助于达到预期的研究目的,揭示教育现象的特点和规律,并使预期的研究成果在教育改革实践中具有推广应用价值。

首先,应该对研究课题有清晰的研究构想,即假设。假设是根据一定的科学知识和新的科学事实对所研究问题的规律或原因做出的一种推测性论断和假定性解释,是在进行研究之前预先设想的、暂定的理论。对各教育问题和现象所做的且尚持怀疑态度的初步解释都属于假设性质。

其次,设计拟订合理的研究方案。对于中学化学教育研究而言,主要是为了澄清和发展某些概念和理论,扩展化学教育实践的经验。

三、研究方案的实施

这是研究方案的落实阶段,同时也是研究工作的主体阶段。研究者要依照所制订的研究方案,采用调查、实验、观察或其他不同方法和手段在化学教育实践活动中实施研究活动。

首先,收集、整理对课题有用的资料。以自己的选题为中心,从化学教育类期刊、与化学教育有关的材料中收集信息,进行必要的调查研究。其次,做好有用数据的处理、加工并提炼观点,这是一个长短不一的过程,也是一个对资料进行深入理性分析、科学综合、反复思考提炼的过程。

在收集资料时,要坚持实事求是的原则,客观地记录研究资料,避免主观带来的研究上的误差;同时要及时将所得资料按其性质和特点,分门别类地、系统地进行整理,以便进行下一阶段的分析和处理。在分析的过程中,一定要根据实际情况,有效控制变量,以获得真实的结果。

四、研究资料的分析和整理

收集到的研究资料往往只是一些具体的研究事实或数据,难以说明问题的实质。但教育科研不能单纯地停留在对资料的广泛收集或直观描述上,而必须对所收集到的资料与事实运用统计原理和逻辑分析方法进行统计分析,从而更好地揭示教育现象的本质和规律。

(一)定性分析

定性分析就是采用逻辑方法(如比较、归纳、演绎、分析、综合、抽象概括)对数据、资料的整理和质性分析,从中发现规律性知识。其主要特点是:以描述性资料作为分析的基础;以逻辑归纳作为分析方法;关注研究背景与各因素的影响;适用于过程与发展研究。

(二)定量分析

定量分析包括对特征数值的计算和分析,根据研究数据进行推断、检验和预测。它在中学化学教育研究中应用较为广泛。在实际的化学教育改革实验中,多采用研究样本均数差异的显著性来评价"对照实验"的结果,样本情况不同时,具体检验计算的方法不同。一般情况下样本容量

足够大时使用 Z 检验。检验多个样本的均数差异，可以使用方差分析基础上的 F 检验。

定量研究主要以数学和教育统计学知识为基础，涉及研究的变量和参数较多，使用的方法繁杂，人工计算费时费力，容易出错。现在信息技术的开发和应用大大提高了工作效率，广泛使用的统计分析软件有 SAS（Statistical Analysis System）和 SPSS（Statistical Package of Social Science）。

在中学化学教育研究过程中，通常会把定量分析和定性分析结合起来，进行去粗取精、去伪存真、由此及彼、由表及里的思维加工，进行科学抽象，揭示出事物的规律，概括出结论。但据此得出的结论还需要到教育实践中加以检验、反复校正，才能得出符合实际的正确结论。

五、研究成果的归纳和表达

作为中学化学教育研究的最后一个阶段，研究成果的归纳和表达是为了将研究成果以一定的形式表征出来，供大家研讨与借鉴。此外，研究成果通常以研究报告或论文的形式进行表述。表述内容包括：课题名称、研究目的、研究过程和方法、收集到的数据资料及其分析、研究结论，以及对整个科研过程和科研结果做出的总结和评定。

表述研究结论实际上就是研究者对自己所经历的研究实践进行全面反思和总结的过程，这能促使研究者今后把中学化学教育研究工作做得更好。显然，这对于提高研究者的科研能力是十分有益的。

本章要点小结

（1）作为人文社会科学的研究，中学化学教育研究既有化学研究的一般特征，也有教育自身的特征，体现在科学性、客观性、创造性、经验性、系统性、历史性、多学科性上。

（2）中学化学教育研究有定量研究、定性研究、混合研究三大范式。三者在科学方法、本体论（现实/真理的本质）、认识论（关于知识的理论）、有关人类思想与行为的观点、最常见的研究目标、利益、焦点、观察的本质、所收集数据的形式、数据的本质、数据分析、结果、最终报告的格式等方面均存在一定差异。

（3）中学化学教育研究要经历研究课题的选择和确立、研究方案的制订、研究方案的实施、研究资料的分析和整理、研究成果的归纳和表达五个步骤。

本章思考题

（1）谈一谈开展中学化学教育研究对于你自身专业发展的意义。

（2）结合中学化学教育研究实际，分析定量研究和定性研究的优缺点。

（3）三大研究范式的异同点在哪里？你能举出 3 个化学教育研究的案例吗？

（4）简述中学化学教育研究过程的基本组成部分。

（5）简述混合研究在中学化学教育研究中的优势。

第二章　中学化学教育研究的问题与假设

提出一个问题往往比解决一个问题更为重要，因为解决一个问题也许只是一个数学上或实验上的技巧问题。而提出新的问题、新的可能性，从新的角度看旧的问题，却需要创造性的想象力，而且标志着科学的真正进步。

——爱因斯坦

[学习目标]

(1) 了解研究课题的选题原则和程序。
(2) 知道课题的主要来源和类型。
(3) 掌握提出和设计课题假设的方法。

《普通高中化学课程标准(2017版)》明确指出"修订原则和更新内容应当继承和弘扬中华优秀传统文化，使学生坚定中国特色社会主义文化自信"，高考全国卷试题也更加注重对与化学相关的传统文化的考察。戴老师通过对《天工开物》进行梳理发现，《天工开物》中的"五金""彰施""曲蘖"等内容与高中化学知识息息相关。戴老师基于此开展了化学学科核心素养与传统文化理念融合的相关研究，将《天工开物》在化学课堂中的应用作为课题进行研究。该课题值得研究吗？

为深入研究这一问题，本章将从中学化学研究课题的选题原则和程序、主要来源和类型、课题假设的提出和设计三个方面介绍中学化学研究课题的选择。

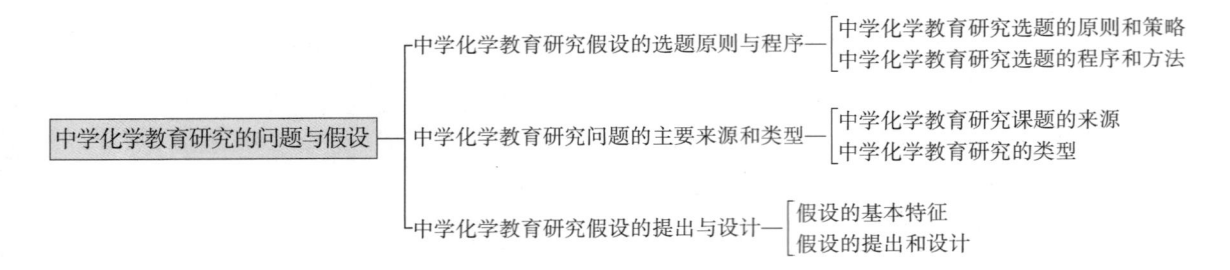

```
                            ┌─中学化学教育研究假设的选题原则与程序─┬─中学化学教育研究选题的原则和策略
                            │                                      └─中学化学教育研究选题的程序和方法
中学化学教育研究的问题与假设─┼─中学化学教育研究问题的主要来源和类型─┬─中学化学教育研究课题的来源
                            │                                      └─中学化学教育研究的类型
                            └─中学化学教育研究假设的提出与设计─┬─假设的基本特征
                                                                └─假设的提出和设计
```

第一节　中学化学教育研究假设的选题原则和程序

选题是从复杂的教育现象中选择并确定自己课题的过程，是整个研究过程的首要环节，选题是否恰当，直接关系到研究立项、研究进程等问题。确定研究课题是进行教育研究的第一步，并且是关键性的一步。

一、中学化学教育研究选题的原则和策略

（一）中学化学教育研究选题确定的原则

研究选题需要甄别，并不是所有的选题都具有研究价值和研究必要性，需要研究者根据一定的原则加以取舍。一般来讲，价值性原则、创新性原则、可行性原则以及时效性原则是决定研究课题取舍的主要标准和依据。

1. 价值性原则

问题的研究应该具有较强的理论价值或实践价值。教育理论体系中提出的问题和教育实践中亟需解决的研究课题，是教育研究的主要来源。其价值主要体现在理论层面和实践层面。理论层面，主要是纠正某些陈旧或不正确的观点。随着社会的进步，理论的更新，有些研究的观点和结论已经很陈旧或者呈现出错误的一面，这时，研究者便可以此为选题进行研究，在具体指出其问题的基础上，提出自己的新观点。实践层面，主要是对研究薄弱之处进行补充性研究。目前国内的教育研究覆盖面广，但主要以课堂教学及实验教学类为主，侧重对教学基础知识的研究，而忽视了对反应化学科学前沿、发展趋势及研究动态等重要方面的研究。例如，许多学者和教育专家已试图把教育游戏运用在教育活动中，并且在不断探索中取得了一定的成果。尽管经过几十年的理论探讨与产品研发，初步形成了中学化学教育游戏市场，但是目前国内还没有一款较好的化学教育游戏得到较高程度的认可。对于这一类已经有一定研究成果但成果不太显著的薄弱研究之处，就可以开展更加深入的补充性研究。

2. 创新性原则

研究者所选择的课题要有新意，即表现自己的新看法、新见解和新观点。创新性和独到的见解是科学研究的生命，也是选题的价值所在。课题的创新性主要体现在以下两个方面。

（1）全新研究领域的探索。

教师可以从鲜有人涉及的研究领域来获取化学研究课题。新领域可以是宏观的，如新一轮化学教学课程改革中的化学核心素养评价问题、新高考模式下的走班制研究等；也可以是微观的，如对化学课堂导入的研究，对化学分层次作业设置的研究等。

（2）全新研究范式的使用。

在具体的选题过程中，研究者们往往发现有很多选题前人已经有了大量的研究，出现这种情况我们就放弃这个选题吗？不！针对同一问题，采用不同的研究方法和全新的研究视角，往往能得到全新的结论，甚至是独特的见解。

3. 可行性原则

可行性原则，是指选题必须切合实际，具备实际的可操作性。换句话说，就是研究者必须对主观和客观具体条件有一个明晰的认识，既要考虑研究者的理论水平、知识储备等主观因素，也要考虑写作时所需要具备的设备、研究资料等客观条件，在此基础上去考虑对某一课题的取舍。

4. 时效性原则

"时效"指在一定时期内能够发生的效用。同一件事物在不同的时间段内，其性质具有较大的差异，这种差异即为时效性，时效性决定了事物在某段时间内是否有效。中学化学确定选题需要遵循时效性原则：研究者的研究要能够与时俱进，积极探索当下教育领域最亟待解决的问题。

根据时效性原则，化学教育研究课题可分为四种类型，分别是无效研究课题、潮尾研究课题、热门研究课题以及冷门研究课题。所谓无效研究课题，是指那些已被研究透彻、前人的工作能够完全说明该研究内容本质的研究课题；所谓潮尾研究课题，是指那些即将过时、被人们遗弃的研究课题。这两类研究课题的意义和价值不大，我们应该规避。热门研究课题是指研究内容新颖、研究人数众多、研究价值较高的一类研究内容。例如，对核心素养评价的研究。冷门研究课题，指的是在当下有研究价值，但是研究者甚少，研究起来也有较大难度的研究课题。

（二）中学化学教育研究选题确定的策略及技巧

遵循上述四个原则并不代表就一定能够成功地确定选题，还需要掌握一些策略和技巧。

1. 选题策略

（1）怀疑策略。

怀疑的意思是心存疑虑，是指在选题时对原有的结论、知识和理论进行质疑的过程。这需要对原有的结论、知识和理论进行不断的审视、反思，从而引发新的思考。怀疑需要依据，不是胡乱猜疑。它是基于现有现象与原有的结论、知识和理论不符而产生的合理假设与猜想。例如，新高考改革，全国大范围实行"3+1+2"的选科制度，旨在让学生根据自己的兴趣选择自己所喜好和擅长的科目，以充分发挥高考"物尽其才"的功能。但是，新高考改革制度仍然存在一定的问题，比如选科与高考之间的关系，选的科目组合学校不开设，等等。于是可以提出如下问题供研究者思考：新高考改革政策下选科组合究竟需要考虑哪些因素？选考化学是否可以贯彻化学学科核心素养？"3+1+2"的选科制度是否真的适合学生全面发展？

使用怀疑策略确定选题，一般需要研究者善于发现问题，有较强的批判性思维能力。值得一提的是，使用怀疑策略确定选题，如果选题成功，便可按照此课题研究下去。即使失败也无大碍，研究者仍然可以从中获益，至少可以证明原有的结论、知识和理论是正确的，在这个过程中，研究者的思维能力、研究能力会得到较大幅度的提升。

(2)变换思考角度策略。

如果说怀疑策略是对原有的结论、知识和理论的质疑，那么变换思考角度策略就是对原有的结论、知识和理论的再论证，它选择与原来不相同的角度或层次来论证原有的结论、知识和理论，从而形成对原有结论、知识和理论的新的认知。这需要研究者摆脱思维定式，有发散性思维，从多角度认识问题。变换思考角度策略主要包含转换视角类型、转换方法类型以及转换元素类型等三种。

(3)类比与移植策略。

他山之石可以攻玉。通过与其他学科研究对象类比，或者借用其他学科的思维方式或研究方法，研究者可以发现本学科研究的新问题。例如，"基于眼动实验的初中生化学三重表征的实证研究"课题，是典型的将心理学、统计学中的知识和方法运用到化学教育研究中的例子。善于运用类比与移植策略发现问题的人，往往具有较强的迁移性和概括性的思维品质。他们善于发现表面看来不甚相近的事物之间的相似之处，能够在较抽象的层次上对它们进行概括、比较，从而为思维的由此及彼搭建桥梁。

2. 选题技巧

(1)选题宜小不宜大。

尽量选择教育教学中的小问题作为研究对象。问题越小，目标越集中，就越容易把问题讲清楚。要以小见大，把课题做深做透。例如："化学课堂教学研究"，这个选题太大，问题不聚焦，很难开展研究。

(2)选题宜实不宜空。

要选择实实在在的具体的教育教学问题，忌选抽象、空泛的问题。如"化学学科核心素养有效教学的研究"，就是抽象空泛的问题。

(3)选题宜重不宜轻。

这是从课题与教学实践的密切程度、意义角度来考虑，是确定选题时必须重视的方面。应选择与教学实践密切相关的问题，而不是选择可有可无或与教学关系不大的问题作为选题。总之，要选择重要的问题来研究。

(4)选题宜准不宜偏。

选题的方向要明确，角度要准确，内容要确切，要明确解决的主要问题，且不能偏离教育改革与发展方向。

(5) 选题宜深不宜浅。

应从纷繁复杂的教育现象和变化莫测的教学情境中发现和提出有意义的课题，并进行从特殊到一般的提炼，逐层深入挖掘问题，突出问题的中心和主要方面，突出聚焦点，不必面面俱到。

(6) 选题宜熟不宜生。

选题不要超过自己力所能及的范围。"不熟不做"，即选择自己比较熟悉且有一定基础的问题作为课题。

(7) 选题宜新不宜旧。

应提出新的问题、新的可能性，或从新的角度来分析旧的问题，以获得突破性进展，或展示新的见地。不能人云亦云，简单地重复别人的研究，或进行简单的事实和经验堆砌。

二、中学化学教育研究选题的程序和方法

(一) 选题的基本过程

确定化学教育研究的选题是一个复杂的过程，由选定研究方向、检索相关文献、确定研究课题等环节构成。需要强调的是，环节之间并不是单一线性的关系，而是有交叉、有重叠、有反复的，最终目的是确定一个具有必要性、可行性和创新性的研究课题。

1. 明确研究课题的领域和方向

并不是所有问题都能成为中学化学的研究课题，有的问题不值得研究，有的问题不适合某些研究者来进行研究，因此研究者应该选择自己感兴趣的或者对实践教学有实际指导意义的领域进行研究。那么如何选择呢？刚入门的研究者，一开始可能会有多个感兴趣的研究方向，这时候就会在各个研究方向徘徊纠结，很难确定一个真正有价值、有意义的研究方向。我们可以把研究方向与研究课题看作面和点的关系，研究方向限定研究课题的范围，而研究课题则是在研究方向这个"面"中逐渐筛选出来的"点"。这就要求研究者平时不仅要认真对待教育教学，密切关注各种教育现象，还要有敏锐的观察力，能够精准地发现问题，提出独到的见解，才能选出最适合自己的研究课题。确定研究课题后，研究者还要对其进行全面审视，加以反复地思考、修改并调整自己的思路，以使研究内容逐渐明确细化。

2. 收集和整理有关文献资料

文献搜索与分析是开展课题研究重要的准备工作，常用的方法主要是文献法。文献法是收集、鉴别、整理文献，并通过对文献的研究形成的科学认识的一种方法。文献法是一种古老而又富有生命力的科学研究方法，需要确定选题而又在选题方向上稍感迷茫的研究者就可以利用文献法确定选题。文献法有助于研究者厘清所要研究领域当前的研究进展，以避免重复研究与肤浅研究，当然已有研究成果也可以用来借鉴。

收集文献是文献法的重点之一,这一过程又包含以下五步:选择检索工具、确定检索途径、选择检索方法、进行检索操作、获取原始文献。

整理文献是文献法的另一个重点,包括对文献的阅读、记录、鉴别、分类处理。其中文献记录是将有价值的资料保留下来,以开展进一步的分析研究。记录可帮助记忆、锻炼思维、提高语言表达能力,有利于研究问题。文献的鉴别则需要鉴别原始文献版本的真伪、分析文献的语言风格、研究作者的立场与基本思想等。

利用文献查找课题进行研究是一种高效的方法,它没有时间和空间的限制,随时随地可以进行研究。利用文献法进行选题研究完美地诠释了"站在巨人的肩膀上研究"这一观点。即对前人的研究结果进行综述,及时了解该项研究的最新进展,从而避免一些不必要的时间、精力、钱财的浪费。同时,在用文献法进行调研的时候,研究者在总结前人观点的基础上,取其精华,去其糟粕,进而提出新的观点。

3. 确定研究课题

确定研究课题中比较难的一点是研究者不知道自己到底要研究什么,即使选择好了方向,也不知道这个问题接下去应该怎么展开。在确定课题的时候,研究者应当在查阅文献之后,对课题概念的内涵和外延进行界定,将自己选定的研究内容按照内在逻辑体系解剖成相互联系的多个问题,即通过解剖与细化将所要研究的问题展开成一定层次的问题网络,从而在问题具体化的基础上确定好研究课题。

需要指出的是,研究者应该将研究课题的意义和价值摆在首位。即明白为什么要做这个课题,这个课题完成后有什么理论价值和实际意义,对今后的教育教学有什么指导作用,等等。

(二)选题的方法

选题的关键在于能否提出有创意的问题。

1. 分析

通过对化学教育现状的分析,研究者可以发现和揭露教育中存在的问题,从而选择适当的课题。分析现象可以是综合性的、宏观性的,也可以是典型性的,还可以是微观性的。分析着重于对教育现象各个方面性质的认识,是综合的基础。研究者还必须把自己对各方面的认识在思维中重新结合为整体,在对教育现象整体性认识的基础上提出问题。研究者具有敏锐深刻的思维品质,就能及时捕捉具有价值的现象,发现深藏在现象后面的本质。

2. 归纳

化学教育工作者把在教育实践中积累的经验总结出来,上升到理论的高度,就可以归纳出一系列的研究课题。归纳是以科学理论的分析为指导,探索事物之间的内在联系与现象之间的关系,研究者要具备较高的理论素养和教育实践能力。

3. 怀疑

怀疑是对已有的结论、习惯的行为方式等的合理性做的判断,它可以引起人们对事物的重新审度,会在原以为没有问题的地方发现问题。怀疑要有依据,没有依据的怀疑是盲目的、徒劳的。怀疑的依据,一是事实与经验,二是逻辑推理。此外研究者还可以通过对有关资料的分析,比较不同的观点,质疑前人的结论,发现理论与实践的差异,从中产生课题。

4. 类比

类比运用到科学研究上来,就是通过与其他学科研究对象类比和借用其他学科的思维方法,来发现化学教育研究中的新问题。此方法要求研究者的知识面较广,在思维品质上具有较强的迁移性和概括性。

5. 重构

从不同的角度认识研究对象,以形成新的认识,它需要原有的思维定式和已有的知识的影响,实现意向转化。但是换位思考不是简单地重新换了一个包装,而是应该有新的想法和意义,对原有选题进行重新构架。

科学而新颖的课题的选定,实际上是经过一个从产生研究动机到勾画出研究大致轮廓的过程,是对提出的初步的研究假设不断进行检验的过程。最初往往是在阅读、研究有关领域的文献,如教育期刊、研究报告、教育论文索引时,或在教育教学实践过程中,受到某一点启发,产生联想,从而形成一个初步的研究假设,进而带着这个问题广泛查阅有关资料,了解前人在这方面的研究成果、研究方法及该问题目前被关注的程度。随着思考的深入,原来模糊的想法逐渐变得集中、清晰和明确,不仅对此问题的大致情况有一个总体把握,而且形成了如何进一步研究该问题的初步思路,这就可以确定课题了。

第二节 中学化学教育研究问题的主要来源和类型

一、中学化学教育研究课题的来源

教育科学领域中不仅存在着无数有待解决的问题,而且新的问题、新的现象层出不穷,为我们提供了课题来源。这既包括理论性问题,应用性问题,也包括教育的现实问题。本节将从化学教育教学实践、化学教育教学理论、各级政府教育科研规划指南三个方面介绍中学化学研究课题的来源。

(一)化学教育教学实践

理论来源于实践,在实际教学过程中,既有成功的案例,也有对教学的困惑,而这些都是研究课题的重要来源。

1. 化学教育教学实践中的困惑

教育科学研究最迫切的任务是要解决当前教育实际工作中相当普遍的关键性问题,而这些问题恰恰又是理论上没有得到回答的。对中学化学教育工作者来说,选题的来源可以概括为以下几个方面。

(1)教学问题。如在物质的量这一部分知识的学习中,初高中化学学习衔接困难,其主要原因是什么?不同性别学生对化学的兴趣产生差异性的因素有哪些?

(2)管理研究。如何提高化学课堂管理水平、管理效率、管理质量等,均包含着大量的研究课题。

(3)教育改革与发展中的问题。随着新课程改革的推进,"核心素养"的提出,"应试教育"逐步向"素质教育"转变,中学化学教育改革迫切要求人们转变观念,这为化学教育工作者提供了大量的研究课题。

(4)教育内外联系中产生的问题。从教育系统内部看有中学化学教育与大学教育、继续教育的联系问题。从教育系统外部看,化学课堂教育与家庭教育、社会教育相互影响,相互制约,如何处理好这些关系,又给我们以丰富的选题。

2. 从教育教学热点中寻找研究课题

化学教育的许多课题都涉及教育学、心理学、社会学等诸多领域,需要教育科研机构、学校特别是高等学校、教育决策和管理部门以及社会有关部门的共同努力和密切合作。因此,提倡和鼓励在研究工作中进行跨部门和多学科的合作,注意多侧面、多角度地对研究的问题进行综合、系统、深入的研究和论证。面对科学技术的飞速发展,教师平时应关注本学科以及相邻学科的发展动态及教育热点课题,并在此基础上引申出研究课题。例如,核心素养背景下对全国理科综合化学实验试题分析及教学启示的研究、在信息技术与课程的整合中聚焦中学化学实验中手持技术的发展现状及趋势等,这些均是具有创新意识的学科教师发掘出的研究课题。

3. 从教育教学经验中深化新的课题

中学教师的学校与课堂教育教学经验是非常丰富的,为教师的课堂教学和专业发展奠定了基础。所谓"经验奠定基础",就是研究者要以自己的经验为基础来选择研究题目,不能脱离经验去选择不适合的题目。具体而言,研究者的相关教育教学经验主要包括两个方面:一方面是同事所做科研课题的经验,这些课题可能与研究者的经验密切关联,因为经验存在于研究课题的背景中;二是本人学习工作经验的体悟,研究者丰富的经验中值得挖掘的具有新意的想法非常多,通过提炼可以将其外化为研究课题。例如"农村初中化学实验生活化设计与应用的研究"就为中学化学实验的实践探索提供了新的思路。教师在教学探索过程中,头脑里往往会产生新冲动,或者是运用一种新的策略、一种新的模式,开发一种新的教学工具,增添了合适的教学资源等,这些新的想法同样为化学教育提供了课题的来源。

(二)化学教育教学理论

理论与实践是相辅相成、密不可分的,教育理论必须来源于教育实践,并且能够指导教育实践；教育实践的发展需要教育理论的更新。因此，对于中学化学教育研究者来说，从事化学教育教学理论研究也是课题选择的一种方向。

1. 对化学学科理论的深入研究

现有的化学学科理论相对来说，已经很成熟了，理论层面的选题主要是基于原有的理论，这就需要研究者有扎实的理论基础，要了解其背景，明确其适用的前提和范围，分析其优势与局限性，以方便研究。

根据研究的切入点不同，化学学科理论研究可以进行以下分类。

（1）承袭已有的研究成果来探究新的问题。牛顿曾说过，"要站在巨人的肩膀上看世界"。研究也如此，都是要在已有研究成果的基础上进行创新，以不断发现新问题、得出新观点。比如，SOLO分类理论，这是香港大学教育心理学教授比格斯（J. B. Biggs）首创的一种学生学业评价方法，是一种以等级描述为特征的质性评价方法，基于该理论，既可以研究学生对化学实验的理解水平，又可以研究学生对某个具体知识点的学习水平状况，还可以研究该理论在试题评价中的应用等。

（2）利用逆向思维研究问题。从理论的反面来思考，能拓宽研究者的视野，找到不一样的分析视角，结果往往会出人意料，有助于理论研究更加完善。

（3）研究富有争议性的问题。有争议，说明该问题具有关注度，还有一定的研究价值。比如，《高中化学教科书中概念定义类型的分析与思考——从高考争议试题谈起》这一论文，就是以2018年高考理科综合试卷（全国I卷）单项选择题第8题为基础来进行分析研究的，该单选题有两个正确选项，其主要原因是对于教科书中"酶"的概念存在一定的争议，由此展开对概念性定义的拓展性研究。

此外，最重要的是，研究者要有对现有权威的研究结论、教育理论的质疑态度。比如，在化学科学发展中，曾经很长一段时间里，都认为物体之所以会燃烧是因为本身含有一种燃素，直到后来拉瓦锡通过实验证明燃烧与氧气有关；在现代，《对"由一道化学竞赛题引发的质疑和思考"的商榷》这一论文，则正是研究者对化学教育权威所提出的质疑。

2. 从其他学科研究中迁移研究课题

在现代科学大综合发展的趋势下，各学科之间的交叉领域涌现出大量值得研究的新问题。从不同学科之间的交叉点即交叉学科间的空白领域找问题也是选择课题的重要途径。科学研究的思路和方法在一定的程度上具有共性，因此，各个学科的研究课题可以相互借鉴，以便从中获得某种启迪，也可以通过阅读其他学科的教育研究期刊研究动态，从中萌发灵感，而形成课题。比如《纳米科学交叉模式的实验科学探究》一文，就是以当前热点——纳米技术为研究方向，其本质是融合了化学、物理的基础知识，对实验科学进行的深度探究。

3. 在相关学术会议及培训中找到当下研究方向

做研究不能一个人闭门造车，研究人员应当多参加一些学术会议及培训，在参与的过程中可以听到他人对化学教育教学理论的观点。交流沟通，一方面可以学习他人新的教育研究方法，另一方面可以针对他人研究的不足，以提出新的研究课题或研究视角。比如，新高考选课模式的变革使得教学组织形式向走班制转变，纵观前人的研究，研究重点主要集中于走班制的实施、问题与对策，而对走班后的课堂环境变化关注较少，因此研究高考改革后课堂环境的变化，关注教师对任务取向、课堂参与、课堂氛围三个维度的满意度，这对于教师主动适应新高考，为每个学生提供适合的教育具有一定的参考价值。

（三）各级政府教育科研规划课题指南

从各级教育机构指定的课题指南或教育科研规划中选题，也是教育工作者选题的重要途径。每年度各级教育机构都会颁发有关课题申请指南，如各级社会科学规划中的教育发展规划专项研究课题申请指南，全国教育科学研究规划课题申请指南，教育部、教育厅教育科学研究规划课题申请指南等，其中许多课题都是值得借鉴的研究课题。这类课题指南由于其特殊的条件（多由基金组织资助，课题项目执行中均由有关部门和基金组织实施监督和检查，结题也由这些部门组织专家进行鉴定），所以一般来讲，这类课题比较规范，有各方面提供的条件保证。

需要注意的是，课题指南并非课题本身，它只是选题的方向和参考，还需要根据教师的实际情况将研究方向具体化，这样结合教师教育教学中的问题，研究起来才能取得实效。例如，甘肃省教育科学"十三五"规划2019年度课题"新课程理念下高中化学实验有效性教学策略研究"大力推进新课程改革理念与高中化学的融合，为适应时代发展需求、聚焦化学教学策略的改革提供了新的研究视角。以此次教育规划为契机，某教师结合化学学科的特色以及自身的教学实践经验，通过深入剖析高中化学实验中存在的问题，立足以人为本的新课改核心思想，从而探讨了高中化学实验的有效性教学策略。该研究指出，为增强高中化学实验教学的有效性，应当激发学生的学习兴趣，提高教师的综合素质，增加实验探究活动开展实验教学。该课题对中学一线教师在化学实验教学中如何提高高中化学教学质量起到了实质性的帮助作用。

二、中学化学教育研究课题的类型

根据研究的内容对化学教育研究的课题进行如下分类。

（一）中学化学课程标准和教材研究

化学课程标准是化学教学的依据、考试命题的依据和对教学质量评估的依据及编制教材的依据。认真研究课程标准和教材，对于教师理解教学目标、教学内容、教学方法和教学评价是十分必要的，同时也是教师进行教学创新和专业提升所必需的前提和保证。课程标准和教材研究的内容主要有：中学化学课程标准的历史演变与发展；怎样在化学教学过程中完整地体现课程标准对知识和能力的规定；怎样在教学过程中形成课程标准规定的知识结构网络；如何把握化学教材的深度和广度；国内外化学教材的比较研究；化学与其他学科相互渗透解决问题的研究；化教材如何联系生产和生活实际;适合各民族、各地区的民族教材和乡土教材的编制;化学教材功能的研究;化学教材编排体系的研究;化学教材编写与学生学习方式的转变研究;化学教材中习题和实验的编排研究等。

随着国家、地方与学校"三级课程管理"模式的确立,学校在自主开发具有地方特色与学校特色且适合学生实际的校本课程方面,具有了特殊的权力与机遇。教师及教师团队就成为校本课程开发的主力军。课程开发也是教师教学研究的一个重要方面:进行课程开发的理论研究、规划设计、组织实施、总结评价及推广。

(二)基于"教"的研究

教学设计是对化学教学活动进行规划和安排的一种可操作的过程。自主学习、探究学习与合作学习等新的学习方式对"教师讲,学生听"的灌输式的课堂教学模式提出了挑战。随着课程教学改革的深入,多样化的新型课堂教学模式的建立已经成为必然的趋势。这方面有许多问题,如教学目标与教学重难点的确定原则与体现途径、教学环节与课型、边讲边实验的选材原则与实施方式、课堂练习的设置与组织。现代教学理论指导下的建构主义教学方法、探究教学方式、以问题为核心的教学方法已经进入了中学化学教师的视野,并在实践中为教师所采用。教师要敢于和善于运用教育学、心理学和现代教学原理方法,联系本学科的教学和学校与学生实际,改革和创新教学方法,以达到调动学生的积极性、主动性,提高教学质量,促进学生全面发展的目的。

基于"教"的研究包括化学教学原则、规律的研究,化学教学模式、方法、策略的研究,化学教学设计的研究,化学教师课堂教学行为的研究,化学教学评价的研究等。

(三)基于"学"的研究

此类研究包括化学概念学习的研究、化学问题解决的研究、非智力因素的研究、学科核心素养的研究等。

学生是学习的主体,学生的学习过程具有不可替代性。要提高化学教学质量,必须重视学习方法的研究和指导,根据影响化学学习的内在因素和外在因素及学习内容的特点,有的放矢地研究如何培养学生的学习兴趣;如何指导学生预习、听课、复习和做作业;如何抓住各种教材的特点,学好各种类型的知识,结合各类知识采取不同的学习方法;如何克服学习过程中遇到的各种困难等方面的规律和方法,以指导学生提高学习效率和效果,均应结合学习理论在教学实践中进行探究和总结。

中学化学教学如何培养学生的化学学科核心素养,各学科核心能力之间的关系如何,影响化学学科核心素养发展的因素等,都是当前化学教育研究的重要课题。

(四)化学实验教学研究

化学是一门以实验为基础的学科。重视和加强实验教学有助于培养学生的科学精神和科学方法,促使学生主动地学习,使他们切实掌握化学基础知识和技能,理解物质的组成、结构、性质、变化之间的辩证关系。同时在实验教学中,学生的观察、思维和操作等能力也能得到充分发展。因此化学实验研究和化学实验教学研究是化学教育研究中重要而广泛的课题,而课程改革更强调联系实际和应用社会资源,化学实验的研究视野将更加深入和开放。有关化学实验教学研究的内容主要有:化学实验教育系统的构建研究;化学实验教材的教育功能研究;化学实验教材的开发研究;化学实验教学模式研究;化学实验设计的方法论研究;化学实验教学如何促进学生形成化学概念的研究;化学实验教学中学生观察能力的培养研究;化学实验教学中学生思维能力的培养研究;化学实验教学中学生实验兴趣的培养和发展研究;化学实验教学中学生心理活动的研究;学生实验组织形式的研究;提高化学实验效果的研究;演示实验的关键和效果的研究;学生实验的组织和指导研究;化学实验在探究学习中的应用研究;如何进行合作实验探究研究:化学实验测评方法研究;微型化学实验的开发研究;手持技术实验研究;多媒体化学实验的开发研究等。

(五)信息技术与化学课程整合研究

现代化教学技术手段能提高教学效率,减轻学生的课业负担,提高学生学习的兴趣,促进课堂教学活动的优化,因此深受广大教育工作者和学生的欢迎。如何最大限度地发挥其正面作用,使之既有利于学生主动地学习,又有利于教师主导作用的发挥,也是教学研究的重要课题之一。其研究内容主要有:传感器、移动学习终端、电子白板等信息技术在化学教学中的应用,现代认知教学理论、建构主义教学理论指导下的现代教学手段的运用等。

(六)化学教育测量与评价研究

化学教育测量与评价是对化学教育中客体满足主体需要程度的价值判断活动,如对化学教学质量等进行定性、定量的比较和判定的过程。教育评价对教育具有导向功能、反馈和调节功能、发展和激励功能、甄别选拔功能。化学教育测量与研究可以促进化学教育实践的改革。该领域可以探讨教育评价的构成要素、类型、功能、改革方向等,也可以探讨化学教学评价与化学考试评价等,如新高考改革、高中化学学业水平测试等课题。

(七)化学教师专业发展研究

综观学者对于化学教师内在专业结构的研究,大致都是从知、情、意、行四方面来讨论的。知即专业知识,情、意即专业信念,行即教师能力。情、意为知与行的根本,只有具有坚定的专业意志与专业信念,教师的专业知识与专业能力才能充分发挥。研究者可以选择教师信念、教师情感、教师知识和教师能力等展开理论与实践研究。可以从化学教师专业发展理论的历史发展、理论基础以及理论构成三个维度出发,研究教师的内在专业结构不断丰富和完善的过程。

第三节　中学化学教育研究假设的提出与设计

一、假设的基本特征

假设就是关于某个研究的可能结果的一种预期。从一个问题中可以引出不同的假设。研究假设是研究内容的具体表述，需要研究的内容可能很多，限于作者的时间、精力或条件，在某一个课题中只能解决某一环节或某一方面的问题，于是就对其研究内容进行明确、具体的界定，这些界定就称为研究假设。

（一）具有一定的猜测性、假定性和或然性

任何假设都带有猜测性、假定性的成分，其结果是或然的。因此，假设是需要验证的，而验证假设的过程实际上就是研究的过程。

（二）具有一定的科学依据

任何假设虽然都是猜测的，但均有一定的事实或理论根据，并能解释与它有关的事物和现象。也就是说，假设并非胡乱猜测，一定要有根据。当然，中学化学教育研究的假设往往不像科学研究那么严密，但总要寻找依据。

中学化学教育研究的假设的依据主要从两个方面考虑：一是理论依据；二是实践的支持。例如，"高中生化学能力的性别差异研究"，应该提出什么假设呢？自然应该是假设男女生的化学能力有显著差异。为什么提出这样的假设呢？主要理论依据是心理学中对男女生智力差异的研究，结果表明男女生的化学能力有显著差异，但这种差异要到一定年龄阶段才表现出来，另一方面的依据就是实践的经验。所以，当需要提出中学化学研究假设的时候尤其需要寻找理论依据。

（三）可验证性

提出的假设必须是可以验证的。不能加以验证的假设，就无法进行科学的研究。可验证性实际隐含了可重复性，也就是在相同的条件下应该得出相同的结果。如果一种现象只能出现一次，就很难验证了。

（四）具有多样性

在科学发展中，对同一现象及其规律可以出现两种甚至多种不同的假设。多样性实际上是一种可变性。

二、假设的提出和设计

中学化学研究假设既然不是凭空提出来的，要有理论依据和实践的支持，那我们在提出假设时就要重点考虑这两个方面。

(一)明确理论依据

对理论依据可以采用类比思维的方式,提出中学化学研究的假设。在类比的过程中要比较前提条件是否满足或者接近,否则不能直接类推已有研究的结论作为假设。

也可以采用"否定条件的思维方式"提出假设。一般假设的形式是"若A,则B",那么其等价命题是"若非B,则非A",这是不证自明的,但否定条件的思维方式则是假设"若非A,则非B"。也就是考虑如果具备此条件的话能得出此结论,那么否定此条件能否得出相反的结论吗? 由于原命题成立,其否命题不一定成立,所以这里只是提出假设的思维方式,还需要验证假设。

(二)从中学化学教学实践方面考虑假设

主要是采用观察、访谈、经验总结以及归纳和概括等方法。这里主要靠研究者对实践的把握,同时要求征求有关人员的意见,将集体的经验归纳和概括成某种中学化学理论假设。

另外,要注意一个一般性的技巧问题,即从"差异性"的角度来考虑假设。这实际上也是和选择的研究问题有关的,一般我们都是希望结论能得出显著差异来。例如,研究男女生的性别差异,一般是假设有差异的。因为,这个世界上没有关系的东西太多了,选题应该从寻找现存的关系入手,而不是研究两个事物有没有联系。因此,假设的提出也应该从有差异的角度来思考。

要说明的是,有些研究完全是探索性的研究,可以不提出假设,也很难提出假设,但在探索性研究的基础上如果能再进行验证性的研究,那就更完美了。

本章要点小结

(1)中学化学研究课题的来源主要有化学教育教学实践、化学教育教学理论、各级政府教育科研规划课题指南三种。

(2)选题是从复杂的教育现象中选择并确定自己的课题的过程,是整个研究过程的首要环节。值得注意的是,确定研究课题之前要明确研究课题的领域和方向并收集和整理有关文献资料。同时选题需要遵循价值性原则、创新性原则、可行性原则以及时效性原则,要使用一定的策略和技巧。

(3)中学化学研究假设的基本特征包括具有一定的猜测性、假定性和或然性,具有一定的科学依据、可验证性、多样性。研究者在提出中学化学研究假设时要注意明确理论依据和从中学化学教学实践中考虑。

本章思考题

(1)对于中学化学教师来说,获得好的研究课题的途径有哪些?
(2)好的化学教育研究课题有哪些特点?

第三章　文献综述的撰写

狭隘的经验主义者好像蚂蚁,只会收集材料而不会加工使用;经验哲学家就像蜘蛛那样,只会从肚子里吐丝结网;真正的哲学家应当像蜜蜂,既能收集材料,又能消化加工。

——培根

[学习目标]

(1)理解文献综述的内涵和特点。
(2)掌握常用的文献检索途径与方法。
(3)能运用相关写作技巧撰写文献综述。

张老师是一名在职硕士,最近正忙着毕业论文的选题,但一直毫无头绪。偶然间他发现了"化学高阶思维"这一陌生的名词,并对此产生了浓厚的兴趣,但不知道如何开始研究,于是便请教他的硕士生导师。导师告诉他,他现在需要做的就是文献检索和撰写文献综述,了解该研究的现状。

那么,张老师要如何开展文献检索、撰写文献综述呢?本章将从文献综述的概述、文献检索的途径与方法以及文献综述的撰写三个方面为您阐述文献综述的相关内容。

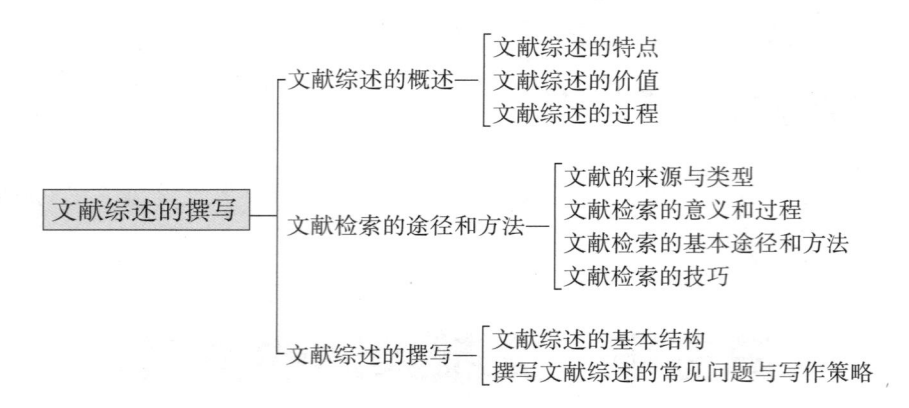

```
                    ┌─ 文献综述的概述 ─┬─ 文献综述的特点
                    │                  ├─ 文献综述的价值
                    │                  └─ 文献综述的过程
                    │
                    │                       ┌─ 文献的来源与类型
文献综述的撰写 ─────┼─ 文献检索的途径和方法 ┼─ 文献检索的意义和过程
                    │                       ├─ 文献检索的基本途径和方法
                    │                       └─ 文献检索的技巧
                    │
                    └─ 文献综述的撰写 ─┬─ 文献综述的基本结构
                                       └─ 撰写文献综述的常见问题与写作策略
```

第一节　文献综述的概述

学术研究是站在巨人肩膀上的过程，因此查阅文献，了解前人做了什么，有什么成果就显得特别重要。文献是人类文明发展过程中的产物，是人类知识的记录、智慧的结晶，起着知识传播与传承的作用。大多数的科学研究都是以前人研究作为研究的基础和起点，从而进行拓展研究。每个中学化学教育研究者都应该清楚地认识到撰写文献综述在研究工作中的重要意义。

一、文献综述的特点

文，是文本记载；献，是口头相传。文献是通过一定的方法和手段，运用一定的意义表达和记录体系，记录在一定载体上的有历史价值和研究价值的知识。文献综述又称文献回顾、文献析评，是根据需要把收集到的反映某个研究领域的研究发展状况、研究成果的文献资料进行系统的归纳、整理、分析，并在此基础上做出一定评论的写作过程。文献综述除了要具备一般性学术论文的逻辑性、学术性和简洁性的基本属性外，还应具有客观性、评述性、综合性、不受时空限制、信息容量大、简便易行等特点。

客观性是指要忠实于原始文献的数据、观点、结论等，主要有两种体现：一是文献中作者的观点、思想是客观存在的，不能被曲解；二是现有文献研究成果的数量是有限的，这也是客观存在的。

综合性是指关于某一研究领域的研究在内容方面应该涵盖古今中外所有的文献，尤其是对某一领域起着重要作用的文献，应该体现批判性和创新性的结合。

文献综述需要对文献做出分析和评论，这意味着：一方面，研究者不能仅仅把有关文献列举出来，而是要按照一定的框架条分缕析，有所综合；另一方面，研究者要根据自己的研究需要，对有关文献做出恰当的评论。撰写文献综述，可以帮助我们厘清某一领域或学科专业发展的脉络和特点，并为后续研究做铺垫。

二、文献综述的价值

文献综述的写作历来为很多学者强调,原因在于它具有非常重要的价值。

(一)厘清前人的整个研究领域的概貌,确定研究课题和研究方向

科学研究的本质是创新,创新是对现有研究不足的补充或突破。对于中学化学教育研究者来说,在对某个课题进行研究之前,首先要做的就是文献研究工作。研究者在着手研究一项课题前,必须了解拟选课题当前的研究动态,明确已解决哪些问题,哪些问题有待于进一步修正和补充等,从而明确课题研究的方向,找准研究的突破点。只有系统、全面地了解有关研究的动态,才能选定有价值的好课题,从而进一步明确研究课题的科学价值,找准自己研究的突破点。

通过梳理和分析文献,研究者能全面了解相关领域的研究现状,预测有无后续研究的必要。通过撰写文献综述,对不同研究的视角、设计、方法、观点进行分析、比较、批判和反思,研究者可以深入了解各研究的优点、不足。应在掌握研究现状的基础上寻找论文选题的切入点和突破点,使自己的研究真正"站在巨人的肩膀上"。

(二)为教育研究提供科学的论证依据和研究方法

撰写文献综述是跟踪和吸收相关领域里国内外学术思想和最新成就、了解科研前沿动态、获取新的情报信息的有效途径。在撰写文献综述的过程中,一方面,通过文献研究,可以了解国内外其他研究者最新的理论、手段和研究方法,从过去和现在的有关研究成果中获得启示,帮助研究者较为迅速、全面地掌握相关课题的渊源和前沿动态,分析已有研究的研究思路和研究方法,有助于找到课题研究的新线索,并在这一领域的研究方面拓展出新的研究思路,为研究提供有效的研究方法。另一方面,也可能在该过程中发现自己原来所选的问题价值不大,或者理由不够充分,从而及时放弃原先的选题。此外,撰写文献综述要求研究者对整个研究领域的理论基础和现有研究结果有一个全面、系统、明确的认识。因此文献综述的写作过程,也是研究者逐步把握整个研究领域概貌的过程。

(三)避免重复劳动,提高整体研究的效率

研究者通过查阅文献,可以充分占有资料,了解前人的研究方法,并据此进行总结,可以最大限度地避免不必要的重复研究。具体来说,撰写文献综述的过程能够使研究者充分地掌握已有的研究成果,避免重复研究前人已经解决了的问题,重复前人已经提出的正确观点,甚至重犯前人已经犯下的错误。

总之,文献综述不仅可以帮助研究者收集关于特定研究问题的其他研究者的观点,还能使研究者深入了解其他(类似的或相关的)有关特定问题的研究结果。也就是说,撰写文献综述可采众家之长、借鉴历史、启发创新、提高研究质量。

三、文献综述的过程

文献综述通常要经历如图3-1-1所示的6个步骤。

明确主题 ⇨ 文献搜索 ⇨ 文献整理记录 ⇨ 文献分析 ⇨ 文献评述 ⇨ 文献综述撰写

图3-1-1　文献综述的过程

(一)明确主题

在进行文献综述写作之前,研究者需要明确自己的研究方向,只有确定了研究方向才能开展文献综述的撰写工作。在选择主题时范围既不能太大,又不能太小。范围过大,可能会由于研究者自身知识结构、时间、精力等因素所限而难以驾驭;范围太小,就会难以发现各事物之间的有机联系。因此在选择主题时,应该尽可能地缩小文献研究范围。对一个大型研究课题而言,可以对其中各个不同方面分别进行文献综述,这样才能更有效地进行相关参考文献搜索及文献综述的撰写。

(二)文献搜索

文献搜索时,针对所研究的对象(如中学化学教育研究的某现象),通过收集、查阅、比照、分析、整理与研究对象相关的文献资料,明晰研究现状、问题和发展趋势。一般而言,科学研究需要充分地收集研究资料,以便准确掌握相关的科研动态、前沿进展,了解前人已取得的研究成果、现行的研究状况等。在搜索文献时,必须预览、选择和组织资料,具体来说,可从报纸、书籍、杂志、网络中获得有价值的文献,文献的来源要注重科学、真实、前沿。

不管从事何种性质、类型的教育研究,具体的研究过程以及最终研究成果的获得都与研究者自身对相关文献的研究密切相关。梁启超曾说:"资料,从量的方面看,要求丰备;从质的方面看,要求确实。所以资料之搜罗和别择,实占全工作十分之七八。"[①]由此可见,文献搜索在研究中发挥了巨大的作用。文献搜索包括检索和初步筛选两个紧密结合的方面。

1. 文献检索

文献检索就是从众多文献中查找并获取所需文献的过程。文献检索是教育研究过程中必不可少的步骤,在整个研究中具有至关重要的作用。常用的文献检索方法有直接法、追溯法、工具法、综合法。

2. 初步筛选

一般来说根据检索线索,获得了所需文献,文献检索便告一段落,但要获得更加准确的文献信息,与检索相伴的是对文献进行初步筛选。研究表明,按质量的优劣可将文献分为三种类别,第一种是占30%左右的必要情报,第二种是占5%左右的错误情报,第三种则是冗余情报。因此,鉴别材料在任何研究中都非常重要,可以在检索的同时鉴别文献的真实性、先进性和适用性,并进行筛选。

[①] 梁启超. 中国近三百年学术史[M]. 武汉:崇文书局,2015:55.

(三)文献整理记录

开始撰写高质量的文献综述前,要按照种类和主题将资料分类,发现论点;然后分析资料,了解与主题相关的研究已取得了哪些成绩。文献的记录要尽量简洁,能够方便研究者在最短的时间内找到所需要的信息,可以使用Word、Excel等公用软件进行记录整理。

文献整理记录表

一级观点	二级观点	研究发现	作者、篇名、期号	备注
	观点一	1		
		2		
	观点二	1		
		2		

(四)文献分析

文献分析,有不少学者也称之为文献梳理,任何梳理都有一定的线索,遵循线索找到理论和实践的证实就是很好的文献分析过程。研究者首先对一个个具体的研究进行分类概括,找到这些研究所遵循的观点,然后再找到这个观点所属的更大的观点,最终形成一个从观点到具体研究的逻辑链条,衡量一个分析是否到位的主要标准是:当你看到这个方面的任何一篇文献时,就能清楚地知道他在整个逻辑链条所处的位置。在这个梳理过程中,持续对所获得文献资料进行审查,根据逻辑链条将这些发现串联起来,最终帮助我们形成结论。

(五)文献评述

在对文献整理和分析之后,研究者还需要根据自己研究的需要,对有关文献做出恰当的评论。评论的作用一方面在于分析前人的观点、理论和成果对于本研究领域发展的意义和局限,另一方面也在于引导研究者的视野和思维,使之清楚地发现自己当下的研究在整个研究和理论脉络中处于何种位置,为什么是有意义的。在有些研究中,研究者也通过评述最终将自己的研究框架建立起来,使整个研究都明朗化。

文献评述要对有关研究课题的已有知识加以阐释,并探究这些知识是如何回答研究问题的。当你构思文献评述时,问自己这样一个问题:"基于已有的知识,我所提出的研究问题的答案是什么?"如果这个答案是清晰的,那么你就找到了文献综述的主题,达到了文献综述的目的,即对有关主题的已有知识进行综合并总结出一个论点。

(六)文献综述撰写

文献综述的撰写要求用心地创造、塑造和提炼材料信息。一般来说,首先写本领域研究的渊源和历史,而后写观点和理论基础,接下来是已有研究成果,最后加以评述。在有些时候,研究者可以根据需要对之做出一定的改动,使整个文献综述显得更有说服力。出现的改动往往有两种。

第一,本领域研究的渊源和历史与研究观点或者理论基础融合为一体。这样写作的好处是把观点、理论基础的渊源和历史交代得很清楚,使读者清楚地看到观点和理论演进的脉络。第二,研究观点理论基础与有关研究成果相融合。这种写作方法往往在研究者试图融合多个视角时采用。研究者写出一个研究观点或理论基础,而后就紧接着写依据这些观点和理论基础所做的研究。接下来,再写其他观点或理论基础以及依据它们所产生的研究成果。这种方式实际上是以观点和理论基础为线索来展开的,使研究的观点和理论基础更加突出。这一工作要从设想作品的最终模样开始。

文献综述的写作是一项写作与修改交替进行的渐进过程,每一次修改都是对文章的进一步完善,直至论文能清晰优雅地表达作者的观点[①]。

第二节 文献检索的途径与方法

一、文献的来源与类型

文献检索是研究的基础工作,是研究人员从事研究的一项基本功。进行文献检索首先要知道文献的来源,其次要了解文献的类型。

(一)文献的来源

文献主要来自社会文献的交流系统。教育类文献资料主要集中在图书馆、档案馆、博物馆、研究机构和学校等单位。由于创造、记录与传播的方式不同,教育文献资料的形式呈现多样化。

1. 图书杂志

图书杂志指正式出版的文字资料,是文献资料的主要来源,一般来说,有以下几类。

(1)教科书。教科书是用通俗易懂的语言把成熟的某一学科研究成果组织成一个体系。实际上教科书反映了一个学科研究领域的历史和现状,也会涉及一些悬而未决的问题,是不容忽视的文献来源。

(2)教育专著。教育专著是就教育领域某一学科、某一专门问题进行系统、全面、深入的论述,内容专深,多是作者多年研究成果的结晶,阐明了作者的独到见解。这类文献具有持久的生命力。如顾泠沅的《教学改革的行动与诠释》,石中英的《知识转型与教育改革》等。

(3)期刊。期刊是定期或不定期的连续出版物,有周刊、月刊、双月刊、季刊等。期刊可分为学术理论性期刊、情报性期刊、技术性期刊和普及性期刊。这些杂志上发表的文章学术性较高,有方法,有数据,集中反映最新的研究成果,再加上期刊出版周期短,内容新颖,论述深入,常反映有关学科领域研究的最新动态和最高水平,因而期刊是教育科研工作者查阅文献最实用、最便捷

---

① 劳伦斯·马奇,布伦达·麦克伊沃. 怎样做文献综述——六步走向成功[M]. 陈静,肖思汉,译. 上海:上海教育出版社,2011:101.

的来源。

(4)综述性文章。综述性文章概述了一个研究领域的现状,而且在文章后面附有详细的文献书目,便于读者按图索骥,逐步深入。

(5)政策、法规、文件汇编。指政府机构发布的公文资料。这些文献体现了某一历史阶段官方的方针、政策、制度、法规等,具有政治上的严肃性、理论上的准确性、数据上的可靠性。

2. 电子资源

随着现代信息技术的发展,人们利用网络收集各种信息的机会日渐增多,网络资源因其有无限共享性,在现在教育科学研究中具有十分重要的地位和作用。电子资源主要有以下几个方面。

(1)图书目录。因特网上有许多图书馆的图书目录,供用户搜索查看。

(2)电子书刊。是指在网络环境下可以阅读的书刊,包括在网络环境下编辑、出版、传播的书刊和印刷型书刊的电子版。

(3)数据库。因特网上有许多数据库直接为用户提供信息检索服务,这些数据库的内容涉及不同领域、不同专业,而且很多都是免费的。教育学术期刊论文、学位论文、部分教育图书等都可从一些数据库中获取。

(4)参考工具书。许多传统的和现代的参考工具书都已进入因特网,如《大不列颠百科全书》。

此外个人博客、专业教育网站、教育行政部门网站等也成为信息交流的重要渠道,并成为网络教育文献资源的重要组成部分。

(二)文献的类型

了解文献的分类及其特点是文献检索的前提。按照不同的标准,文献可以划分成不同的类型。

1. 按文献载体分类

按文献载体形式可分为文字型、音像型和机读型三类。

(1)文字型文献。

以纸为媒介,用文字(包括各种专用的符号和代码)表达内容,通过铅印、油印、胶印等方式记录、保存文献。这类文献数量巨大,是信息的主要载体。

(2)音像型文献。

以音频、视频等为媒介来记录、保存、传递信息的文献。主要有图片、胶片、唱片、电影、电视、录音、录像等,这类文献形象直观,易于传播。

(3)机读型文献。

以磁盘、光盘等为媒介来记录、保存、传递信息的文献,由于阅读这类文献需要通过计算机,故名机读型文献。机读型文献存储密度高,易于复制,并且检索速度快。

2. 按加工程度分类

对文献内容,按加工程度的不同,可将文献分为零次文献、一次文献、二次文献和三次文献。

(1)零次文献。

某些事件、行为、活动的当事人所撰写的第一手资料。这类资料,有的并非为了研究而撰写,如个人日记、教师日志、手稿、信件、笔记、自传,还有学校、团体、学会等撰写的文件。

(2)一次文献。

又称原始文献、一级文献,指直接记录事件、活动、行为经过的研究成果、专著、论文、调查报告等文献。一次文献的作者不一定是事件、活动、行为的亲身经历者,他们可能通过对亲历者调查访问或阅读零次文献,或参考引用他人的资料,获得信息,然后加以研究、分析综合,撰写出的直接记录事件、活动、行为的原始成果的研究文献。常见的一次文献有专著、学术论文、学位论文、研究报告、会议文献、档案资料等。一次文献既有原始性又有创造性,有很高的直接参考和借鉴使用价值。

(3)二次文献。

二次文献又称检索性文献、二级文献,是对一次文献进行加工整理或摘录内容要点,并按一定原则、方法或体例编排的便于查找、检索的文献,一般包括题录、书目、索引、提要和文摘等。二次文献具有报告性、汇编性和简明性的特点,是检索工具的主要组成部分。

(4)三次文献。

指在对一次文献、二次文献的加工、整理、分析、概括后撰写的参考性文献,是文献研究的结果。三次文献是在利用二次文献检索的基础上,对某一范围内的一次文献进行系统的加工整理并概括论述的文献,是兼有一次文献的原始性、二次文献的报告性而又加入作者本人的主观综合性的研究结果的复合体。主要形式有:动态综述、专题评述、进展报告、数据手册、年度百科大全以及专题研究报告等。这类文献一般覆盖面广、浓缩度高、信息量大,具有综合性、概括性和参考性特点[①]。

总之,教育资料类型多样,分布广泛。查阅文献时应主要搜索一次原始文献,特别是有较高学术价值、在本学科领域中有一定的权威性、信息量大、使用率高、被公认为必备或常用的教育文献资料。

二、文献检索的意义和过程

文献检索事实上就是根据具体的研究目的搜索所需要的文献的过程。任何人在检索过程中都希望尽快地检索出自己所需的文献,以满足研究需求。

(一)文献检索的意义

文献检索不仅是一个查找、收集的过程,也是一个分析、研究的过程。在这个过程中,查阅文

---

① 裴娣娜.教育研究方法导论[M].合肥:安徽教育出版社,1995:91.

献往往是一个非常烦琐的工作,有时花费一个星期甚至一个月的时间,最后符合需要的资料可能只有一句话,但如果因此就怀疑查阅文献的意义,寻求捷径,则可能导致研究的质量出现问题。

之所以如此说,原因在于文献对于研究有着非常重要的意义。在这个过程中,研究者进一步了解和熟悉本研究领域的已有观点和研究成果,不同学者的观点不尽相同,可以帮助研究者形成自己研究的视角,领悟各种研究成果背后更加深刻的理论内涵,对研究者形成分析和研究思路有着重要的意义。通过对已有观点和研究结果的查询,研究者能够确定自己研究的选题在整个研究中处于什么位置,进一步明确自己的选题、研究目标和研究路径,同时凸显出自己研究的意义。在整个过程中,相关领域的研究情况逐步清晰起来,自己的研究课题和思路在与这些文本进行"对话"的同时更加清晰。同时,在文献中我们还能找到适合自己研究的研究方法。一般来说,形成一个新的研究方法是十分不易的,我们更多的是要去借鉴别人的研究方法和工具。

(二)文献检索的基本过程

由于不同研究对象所需要的信息、资料不一样,文献检索并没有固定的步骤。但在具体的文献检索过程中,一般都包括以下步骤:明确研究方向和要求,确定检索工具和信息源,确定检索途径和方法,根据检索结果获取有关的文献,对文献分类整理,剔除无关材料后,对包含相关信息的材料作摘要或总结,准备完整的文献目录。文献检索的基本过程如图3-2-1所示①。

明确研究方向和要求 → 确定检索工具和信息源 → 确定检索途径和方法 → 查阅、获取有关文献 → 对文献分类整理 → 做摘要、写综述 → 准备参考书目

对文献分类整理 ↓ 剔除无关材料

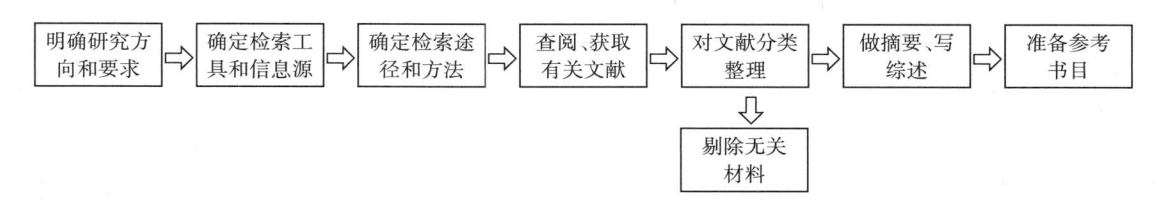

图3-2-1 文献检索流程图

研究者按照上述流程进行检索,可以大大提高查找文献的效率,节省时间。具体包括以下几步。第一步,要明确研究的方向和要求,确定所需文献的主体范围、时间跨度、地域界限、载体类型等。研究方向越明确,要求越具体,检索的针对性也越强,效率也越高。第二步,通常要求研究者根据现有条件,在自己所熟悉的检索工具(书目、期刊指南、文献索引等)和自己能把握的信息源(图书杂志、大众媒体、计算机网络等)中查找文献。第三步,选择文献检索途径和方法。一般是用著者名、文献名、主题词等进行检索。第四步,根据查找到的文献篇目,研究者要获取并查阅相关的原始文献,同时进行复制或者摘录。第五步,对文献进行分类整理,做去伪存真、去粗取精的加工工作,包括剔除重复和价值不大的文献,核对重要文献的出处。第六步,仔细阅读与课题有关的重要文献,并做好摘要,在此基础上有选择性地就前人已做过的工作进行分析评论,写出文献综述。最后将所有文献进行目录登记,以备写参考文献时引用。

---

① 陶保平.学前教育科研方法[M],上海:华东师范大学出版社,1999:66.

三、文献检索的基本途径与方法

文献检索工作是科学研究的重要组成部分，是一项实践性和经验性很强的工作。要想得到良好的检索效果，除了要遵循一定的步骤外，还需要考虑应该选择什么途径和方法来进行中学化学教育文献的检索。

（一）文献检索的途径

检索途径是指研究者与检索工具建立联结的纽带，也就是查找文献的入口。由于各个检索工具揭示的角度不同，也就形成了不同的检索途径。一般来讲，检索途径可以分为分类检索途径、主题检索途径、著者检索途径、题名检索途径、号码检索途径、引文检索途径等，研究者可根据不同的研究需求选择不同的检索途径。

1. 分类检索途径

分类检索途径是指按照文献资料所属学科（专业）类别进行检索的途径，其所依据的是检索工具中的分类索引。分类途径以概念体系为中心对文献进行分类排检，体现出学科的系统性及事物的关联性。分类途径能把学科内容性质相同的文献集中在同一类，便于读者从学科体系的角度来检索文献，具有族性检索的功能，能起到鸟瞰全貌、触类旁通的作用。如已知所需文献学科为化学，就可以通过分类途径来检索有关化学学科的文献。

2. 主题检索途径

主题检索途径是指通过文献资料的内容主题进行检索的途径，依据的是各种主题索引或关键词索引，检索者只要根据研究课题确定检索词（主题词或关键词），便可以实施检索。由于主题检索能集中反映一个主题各方面的文献资料，因而便于读者对某一问题、某一事物和对象作全面系统的专题性研究，是一种主要的检索途径。检索主题目录或索引，可查到同一主题各方面的文献资料。运用主题检索途径进行文献查找时，关键在于分析课题、提炼主题概念，运用词语来表达主题概念，准确地确定相关研究课题的主题词或关键词则是重中之重。

3. 著者检索途径

著者检索途径是指根据已知文献著者来查找文献的途径，依据的是著者索引。著者索引采用文献上署名的著者、译者、编者的姓名或团体名称作为查找的依据。如"著者索引"和"机构索引"，这类索引均按著者姓名字母顺序排列。因为编辑简单、出版快速、内容集中、使用方便，国外许多检索工具都有这种索引。由于从事科研的个人或团体都各有专长，因而在同一著者的名下，往往集中一批内容有内在联系的文献，在一定程度上能集中同类文献。当研究者知道某著者所研究的课题与自己相近，希望了解此著者过去或最近有何文献发表时，从著者途径查找最方便。但是，著者途径不能满足全面检索某一课题文献的需求，只能作为一种辅助途径。

4. 题名检索途径

题名检索途径是根据文献的名称来进行文献检索的一种途径。检索工具中的图书书名目录或索引、期刊刊名目录或索引、篇名目录或索引等，都是按一定的方式组织起来的，把文献的书名、刊名、篇名等作为文献存储的标识和检索的出发点。属于题名检索途径的有书名目录（索引）、刊名索引、标题名称索引、数据库名称索引等，这些可统称为题名索引。"题名索引"主要在计算机检索系统中应用较多。这种途径在查找图书以及期刊时较为常用，但由于文献篇名较长，检索者难以记忆，再加上按题名字母顺序编排，易造成相同内容文献过于分散。

5. 号码检索途径

号码检索途径是利用文献的代码、数字编成的索引来查找文献信息的一种途径。常用的有报告号索引、专刊号索引、合同号索引和标准号索引。特别是一些特种文献如科技报告，都有自己的编号，还有如专利文献、标准文献也有自己的编号，现在各国出版的书、刊也均有自己的号码。这种索引一般按缩写字母加号码的次序由大到小排列。检索时，应先按缩写字母，后按号码次序进行。文献号码对于识别一定的文献，具有明确、简短、唯一性的特点。

6. 引文检索途径

文献所附参考文献或引用文献，是文献的外表特征之一。利用这种引文编制的索引系统，称为引文索引系统，其提供从被引论文去检索引用论文的一种途径，称为引文途径。该途径方便对某一个特定化学教育课题进行追踪，从而系统掌握其研究背景、当前现状与未来发展。

（二）文献检索的方法

在文献资料的检索过程中，需要采用什么检索方法，要根据研究课题性质和具体研究目的而定，也要根据可使用的检索工具而定。这里所说的检索方法不是指选择某一检索工具或系统采用的具体检索方法，而是查找文献资料的一般方法。为保证在文献检索中做到资料收集的全面细致，在具体操作过程中，可采用以下方法进行文献检索。

1. 工具法

工具法是指直接利用目录、题录、文摘或索引等检索工具（系统）查找文献信息的方法，具有快速、方便的优点，是文献检索中最常用的一种方法。使用工具法，首先要明确检索目的和检索范围；其次，需要熟悉各种检索工具的内容、性质、用途与排检方法，熟悉各种检索途径，这样才能有效地检索文献。

资料卡片

检索工具

检索工具是用于存储、查找和报道各类信息的系统化文字描述工具，是目录、索引、指南等的统称。检索工具的特点有：详细描述文献的内容特征、外表特征，每条文献记录必须有检索标识，文献条目按一定顺序形成一个有机整体，能够提供多种检索途径。检索工具的功能包括存储、浓缩、有序化、检索、报道、控制文献信息。常见的检索工具主要包括以下几种。

(1)目录。

目录是检索工具中历史最悠久、使用最广泛的检索工具。目录是记录具体出版单位、收藏单位及其他外部特征的工具。其以一个完整的出版或收藏单位为著录单元,一般著录文献的名称、著者、文献出处等。按出版物的类型划分,有图书目录、期刊目录和文献资料目录;按检索途径划分,有书名目录、著者目录、分类目录和主题目录等。图书目录一般包括书名、著者、出版地、出版者、出版时间,期刊目录一般包括刊名、作者、出版地、出版者、创刊年。

(2)题录。

题录是以单篇文献为基本著录单位来描述文献外部特征(如文献题名、著者姓名、文献出处等),无内容摘要,快速报道文献信息的一类检索工具。著录项通常包括:篇名、著者(或含其所在单位)和来源出处。题录是在目录的基础上发展起来的,在揭示文献的内容上比目录更进一步。其与目录的主要区别是著录的对象不同,目录著录的对象是单位出版物,题录的著录对象是单篇文献。

(3)文摘。

文摘即指文献摘要,是指将论文的主要论点简要摘录出来,分门别类进行整理的资料。文摘不仅描述文献外部特征,也描述文献的内部特征,并按一定的著录规则与排列方式编排,供读者查阅使用。文摘有多种类型,按照文摘的编撰人分类,可分为著者文摘和非著者文摘。著者文摘是指原文著者编写的文摘,而非著者文摘是由专门的熟悉本专业的文摘人员编写而成的。按其详简程度分类,可分为指示性文摘和报导性文摘两种。指示性文摘以最简短的语言写明文献题目、内容范围、研究目的和出处,实际上是题目的补充说明,一般在100字左右;报导性文摘以揭示原文论述的主题实质为宗旨,要求做到基本上能反映原文内容、讨论的范围和目的、采取的研究手段和方法以及所得到的结果与结论,同时也包括所使用的有关数据或公式,一般500字左右,重要文章可多达千字。文摘是查找最新资料的检索工具。读者通过阅读文摘内容就可以很快地掌握文献的基本内容,从而决定对文献的取舍,起到筛选文献的作用。文摘的著录项目在题录基础上增加了内容摘要项。因此,文摘的检索功能较题录要强一些。每条文摘都是由题录和文摘正文两部分组成的。

(4)索引。

索引是根据一定的需要按一定顺序把散见于图书报刊的论文篇目、作者姓名、刊物名称及期刊号记录下来提供文献线索的一种检索工具。索引是揭示具有重要检索意义的内容特征标志或外部特征标志,是一种附属性的检索工具,主要起检索作用。查找索引,可以使研究者在短时间内了解学术前沿动态。索引按文献类型可分为期刊索引、报纸索引、书籍索引、论文索引等。索引条目一般有三个著录项:标目、说明语和存储地址。

一般而言,工具法又可划分为顺查法、逆查法、抽查法。

(1)顺查法。

顺查法是以时间为轴线,按照时间的先后顺序,由远及近地利用检索系统进行文献信息检索的方法。这种方法能收集到某一课题的系统文献,适用于较大课题的文献检索。顺查法的特点是查全率高、漏检率低，但时间效率不高，费时费力。此方法多用于范围比较广泛、项目较复杂、所需文献较系统全面的研究课题以及学术文献的普查。例如，已知某特定化学教育课题的起始年代，现在需要研究其发展的全过程，就可以用顺查法从最初的年代开始，逐渐向近期查找。

(2)逆查法。

逆查法和顺查法相反，是由近及远，从新到旧，按照逆时针顺序利用检索工具进行文献检索的方法。逆查法的重点是放在近期文献上，使用这种方法可以最快地获得研究课题最新的教育研究资料。该方法多用于新兴课题研究的文献检索，以了解一些新课题、新观点或新学科发展的现状、动态。因为这种课题大都是需要最近一个时期的较新论文、专著，具有省时、保证文献比较新颖的特点，但所查文献不够全面、系统。

(3)抽查法。

抽查法是根据检索课题的实际情况，结合学科发展特点，抽出该学科发展较快、发表文献较多的年代，着重查找某一时期（几年或几十年）文献资料的方法。使用抽查法，可用较少的检索时间获得较多的文献，但是必须在熟悉该学科发展特点和发展阶段的情况下，才能使用这种方法。例如，要查找有关"化学精品课程教学研究"的论文资料，就应查找近20年的有关索引，因为精品课程是2003年开始启动建设的。

2. 追溯法

追溯法又称引文查找法，其以已掌握的文献及其所列的引用文献、附录的参考文献作为线索，查找有关主题的文献。追溯法不利用一般的检索工具，可以直接从已有文献后附的参考文献目录入手，逐一扩检原始文献，再从原始文献后的参考文献中进一步扩检，不断地扩大检索的线索，从而获得大量有关的文献资料。该查找方法的特点是文献涉及范围集中、文献获取方便迅速、易获得研究领域的重要文献。在缺乏相关的检索工具，或现有检索工具不齐全或不适用时可以采用追溯法。但因原文著者引用的参考文献有限，而且也不可能全部列出，有的引用文献与原作者主题关系不大，因此采用追溯法极易发生漏检或误检，且此法一般缺乏针对性，常用作一种辅助的检索方法。

例如：某教师在进行基于三重表征的教学设计研究时，通过查阅文献，从《化学三重表征的界定及其关系分析》一文中明确了化学三重表征理论的内涵，然后该教师通过查阅这篇文章的参考文献，从《国外关于化学学习水平的界定与研究进展》一文中进一步了解到学生在宏观、微观、符号三种水平的理解上可能会存在困难。该教师通过这种按图索骥的文献查阅方法逐步加深了自己对三重表征理论的理解。

3. 综合法

综合法是把以上两种方法加以综合运用的方法。综合法既利用检索工具进行常规检索，又利用文献后所附的参考文献进行追溯检索。根据研究需要分期分段地交替使用这两种方法。综合法兼有工具法和追溯法的优点，可以查得较为全面而准确的文献，实际检索文献过程中采用较多。具体而言，这种方法包括复合交替法和间隔效替法两种。

(1)复合交替法。

可以先使用检索工具查出一批有关文献,然后利用这些文献内所附的参考文献为线索追溯查找、扩大线索,从而获得更多的相关文献。即先使用工具法,后使用追溯法,不断交替应用。或者以已掌握的某篇文献后面所附的参考文献为线索,从中发现这些文献所具备的各种检索途径,然后利用相应检索工具查找,扩大线索,跟踪追寻,获取所需文献信息。这是先用追溯法,后用工具法,不断交替使用的检索方法。

(2)间隔交替法。

间隔交替法先利用检索工具查出一批有用文献,然后利用文献所附参考文献追溯,扩大线索。由于引用文献有个规律,就是5年之内的重要文献一般都会被引用。如此循环,间隔交替使用,直到满足课题检索要求为止。这种方法适合检索历史悠久的课题,可以节省时间,提高效率。

无论使用哪种检索方法,正确的文献检索要求是:一是查找文献要准确,即查准率高;二是查找文献要全面,即查全率高;三是查找文献内容要专深、多样;四是查找文献要速度快。

不同的检索方法有着不同的特点和适用范围。不同的学科研究内容、研究主题和检索要求不同,其检索方法也不尽相同,切忌盲目使用。研究者在选择检索文献资料的方法时,应充分考虑检索条件及自身状况。具体来说,在研究者具备一定检索知识及良好素质的条件下,如有较完备的检索工具,可采用工具法;如需对研究课题作全面系统的综述报告,宜以顺查法为主;如是对新课题的研究,应以逆查法为宜;如需要研究某学科课题发展较快、发表文献较多的年代,则以抽查法为主;如缺乏完备的检索工具和线索,则可采用追溯法;综合法则博采上述各法之长而被普遍使用。使用计算机数据库软件、互联网检索,也采用上述方法进行,检索速度更快、更准确、更齐全,效率也更高。

三、文献检索的技巧

在文献检索过程中,有一些小的窍门,可以帮助研究者更快地找到自己所需要的文献。

(一)明确关键词检索、主题检索的区别

以中国知网期刊库为例,检索条件中包括主题、篇名、关键词、作者、作者单位等十多项。如果选择的是关键词检索,那么检索结果为关键词中出现所输入的检索词的所有文章,而主题检索的范围更大一些,只要文章内容与检索词相近就会被检索到。一般情况下,先使用篇名检索,如果检索结果数量过少,则使用关键词检索,后是主题检索。至于作者、作者单位等,一般是用于在知道文章基本信息时检索某一篇具体的文章。

(二)学会使用二次检索

当第一次检索出现的文章数量过多时,就可以再次改变检索条件,在已有结果的基础上进行二次检索,以检索到更符合需要的文章。

(三)学会使用高级检索

一般的数据库都会有"基本检索"和"高级检索"选项,通常情况下我们使用的都是基本检索,但是有些情况下要用到"高级检索",比如英文文献检索。

第三节 如何撰写文献综述

一、文献综述的基本结构

化学教育研究文献综述的编写结构,依目的、服务对象的不同而不同,但一般应包括如下几个部分。

(一)标题

综述的标题应能鲜明地表达该综述的主要内容,让人一目了然。如果是课题研究的文献综述,则不要求标题。

(二)前言

前言也称序言,是关于本综述的概括性描述。主要说明撰写综述的原因、目的、意义、使用对象、资料的收集范围(所综述的文献概况)及综述的主题内容等。在主题内容中,可对本课题的历史渊源、目前状况及存在的问题、发展趋势进行简介。前言应力求简明扼要、突出重点。有些综述往往没有明确的序言或者前言,而是将所阐述的内容作为正文的一部分放在正文之首,在实质上起到了前言的作用。前言部分并不要求一一列举所有的关键点,而是要根据研究的需要有所强调。

案例分析

在自然科学研究中,当客观对象并不能直接研究时,需要在一定的观察、实验和对所获得的科学事实进行初步概括的基础上,利用想象、抽象、类比等方法,建构一个简化的又能集中反映客体本质关系的模型,并通过对模型的研究揭示原型客体的形态、本质和特征,此即模型方法。模型在科学研究中发挥着重要作用:一是可以使所表征的事物简化或抽象化,可以对事物进行描述、解释和预测;二是有助于人们沟通彼此的观点和加深对事物的理解。近40年来,模型的教育价值也不断被发掘,模型与建模已成为当前国际科学教育领域的热点之一。目前,许多国家已陆续将"模型与建模"作为学业评估标准纳入科学教育课程纲领性文件。国际上关于科学建模教育研究历程可划分为3个阶段:第一阶段——从"科学理论"到"教学理论"(1984—1992年),第二阶段——围绕"科学素养"教育目标的多元发展(1992—2006年),第三阶段——"多元整合"与"核心素养"(2006年至今)。

化学是重要的基础学科之一，模型与建模在学科自身发展和化学教育中的作用不言而喻。我国《普通高中化学课程标准（2017年版）》（以下简称《标准》）提出将"模型认知"作为学科五大核心素养之一，进一步明确了模型在化学教育中的地位。 史凡、王磊对2007—2017年国际化学教育在"模型与建模"领域的研究现状作了梳理分析，并指出国内化学教育在该领域涉足较晚、关注度低，相关研究较为匮乏。因此，本研究拟对近20年国内化学教育领域"模型"的相关文献进行统计分析，了解该领域的研究现状和趋势，以期为后续研究提供参考和建议，促使该领域的研究得到进一步的发展。

——江奇芹，薛亮，郭琪琪，等．近20年中国化学教育中模型与建模研究的统计分析[J]．化学教育（中英文），2021，42(17)：98-104。

分析：这篇文献综述的前言指出了综述的目的，简明扼要说明了研究现状及焦点问题。

（三）正文

正文是综述的主要部分，它从不同的方面对所综述的文献观点和材料进行叙述。一般包括相关研究出现的背景及其发展脉络、本研究所依据的观点或理论基础、有关的研究成果以及研究者自己的评述。

在进行撰写时可以按年代顺序综述，将所收集到的文献资料归纳、整理及分析比较，阐明有关主题的历史背景、现状和发展方向，以及对这些问题的评述，主题部分应特别注意引用和评述代表性强、具有科学性和创造性的文献。

（四）总结

总结是作者对本综述所得结果的概括性综述，指出本综述的价值、局限性和待解决的问题。

案例分析

SOLO分类评价研究的结论与启示

本研究的主要结论有三：一是在开放题中进行SOLO评价很重要，运用SOLO分类评价理论编制出的开放题评分标准，能完成对学生学习质量和思维水平的认定；二是SOLO分类评价理论可以指导试题设计，其依次递增的四级结构水平的问题，能引导学生实现不同水平的再认知，有利于促进学生对自身学习水平的了解，促进学生更快地发展；三是SOLO分类评价理论能应用于日常教学，既可在备课时按其层级由低到高设计学习引导性问题，或按其层级对学生可能的应答进行预设，也可在课堂教学上作为理答的工具。

SOLO分类评价理论能评价学习结果中隐含的思维结构层次的高低。如果注意到学习结果的多样性，就会意识到SOLO理论评价学习结果时存在着适切性和适用性的问题：适切性是指什么样的学习结果可用SOLO分类评价理论进行评价，适用性是指SOLO分类评价理论进行评价所得结果在特定场合是否适用。已有的研究显示SOLO分类评价理论不仅可为开放性试题研制出能揭示思维层级的答案评价标准,还可以通过改变题目的提问方法,即按SOLO分类评价标准的思维层级来设置问题,命制出可用SOLO分类评价法的各种题型的题目。SOLO分类评价理论应用于课堂教学的研究尚处于"在上课过程中教师通过SOLO分类评价学生的反馈情况,判断学生所处的思维发展阶段,进而对教与学进行具体的调整"的直接应用阶段。即使在这种直接应用阶段也需面对两个困难:①如何识别不同的学习结构水平?②如何引导学生实现思维升级?这两个困难需要在对日常教学实践中应用SOLO分类评价理论进行不断反思的基础上才能解决。当然,SOLO分类评价理论框架下学生理解事物发展阶段的通俗描述对教师解决这两个困难可能会有所帮助。

SOLO分类评价法不能评价学生学习的各个方面,如情感、态度和价值观等,所以要全面地评价学生还需要和其他的评价方式相结合。

——黄爱民. 国内SOLO分类评价理论在中学化学应用研究的综述[J]. 化学教学,2013(01):6-8.

分析:在综述的总结部分既总结了SOLO分类评价的作用,又点出了应用阶段的困难,并提出了自己的观点及进一步研究的方向,同时给出研究启示。

(五)附录

对科学研究来说,列出综述主要引用和参考的文献很重要,因为这是本课题综述撰写的依据,可为读者核对或进一步研究所用。列出附录的目的也是尊重别人的成果和便于读者查阅原文作进一步研究。值得注意的是,所附参考文献应当是文中引用过的、能反映主题全貌的并且是作者直接阅读过的文献资料,数目一般限定在20条以内,最多不超过30条,不是越多越好;参考文献的发表时间以3~5年为宜,也不是时间越久远越好,并且参考文献的编排要清楚、内容准确无误、格式规范。

二、撰写文献综述的常见问题与写作策略

(一)常见问题

撰写文献综述是把与研究相关的本领域的重要文献进行整理概括,从而展示出这一领域的研究现状,也有助于他人对这个领域的研究概貌有所了解。例如开题报告中的文献综述,就应该围绕研究问题,写出前人做了哪些研究,研究的成果是什么;目前还有哪些问题尚未探索;所做研究和前人的研究有什么区别。归根结底,文献综述就是在阐明研究者当前的研究是有意义的。

然而在撰写文献综述的时候,很容易犯两类的错误:第一类,很多研究者在撰写时只是概括和总结,三言两语就结束了;第二类,一部分研究者在写作过程中把所要的文章和书目都一一罗

列上去,通常是先写出文献名字,然后写"某作者就某个现象提出了某个观点,又根据某个现象提出了某个观点",以这样的格式,将一篇文献中的核心观点一一罗列出来,只有文献的堆砌,没有对文献的分析。

(二)写作策略

1. 结合课题研究关键词

在进行文献综述写作之前,首先要确定自己研究的关键词。文献资料查询一定要结合课题研究的关键词,对大量文献资料进行观点提炼,并在归纳总结中提出自己的研究亮点。例如课题《初中化学学业水平考试公平监测体系建构及实施研究》,其中的研究关键词为"初中学业水平考试;化学;公平监测体系"等。

2. 层层推进

撰写文献综述的目的在于帮助研究者厘清研究思路,看前人是如何研究的,已有哪些方面的研究成果。对于文献综述的梳理不能马虎或潦草地完成,通常采取层层推进的方法。可以先选出一个范围最大的观点,然后将这个观点作为一级观点,再在一级观点下面细分出二级观点,以此类推最终聚焦于自己的研究。

$$
\text{学习投入}\begin{cases}\text{行为投入} & \text{(作者及来源)}\\ \text{情感投入} & \text{(作者及来源)}\\ \text{认知投入} & \text{(作者及来源)}\\ \cdots\cdots\end{cases}
$$

3. 注意总结和归类

不少初学者在撰写文献综述时都会犯上面提到的第二类错误,把一大堆与研究相关的理论与研究结果罗列出来,看似文献很充足。其实,这样做恰恰表明研究者没有做好文献综述,因为研究者并没有完全吸收这些文献,因此无法很好地总结概括,只能一一列举;另一方面,一个研究领域中,不同学者有不同的见解,不同的研究可能是充满矛盾的,但是研究者并没有对这些矛盾进行分析和质疑,只是给了一大堆结果,不仅让读者摸不着头脑,也让研究者自己迷失在大量的资料里。因此,在撰写文献综述时,研究者一定要对现有的文献进行总结和归类,而后按照一定的逻辑顺序将有关的观点和研究成果分门别类地进行阐述,使整个文献综述读起来是一个连贯的整体。

本章要点小结

(1)文献综述又称文献回顾、文献析评,是根据需要把收集到的反映某个研究领域的研究发展状况、研究成果的文献资料进行系统的归纳、整理、分析,并在此基础上做出一定评论的写作过程。文献综述除了要具备一般性学术论文逻辑性、学术性和简洁性的基本属性外,还应具有客观性、评述性、综合性、不受时空限制、信息容量大、简便易行等特点。文献综述的编写结构基本包括标题、前言、正文、总结、附录。研究者在写作时要注意避免常见问题,确定自己研究的关键词,层层推进,注意总结和归类,使整个文献综述读起来是一个连贯的整体。

(2)文献的内容和形式多种多样,根据文献内容加工程度的不同,可将文献分为零次文献、一次文献、二次文献和三次文献。根据文献的呈现形态,又可将常见的印刷物类文献、影像类文献、电子类文献等。

(3)文献检索的基本步骤:明确研究方向和要求,确定检索工具和信息源,确定检索途径和方法,根据检索结果获取有关的文献,对文献分类整理,剔除无关材料后,对包含相关信息的材料作摘要或总结,准备完整的文献目录。

本章思考题

(1)文献检索有哪些基本步骤?
(2)文献检索常用的途径和方法有哪些?

第四章　教育调查研究

要解决问题,还须做系统的周密的调查工作和研究工作,这就是分析的过程。

—— 毛泽东

[学习目标]

(1)了解教育调查研究的内涵、特点及类型。
(2)知道教育调查研究的一般过程。
(3)知道调查问卷设计的基本流程及注意事项。
(4)明确问卷调查实施的一般步骤。

　　自《普通高中化学课程标准(2017版)》公布后,高中化学新课程的课程结构发生了显著变化。为了更好地了解某省高中化学课程结构实施现状,该省教育科学研究院组成研究小组进行了调查和分析,想要在此基础上探讨选择性必修课程实施的策略和建议。而想要调查整个省的高中化学课程结构实施现状就需要调查大量样本,若开展实地调查还需耗费大量的经费和人力资源。那么,有什么办法能解决上述问题呢?

　　面对这样一个看似困难复杂的问题,研究人员选用教育调查研究就很快找到了解决方案。教育调查研究究竟适用于哪些问题研究？问卷的编制又该如何进行？应该遵循什么原则？本章将为您解答有关教育调查研究的知识。

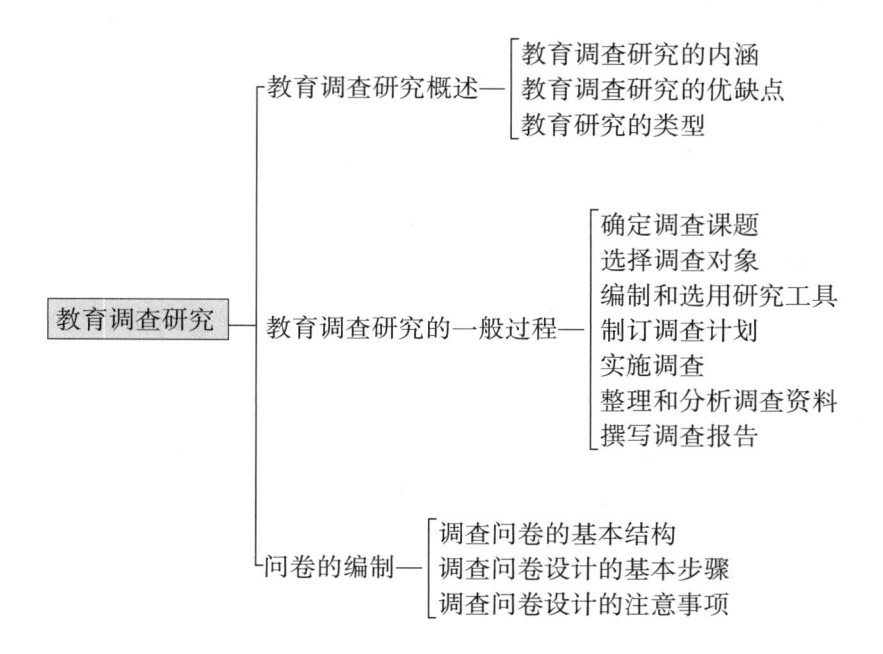

```
                    ┌─ 教育调查研究概述 ─┬─ 教育调查研究的内涵
                    │                    ├─ 教育调查研究的优缺点
                    │                    └─ 教育研究的类型
                    │
                    │                        ┌─ 确定调查课题
                    │                        ├─ 选择调查对象
                    │                        ├─ 编制和选用研究工具
教育调查研究 ───────┼─ 教育调查研究的一般过程─┼─ 制订调查计划
                    │                        ├─ 实施调查
                    │                        ├─ 整理和分析调查资料
                    │                        └─ 撰写调查报告
                    │
                    │                   ┌─ 调查问卷的基本结构
                    └─ 问卷的编制 ──────┼─ 调查问卷设计的基本步骤
                                        └─ 调查问卷设计的注意事项
```

第一节　教育调查研究概述

一、教育调查研究的内涵

化学教育调查研究是研究者在科学方法论和教育理论的指导下，以活动形态或现实存在形态的化学教育问题、化学教育现状为研究内容，运用观察、问卷、访谈及测验等方式有目的、有计划、系统地收集有关资料，从而获取关于化学教育现象的科学事实，对教育现象做出科学的分析并提出具体工作建议的一种研究方法。

调查研究有具体而独特的研究方法和工作程序，有一套收集、处理资料的技术手段，并以调查报告作为研究成果的表现形式。它已成为教育科学研究中一种高效的、具有重要作用的研究方法。虽然调查研究在教育科研中的应用日趋广泛，但也有一定的局限性，如所收集的材料或数据的代表性较难把握，容易失真；调查研究只能揭示事物之间的某种关联（相关关系），不能可靠地揭示事物之间的因果关系，等等。教育调查研究与教育实验研究、教育行动研究等其他研究方法结合使用，可以发挥出更大的优势。

二、教育调查研究的优缺点

教育调查研究是推广最快、应用最广的研究方法。例如，美国社会学家艾尔·巴比（Earl Babbie）称"问卷是社会调查的支柱"。教育调查研究是研究者用统一、严格设计的调查表来收集资料的一种调查方式。这种研究方法的优点体现在多个方面，同时不可避免地存在一些缺点。

（一）教育调查研究的优点

1. 客观性强

教育调查研究一般采用无记名的方式，在调查过程中被调查者顾虑较少，能自由地表达意见，这样有利于保证调查的客观性。教育调查研究可使被调查者有充分考虑的时间，不受别人干扰，被调查者可在方便时填答，这些都将保证调查结果更为可靠。

2. 收集资料快捷

用调查研究收集资料，可不受人数限制，因此抽样范围较广。同时，调查研究只需印刷费、邮费，或者在网上制作问卷进行调查，在经费方面较为经济，且不需太多人力，易实施，是一种快捷、方便、经济的收集资料的方式。

3. 调查结果便于定量处理和分析

教育调查研究的对象通常是经过科学抽样方法选取的，且其样本量往往大于其他研究方法。因此，只要调查表设计科学，其结果就能较好地代表总体，具有较强的说服力。特别是对于结构型的问卷调查资料，便于进行定量分析和研究。如果运用计算机作为统计分析的工具，调查研究可以成为一种大容量、高效率的调查方法。

（二）教育调查研究的缺点

1. 缺乏对复杂问题的深入了解

教育调查研究大多只能获得数量化的资料信息，但面对复杂的现象，不能了解到生动、具体的事物和情境，调查的作用就显得非常有限。

2. 对调查者、被调查者提出较高的要求

教育调查研究对研究工具的设计要求非常高。如果问题设计得含糊不清，便不能得到有效的回答；如果问题设计得散乱，便不易整理，且难以应用统计方法进行分析和对结果进行科学的解释；如果问题设计得太多，便会令被调查者生厌，故而置之不理，如果问题设计得太少，又无法达到研究的目的。

3. 结果有时并不可靠

如果所选样本不能代表总体的特征，其结果将不可靠；如果调查表的回收率较低，也很难保证样本的代表性。因此，教育调查研究要注意样本选取的代表性。

在进行教育调查研究时，如对被调查者难以进行有效的指导，很可能会对调查研究的效果产生较大的干扰作用。例如，在调查中，调查者难以了解被调查者是认真填写还是敷衍了事，被调查者对问题的理解程度如何，等等，这些都会影响回答的真实性和准确性，从而影响所得结果的可靠性。

正是因为教育调查研究存在一些不足，因此需要研究者在研究过程中通过各种方式进行弥补。

三、教育调查研究的类型

化学教育调查研究按照不同的标准,可分成不同的类型。

(一)按研究目的划分

根据研究目的的不同,可以将调查研究划分为现状调查、发展调查和关系调查。

1. 现状调查

现状调查是了解化学教育现象或教育对象目前的状况和基本特征,或者寻找一般数据的调查研究,是一种描述性调查,在化学教育调查研究中现状调查最普遍,如人教版高中化学教科书使用情况调查、义务教育阶段化学实验教学现状调查、公费师范生在中学教学情况的调查、中学化学教师职业倦怠现状与影响因素研究等。

2. 发展调查

发展调查是一种预测性调查。发展调查是指对某一教育现象在较长一段时间内的特征变化进行调查,以找出其前的变化与差异,并试图对研究对象的发展趋势做出推断和估计,从而推断未来某一时期教育发展趋势与动向。

3. 关系调查

关系调查主要调查两种及以上教育现象的性质与程度,分析、考察它们之间存在联系及联系是否密切。关系调查的目的是寻找某一教育现象的相关因素,以探索解决问题的办法,如高中生化学学习策略与化学学科核心素养的相关性研究等。

(二)按调查规模划分

根据调查规模的不同,调查法可以分为全面调查、抽样调查和个案调查。

1. 全面调查

全面调查是对全体研究对象进行无一遗漏的调查,也称普查。全面调查是一种一次性调查,其目的是调查某一时间点、一定范围内的研究对象的基本情况,调查可以是单位性的或区域性的,也可以是全国性的。它能够得到有关调查对象的全部情况,为制定重大的方针、政策和规划提供必要的依据。例如,对一个学校的化学课程开展调查研究,对某市中学化学实验课程开设情况进行普查。

2. 抽样调查

抽样调查指从全体研究对象(总体)中抽取具有代表性的样本进行调查,用所得结果对总体的特征做出具有一定可靠程度的估计和推算,并根据调查结果来推断或说明总体情况的一种调查方法。

3. 个案调查

个案调查是在全体研究对象的范围内选取个别有显著特征的对象进行调查。它是对个别人或个别事件的调查,可以是典型的,也可以是一般的。通过对某一教育现象进行深入实际的、"解剖麻雀"式的、具体而细致的调查研究,可以详细观察事物的发展过程,具体了解现象发生的原因,并掌握多方面的联系。在综合个案研究资料进行一般意义的推论时要力求避免主观性和片面性。

(三) 按收集资料的时间跨度划分

根据收集资料所耗费的时间长度作区分,可分成横断调查和纵向调查。

1. 横断调查

横断调查是要对从预先确定好的总体中所选取出来的样本上收集信息,在某一段时间内,进行一次性资料收集,全部理想数据的获得可能要一天到几周不等。因为作为横断调查的对象,只接受一次调查,所以收集的资料不能反映被试个体的变化。但是,在横断调查中被调查团体之间的差异,能够反映较大范围内总体的变化。

2. 纵向调查

纵向调查是指收集被研究对象一段时间的资料,以及在这段时间内若干特定的资料。信息的收集是在不同时间进行的,这样可以对随时间流逝所发生的变化进行研究。纵向调查持续的时间有长有短,长的要持续几年,但不管长短,资料的收集都要分两次或两次以上完成。在调查研究中,有三种很常用的纵向调查设计:趋势研究、群组研究和固定小组研究。趋势研究要在一段时间内的不同时刻进行随机抽样,虽然在不同的时间选取的样本不同,但是这些样本都足以代表同一个总体。趋势研究常被用来研究某一总体在一段时间的变化情况。

(四) 按收集资料的方法划分

根据收集资料的方法不同,调查法可分为问卷调查、访谈调查、电话调查和实地调查等。

1. 问卷调查

问卷调查是研究者设计好问卷或调查表,邮寄或直接递交给被调查者,被调查者填写作答后而取得资料的研究过程。通常情况下是在同一地点对群体中的所有成员进行调查,如让学生在课堂上完成问卷调查、对某个学校化学组教师完成问卷调查等。这种方法回收率高,成本低,答卷者在作答过程中遇到问题时,研究者可以当场解释。但是能够把样本集中在一个组中的研究类型太少了。还可以采用邮寄的方式来收集调查数据,将问卷邮寄给被调查者,并要求在一定的时间内完成和寄回。该方法成本低,还能使作答者有充分的时间去思考需要回答的问题。但是鼓励被调查者进行合作的机会太少,而且在作答过程中也很难给答题者提供帮助。邮寄问卷回收率可能很低,也很难收集到某些特殊的样本(如读不懂问卷的人)。

2. 访谈调查

访谈调查是指研究者主要通过亲自对研究对象进行个别访问而取得资料。这是一种调查者通过与调查对象面对面谈话直接收集材料的方法。在个别访谈中,由研究者(或经过培训的助手)对被调查者进行面对面的访谈,可以建立和谐的气氛,可以对一些问题进行阐述,还可以对不明确或者不完善的回答进行追问等。它可能是调查研究中最能有效获得回答者合作的方式。面对面的访谈对回答者的读写能力要求较少,谈话时间可长可短。

3. 电话调查

电话调查指研究者通过电话与研究对象进行谈话而取得资料。此方法成本低,效率高,问题的程序也容易标准化,而且研究者还可以对作答者进行追问。但是,电话调查的顺利进行首先必须获得被调查者的电话号码,而且在调查中无法对调查者进行观察。一般某些敏感问题的回答率很低。

4. 实地调查

实地调查是指研究者亲自到研究对象的现场进行实地考察、个别访问、开座谈会、查阅资料等方式了解情况、收集资料。研究者有目的、有计划地运用感官或者借助科学仪器,直接了解当前正在发生的或者处于自然状态下的化学教育现象,如化学教师的素质状况、优秀的教学方法、化学实验室的设施和利用情况等,都可以通过实地调查获得第一手资料。

5. 网络调查

网络调查是一种比上述四种调查方式更加便利的调查方式。网络调查的研究目的和上述调查研究的目的一致,只是以计算机网络为调查手段,具有回复快、成本低、灵活性高的特点。

第二节 教育调查研究的一般过程

化学教育调查研究是一种有目的、有计划、有系统的研究活动,需要有严格的研究过程。就调查研究的程序而言,一般包括以下步骤。

一、确定调查课题

每种研究方法都有自己独特的优势,也存在不足。在化学教育研究中,教育研究者应该根据自己所研究的问题选择合适的研究方法。调查研究是在社会科学的实证主义影响下发展出的研究方式,询问被访者关于自己的信仰、意见、态度,以及过去或现在的行为。因此,选择什么样的课题进行调查研究,是我们在调查研究中首先遇到的问题。一般情况下,关于"为什么"的问题不是很适合调查研究,而关于"是什么""怎么样"的问题则比较适合调查研究。例如,在"XX市农村学校初三学生化学学习方式的调查研究"中,研究者是为了了解上海市农村学校初三学生的化学学习方式,因此比较适合采用调查研究法。

二、选择调查对象

当调查课题确定好以后,接下来就需要选择调查对象。调查对象就是被调查的单位或个人。有的课题调查对象是固定的,如对某些特殊人群的研究;有的课题调查对象会有很多,如果无法逐一进行调查,就需要用抽样的方法去选取调查对象。选择被试样本,要注意到样本的代表性。

如果所选择的样本不能很好地代表整体,将使研究的结果失去真实。对样本代表性的最大威胁是抽样偏差。例如,在"XX市农村学校初三学生化学学习方式的调查研究"案例中,研究者在选择调查对象时,就必须考虑样本的代表性。学生不同,化学学习的方式也会存在一定的差异。因此,研究者在选择样本时,就必须考虑这些问题,使选择的样本可以代表整体。

三、编制和选用研究工具

确定好教育调查研究课题、调查对象后,研究者就应该编制和选用研究工具。研究者可以根据实际情况自行编制研究工具,也可以采用别人所编制的一些研究工具,还可以对已有的研究工具进行改编。例如,在"XX市农村学校初三学生化学学习方式的调查研究"中,研究者可以通过收集文献来寻找关于化学学习方式调查的研究工具,也可以根据自己的研究目的和内容来设计研究工具。问卷是教育调查研究中一种非常常用的工具,关于如何编制调查问卷将在本章第二节的内容中详细介绍。

四、制订调查计划

教育调查研究是一项较为复杂的研究,特别是对于一些大型的调查研究来说更是如此。因此在进行教育调查研究时,研究者应制订调查计划。调查计划是调查工作的程序安排,一般应包括调查课题和目的、调查对象及范围、调查地点及时间、调查的方式方法、调查的经费预算、调查的步骤及日程安排、调查的组织领导及人员分工、调查报告完成的日期等,这些都是必须考虑的事情。调查计划的制订要切合实际,尽可能详细、周密。例如,在"XX市农村学校初三学生化学学习方式的调查研究"中,研究者就应该对整个研究进行设计,如对哪些学校的哪些学生进行调查,什么时间进行调查,采用什么方法进行调查,研究课题小组内成员如何分工,各项任务什么时候完成等,都应作出具体、细致的规划。

五、实施调查

实施调查应该包括预调查和正式调查两个环节。因为无论研究者在研究工具的设计上多么认真,整个教育调查研究也存在着错误的可能性。因此,一种好的研究工具要经过反复多次的修改并试用,才能用于正式调查。因此在正式调查前,很有必要将研究工具初稿打印若干份,在正式调查的总体中抽取一个小样本进行预调查,看看调查是否可行,题目是否恰当,研究工具的内容和形式是否有错误,填答是否完整,是否能满足调查的要求,问卷的编码、录入等过程是否有问题。此外,还可以将设计好的研究工具初稿寄送给有关专家、研究人员及一些被调查者,请他们阅读和分析初稿,并根据他们的经验和认识对研究工具进行评论,提出存在的问题和修改建议。例如,在"XX市农村学校初三学生化学学习方式的调查研究"研究中,研究者可以在问卷初稿制定出来后,在进行正式调查的学生中抽取部分进行预调查,然后根据预调查结果对问卷存在的问题进行修改。

研究者根据预调查的结果及一些反馈信息,可以对每个题目进行分析发现其优劣,为筛选题目提供一些有用的资料。在研究工具初稿经过修改后,就可以实施正式的调查了。实施调查的过程涉及研究工具的发放和收集等重要环节。其中,研究工具的发放可采用邮寄、有组织地发放或当场填写等形式。关于研究工具发放的方式可以根据现实情况灵活选择。在问卷调查中,为了提高问卷的回收率,研究者可以采用多种办法,如可赠送调查纪念品;邮寄问卷时附回件邮资或跟踪发送信函;强调主办单位,可以使被调查者相信研究的合法性和价值;提供诱因,可以引起被调查者的兴趣。

六、整理和分析调查资料

整理材料是指及时地将收集来的资料加以提炼、归类、系统化。在对收集来的资料进行整理时,应注意:(1)挑选出不合乎要求的问卷,包括事实资料与态度资料填写不全,理解错误等问卷;(2)按所选统计方法的要求登录分数或次数;(3)对于无结构型问卷,则按被查者的内容划分到不同的类别中去;(4)对于属于"事实"性的问卷,一般按照题目登记次数(是、否或其他类别);(5)对于尺度式则登记分数,对于态度量表则可登记总分。

分析材料是指对材料的去伪存真、去粗取精、分析比较、抽象概括的过程。对于调查结果的解释,主要是看这些结果是否验证了某些假设,如果没有,还要提出一些新的假设或新的研究课题。研究结论不能简单地依据调查的结果,还需要一定的教育理论、心理学理论等作为依据。

七、撰写调查报告

调查材料整理结束后,应当对调查事实进行分析和讨论,并在此基础上得出结论、提出建议。结论要准确、突出概括性;建议要从实际出发,中肯可行,并写成文字报告。问卷调查研究报告的格式与实验研究报告的格式基本一致,重点在于说明调查的目的、理论基础、调查的设计、调查结论等。

调查报告写好后,可通过各种形式及时提供给有关部门。如提供给上级领导作为制定政策的依据;提供给科学研究机构,作为预测未来、形成理论的情报资料;提供给下级部门,作为开展工作的指导;提供给某些职能部门,作为解决问题的措施;提供给资料情报部门,作为参考的材料和信息。在前面"XX市农村学校初三学生化学学习方式的调查研究"中,研究者可以根据前面的数据等,撰写一份调查报告,这份报告可以递交给学校领导、家长、老师,为学校、老师的教学计划提供依据,让家长对学生的学习方式更加了解。

第三节 问卷的编制

问卷(questionnaire)是指研究者为了收集人们对某个特定问题的态度、价值观、观点或信念等信息而设计的一系列问题,是一种研究工具。由于问卷在调查研究中是一个非常重要的研究工具,因此,问卷的编制也具有非常多的实践技巧。问卷的设计是开展问卷调查的第一步,直接关系到问卷调查的质量与效率。本节将从调查问卷的基本结构、设计调查卷的基本步骤以及注意事项三方面介绍如何在中学化学教育研究中进行问卷的开发与编制。

一、调查问卷的基本结构

调查问卷一般由标题、指导语、个人特征资料、问题四部分构成。各部分的要求和编写方法如下。

(一)标题

标题写在问卷开头。调查问卷的标题一般是对调查主题的高度概括,可以让被调查者对于要回答的问题有一个大致的了解。问卷在一般情况下采用中性标题或者隐藏研究目的,尽量避免引起被调查者的不良心理反应,干扰研究对象回答的真实性,并且要简明扼要,引起被调查者的兴趣。例如,"XX高中化学反应原理课程学习兴趣问卷调查(高二学生卷)",这样的标题表明了调查范围是XX高中,调查对象是高二学生,调查内容是对化学反应原理的学习兴趣。再比如,"高中生不良学习习惯调查问卷",这种标题中的"不良学习习惯"会对被调查者产生消极影响。

(二)指导语

每一个问卷的开头,必须要有一段简洁明了、语言诚恳热烈、通俗易懂的指导语,或者说前言,指导被调查者如何回答。指导语是调查者向被调查者说明调查目的和调查要求的一封简单的信,应能消除被调查对象的戒备心理和误解,内容应包括以下几方面内容。

(1)调查的主办单位或个人身份。
(2)调查的目的、内容和范围。
(3)填写问卷的方式、要求,回收问卷的方式、时间。
(4)调查对象的抽样方式和调查结果的匿名保证。
(5)易误解问题的解释及交代该项研究对调查者的利益关系。
(6)表示感谢。

一般指导语不宜过长,两三百字为宜。应尽量使用简洁的概括性语言,同时语言表达要热切、中肯。被调查者能否如实、认真地填写问卷,很大程度上取决于指导语的质量。如果问卷的问题涉及个人隐私或不便公开的内容,还要做出关于保密的说明,以免被调查者有所顾虑。

例1:新手化学教师学习力调查问卷

尊敬的老师:

您好!

首先对您参与本问卷表示诚挚的感谢!本问卷旨在调查新手化学教师的学习基础力、学习动力、学习毅力、学习内化力、学习迁移力和学习创造力。本问卷仅做调查之用,不需要署名,不会泄露您的个人信息。问卷所涉及的问题,请您选择真实的选项,您的回答将会是我们宝贵的资料。再次感谢您的参与!

(三)个人特征资料

在问卷调查研究中,个人特征资料往往是作为自变量中的变数被使用的。即使不作为变数存在,个人特征资料往往也会向我们提供关于论证课题的相关有用资料。在教育科学研究中常常将下列一些个人特征资料作为变量。

X_A=个人基本因素(年龄、性别、职业、工作岗位、教龄等)

X_B=教育条件因素(教育程度、任教年级、学科背景等)

X_C=家庭环境因素(父母职业、父母受教育程度、家庭经济总收入)

具有不同个人特征的被调查者对某一问题的看法往往也是有所差异的。了解被调查者的个人特征资料,可以方便调查者在分析调查结果时进行比较研究,对问卷结果进行分类统计分析,以了解不同类别的被调查者回答的异同。所以,设计问卷时应考虑一些和研究课题相关的个人特征资料,但是没有必要将所有的个体特征都列上去。但要注意的是,有些被调查者会对某些问题存在戒备心理,如年龄、收入问题等隐私。因此在说明中要明确告知被调查者此问卷是匿名填写的,保证不会泄露被调查者的个人隐私。

例2:福建省普通高中化学奥赛课程实施情况调查问卷(教师卷)

性别_____ 年龄_____ 教龄_____ 最高学历_____ 职称_____

任教科目_____ 学校名称_____ 学校类型_____ (乡镇中学、城市中学)

(四)问题

问题是问卷调查的核心内容,是问卷的主体。在设计问题的过程中应该注意这几个方面:题目应该覆盖调查研究主体的全部范围;题目应该是随机排列的;选项的选择标准要是唯一的,不能有多种选择标准;题目的语句要通顺简洁,不能产生歧义。问题可以分为以下几类:特征问题、事实问题和态度问题。

1. 特征问题

特征问题用来测量被调查者的基本情况、个人信息。

2. 事实问题

事实问题通常包括客观存在的事实以及一些实际行为(过去和现在),或实际行为的制度化一类问题。

(1)存在性事实问题。它的作用是调查"是否有"或者"有多少"这类事实。

例3:您使用过微课进行化学实验教学吗?

A. 有　　　　　　　　　　　　B. 没有

(2)行为性事实问题。它的作用是调查过去或现在发生的行为,行为的发生时间、地点和行为方式等。

例4:在上学期的期末复习过程中,您一般采取什么样的复习方式?

A. 边看书边做题　　　　　　　B. 和同学相互讨论
C. 请教老师解答疑惑　　　　　D. 借相关参考书复习

3. 态度问题

这种问题主要用来测量被调查者对某一现象的看法、情绪等主观因素。态度问题包括两个方面:一是关于意见方面,如意见、动机、情感等;二是关于价值或人格方面,比如道德观念。

还有一类态度问题是以量表形式存在的,这种量表把整个总分与其他变量或相关性进行因素分析。态度量表常采用的是李克特的五点量表,主要测量两个维度:一是态度方向性,就是"同意或不同意""喜欢或不喜欢"或是"满意或不满意";二是态度的强度,分成3~7个水平的等级来衡量。

(1)表示经常性的五个等级:总是、经常、有时、偶尔、从不。

例5. 为了激发学生对化学实验的兴趣,您安排的随堂实验的情况是(　　　)。

A. 总是　　　　　　　　　　　B. 经常
C. 有时　　　　　　　　　　　D. 偶尔　　　　　　E. 从不

(2)表示满意程度的五点等级:非常满意、比较满意、一般、不太满意、非常不满意。

例6. 您对学校安排的化学实验次数的满意程度是(　　　)。

A. 非常满意　　B. 比较满意　　C. 一般　　D. 不太满意　　E. 非常不满意

(3)表示喜爱程度的五点等级:非常喜欢、比较喜欢、一般、不太喜欢、非常不喜欢。

例7. 您对化学随堂实验(　　　)。

A. 非常喜欢　　B. 比较喜欢　　C. 一般　　D. 不太喜欢　　E. 非常不喜欢

(4)表示同意程度的五点等级:完全赞同、比较赞同、一般、不太赞同、完全不赞同。

例8. 您对培养学生的科学素养理念(　　　)。

A. 完全赞同　　B. 比较赞同　　C. 一般　　D. 不太赞同　　E. 完全不赞同

二、调查问卷设计的基本步骤

(一)明确研究目的,提出研究假设

任何调查研究都是有目的的:证实或证伪某个结论。明确研究目的是调查问卷设计的基础,只有目的具体,才能提出明确的假设,从而围绕假设来设计题项。

(二)明确研究问题的特质

问卷中的任何一个问题都不应该是随意杜撰出来的,而是基于研究的结构、与研究假设相关的变量以及反映这些变量的具体指标来设计的。而调查研究提出的问题的特质就是研究问题的结构。如何明确研究问题的特质呢?

一般有两种途径:一是查阅相关研究资料,通过文献研究来建构研究问题的特质;二是采用无结构问卷,进行现场调查或访谈,收集资料进行归类,最后用因素分析法抽取问题的特质。

(三)确定行为样本,确定变量和具体指标

确定了问题的特质以后,还要确定行为样本(行为特征),如问题儿童的行为特征。确定了行为样本后,接着要明确调查的变量以及具体的指标体系,调查者可以把每个具体指标都拟定几个相关问题。

(四)了解调查对象特征,并选择调查样本

在确定行为样本、变量和具体指标之后,还要充分了解被调查者的群体特征,如性别、年龄、学历等,并按照研究目的和假设运用恰当的抽样方法选择样本。

(五)选择并确定问卷形式

不同类型的问卷有其独特的功能。选择什么形式的问卷需要从以下几个方面进行综合考虑。

1. 研究问题的目的和性质

研究者要从课题出发,权衡各类问卷形式的优势和缺点,选择合适的题目类型。不同的研究目的和研究性质可以选择不同的问题和问卷形式。

2. 被调查对象的特征

被调查对象的个人特征也对问卷形式的选择有影响。例如,调查对象是一年级小学生,还不能自主填写答案,就需要调查者根据他们的回答进行笔录;调查对象是一些专家学者,他们可能不愿意按照调查者的意愿进行选择回答,那么这时候开放型的问题就要比封闭式的问题更合适。

3. 资料的统计分析方法

在问卷调查研究中,调查者常常不知如何处理问卷数据。这很可能是在问卷设计之前没有充分考虑资料的统计分析方法。所以,调查者在确定问卷形式的同时,必须考虑之后进行资料分析的方法。例如,若量化统计准备采用百分比法,则一般选用选择式问题即可;若还要进行相关或差异检验等,则需要采用尺度式;若只需要进行定性分析,则可以选用开放式问卷;若希望能将定量统计和定性分析相结合,可能还需要在开放式问卷的基础上进一步制订赋分类目。

(六)初步拟订问卷的题目并随时进行修改

这一阶段的任务是根据研究的变量设计具体的问卷题目。前面提到过,设计具体问题的依

据是研究问题的结构、与研究假设相关的变量及反映这些变量的具体的指标。我们针对每一个具体的指标可以设计不同数量的题目,有些变量可能只需要一两个题目,但是有些变量却需要几个题目去测量。一般而言,在进行题目设计的时候最好多编写一些,这样在分析题目时就有选择的余地。

(七)对问卷进行编排

在问卷的问题设计好之后,将这些问题进行排列也是一个问题。一般而言,为了防止被调查者根据问题的设置揣摩出研究者的意图,同一变量指标下的题目不放在一起。问卷的顺序包括以下几种。

1. 时间顺序

由远及近、由近及远均可,但要保持时间上的连贯性,有利于施测。

2. 内容顺序

内容顺序的安排要考虑以下方面。
(1)把被调查者熟悉的问题放在前面,比较生疏的问题则放在后面;
(2)把简单易答的问题放在前面,较难回答的问题放在后面;
(3)把能引起被调查者兴趣的问题放在前面,容易引起他们紧张、产生顾虑的问题放在后面。

3. 类别顺序

一般来说,先问行为方面的问题,再问态度、意见、看法方面的问题,接着问个人的背景资料,最后问开放式问题。许多调查问卷通常以封闭式问题为主,同时附有一两个开放式问题,以收集定性的、丰富多彩的资料。但要注意的是,这种开放式问题只适合放在问卷的最后,而不能放在问卷的其他部分。

(八)预测与修改

无论是引用国外的问卷还是自编问卷,都要进行预测试。预测试可发现许多问题,如题目的次序、内容、长度、用语等各方面的缺陷;可实现对每个题目分析,发现其优劣,为筛选题目提供一些有用的资料。通过在预测试时采用的开放式问题,还可以收集到一些考虑不充分的信息并将其转化成限定性问题。此外,在进行预测试时,选择的试测样本应与正式样本来自同一个总体。

三、调查问卷设计的注意事项

(一)问题设计的注意事项

1. 尽量用简洁的语言

问题应简洁明了,尽可能用最简洁的语言把问题说清楚,避免问题过于烦琐。如果问题过于烦琐,则可能导致被调查者厌倦或者造成被调查者阅读理解障碍。例如:

高中新课程改革开始以来,首先在山东、广东、宁夏、海南等四省(自治区)进行,新课程的一个基本理念是提倡多样化的教学方式,并把科学探究作为课程改革的一个突破口,您对在高中化学课堂教学中实施科学探究教学的态度是什么?

上例中问题的表述就过于烦琐,出现了大量的背景性信息,而这些背景性的信息是为被调查者所熟悉的,因此没有必要在问题中进行详尽表述,应当进行简化,可修改为:

您对在高中化学课堂教学中实施科学探究教学的态度是什么?

2. 避免使用过于术语化的词汇和符号

在进行问题设置的时候,应该以能让被调查者读懂问题为原则,所以在问题中应避免使用过于术语化的词汇和符号,以免被调查者不能确切理解题意。例如:

您在进行化学概念教学之前,了解过学生的相异构想吗?

上例中的相异构想是教育心理学上的专业词汇,多数教师并不了解其含义,而相异构想又是问题中的核心词汇,这样就可能导致被调查者无从作答。可以修改为:

您在进行化学概念教学之前,了解过学生头脑中已经存在的相关概念吗?

3. 避免使用缩写

与避免使用过于术语化的词汇和符号相似,在进行问题设置的时候要避免使用缩写。缩写不利于被调查者理解题意。例如:

您对在科学教学中培养学生 VNOS 的看法是_____。

VNOS 是 views of nature of science 的缩写,但能清楚地知道 VNOS 所指代含义的恐怕为数甚少。所以应修改为:

您对在科学教学中培养学生科学本质观的看法是_____。

4. 避免使用模糊语言

问题的语言应该具体、明确,针对某一个特定现象而提问;为了避免含糊不清,问卷里也应该减少"通常""大概""一般""经常"等这些模糊词汇。例如:

您经常在化学课堂教学中使用探究教学吗?

不同的人对经常的理解是不同的,有的人可能认为每节课都使用探究教学是经常性的,而有的人则可能认为每周使用一次探究教学就是经常性的。可以修改为:

您在化学课堂教学中使用探究教学的频次是_____。

5. 避免一题多问

一题多问就是一个问题涉及两个或两个以上的主题,这些主题针对的是不同事物,它们会造成被调查者的迷惑,一题多问与双(多)主语或双(多)宾语结构有关。例如:

您和您的同事每天备课所花费的时间大约是_____。

上例中出现的问题就是双主语造成的一题多问,被调查者可能知道自己每天备课花费多少时间,但是可能并不清楚自己的同事每天备课花费的时间,这就造成被调查者无法回答,可以修改为:

您每天备课所花费的时间大约是_____。

6. 尽量使用肯定句，避免使用否定句、双重否定句

采用否定式的提问形式会增加问卷的难度，有时候调查对象还有可能漏掉否定词而误解问题的意思。而双重否定虽然表示肯定，但是在问题设置中使用双重否定会使表述烦琐，且容易造成理解错误，因此应使用肯定句。例如：

"您是否反对在化学实验教学中增加学生实验的比重？"

本例中采用否定形式提问，被调查者可能会忽略否定词而误解提议，导致调查结果不真实、不准确，可修改为：

"您是否赞成在化学实验教学中增加学生实验的比重？"

7. 避免提断定性的问题

"您不在课堂教学中使用探究式教学的原因是什么？"就是一个断定性的问题，即调查者想当然地断定被调查者不在课堂教学中使用探究教学，而事实上可能被调查者经常在课堂教学中使用探究教学，这就使被调查者无从回答。正确的做法应设置过滤性问题，即分解为：

"您在课堂教学中会使用探究式教学吗？如果选择否，请继续回答您不在课堂教学中使用探究式教学的原因是什么？"

8. 避免提诱导性的问题

例如，"探究式教学是这次课程改革的突破口，探究式教学可以提高学生的技能，培养学生的科学精神有助于学生形成正确的科学态度和价值观，您在化学课堂教学中进行探究式教学吗？"

这一问题就是诱导性的问题，在文中已经给出了科学探究教学的若干优点，对被调查者的心理无疑起到了诱导性的作用，这样的问题获得的结果很可能不是被调查者真实的状况。可修改为：

"您在化学课堂教学中是否会采用探究式教学？"

9. 避免提让被调查者难堪的问题

提出令被调查者难堪的问题会导致被调查者对问题的抵触情绪，降低调查的效果。例如：

"您曾经收受过学生家长的红包吗？"

本例中将被调查者作为主角代入一种负面现象，显然无法达到调查的目的，还会引起被调查者的抵触情绪。可修改为：

"您如何看待教师收受学生家长红包这一现象？"

10. 避免使用宽泛性的提问

宽泛性的提问往往对解决实际问题并无实际意义，而且宽泛性提问往往会导致被调查者不知从何回答。例如：

"您认为新课程改革怎样？"

这一问题就过于宽泛，可以修改为：

"您认为新课程改革倡导的多样化评价方式怎样？"

这样的问题更加具体，聚焦在多样化评价方式这个点上，能够引发被调查者深入思考。

(二)答案设计的注意事项

1. 答案的设计要互斥

答案互斥是多存在于选择题的逻辑设置。在选择题中，选项间可能会出现逻辑上互相兼容的情况，可以通过答案互斥来保证问卷的逻辑性。例如：

你的化学教师对学生进行评价的主要依据有（   ）。

A. 纸笔测验成绩   B. 平时表现   C. 课堂表现   D. 档案袋   E. 平时作业

上例中就存在多个答案之间相互交叉的问题，如课堂表现与平时表现就互不排斥，这样的答案设置会造成问题设置的逻辑性缺失。

2. 答案的设计要穷尽

在进行答案设置，尤其是选择题的答案设置时，要尽可能穷尽所有答案，否则可能会导致被调查者要选择的答案在选项设置中不存在。例如：

您现在的学历是（   ）。

A. 小学   B. 初中   C. 高中   D. 大学   E. 硕士研究生

这一个问题的答案就没有穷尽所有可能，如硕士研究生以上还有博士研究生学历，小学学历以下还有文盲。答案的设计要尽可能穷尽，如果没有把握穷尽所有选项，应增设"其他"选项，而增设"其他"选项存在两个问题：一是如果一套问卷中设置"其他"选项的题目过多则反映了问卷设计不理想；二是单纯设计"其他"选项不能真正反映被调查者要提供的答案，因此还需要求被调查者在"其他"选项的后面填写出自己的答案。例如：

贵校对教师的评价方式包括（   ）。

A. 学生评议   B. 家长评议   C. 领导评议   D. 自评   E. 同事评议

F. 其他（请写出）

3. 答案的设计要与问题相对应

答案的设计要与问题相对应，不能答非所问。例如：

您对高中化学新课程改革的适应情况为（   ）。

A. 非常赞同   B. 比较赞同   C. 无所谓

上例就出现了答非所问的问题，题干中的问题是问的适应情况，而答案选项设置的却是赞同、不赞同的问题。如果要修改，或者修改问题为"您已经适应了高中化学新课程改革"，或者修改答案为"A. 完全适应   B. 比较适应   C. 不清楚   D. 不太适应   E. 完全不适应"。

4. 定距式问题的答案设计不能有中断

定距式问题的答案应具有连续性，不能有中断。例如：

您的教龄为(　　　)。

A. 0~1年　　　　B. 3~5年　　　　C. 5~10年　　　　D. 10~20年　　　　E. 20年以上

上例中就出现了答案中断的问题,教龄为2年的教师这一群体就被排斥在外了。

5. 答案中的共同因素应提炼到问题中去

例如:

你们班平时在上课时(　　　)。

A. 课堂气氛很活跃　　　　　　　B. 课堂气氛比较活跃

C. 课堂气氛不太活跃　　　　　　D. 课堂气氛很压抑

在上例中,答案的设置中共同出现的因素是"课堂气氛",那么就可以把"课堂气氛"一词纳入问题的设置中去,可修改为:

你们班平时在上课时的课堂气氛(　　　)。

A. 非常活跃　　　B. 比较活跃　　　C. 一般　　　D. 比较压抑　　　E. 非常压抑

除了以上基本原则之外还要注意平衡答案长度、正确答案的位置机会均等。

本章要点小结

(1)调查问卷有多种类型,可以依据不同的分类方法,将调查问卷进行分类。

(2)调查问卷一般由标题、指导语、个人特征资料、问题四部分构成。

(3)进行问卷设计时一般要遵循一定的先后顺序,即问卷调查的基本步骤。

本章思考题

(1)按照不同的分类方法,教育调查研究的类型主要有哪些?

(2)开放式和封闭式问题各自的优、缺点是什么?

第五章　教育测量研究

凡有其数量的事物都可测量。

——美国测验学者麦柯尔（W. A. McCall）

【学习目标】

(1)了解教育测量的内涵、特点及其要素。
(2)掌握教育测量工具的评价指标及其计算方法。
(3)掌握教育测量法的实施步骤及注意事项。

　　李老师是一名研究型化学教师，在阅读文献时发现数学教学中PBL教学方法能够促进学生的思维发展及学业成绩的提高。李老师想验证其在化学教学中的有效性，于是李老师决定在"化学反应速率""化学平衡""烷烃"这三部分内容的学习中实施PBL教学对比研究——对其中两个班级实施PBL教学方法，另外两个班级实施正常教学，并使用教育测量法对其教学效果进行测查。但李老师对于如何正确实施教育测量研究存在困扰。

　　为了解决李老师的困扰，以及便于一线教师明确如何在教学实践过程中正确实施教育测量研究，本章将从教育测量法的内涵与特点、教育测量工具的评价指标、教育测量法的实施及注意事项三方面详细介绍教育测量法。

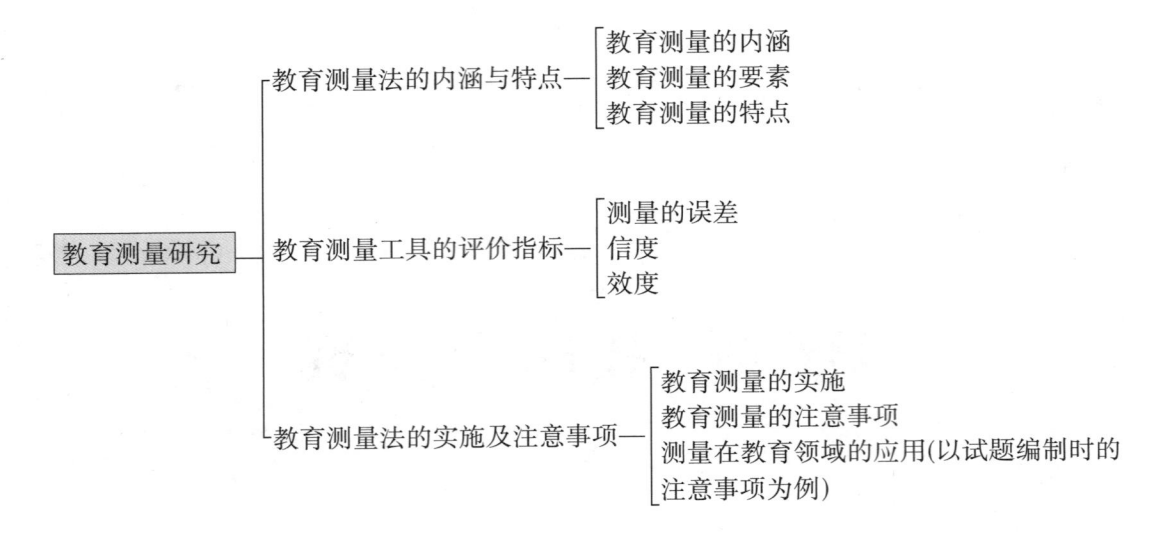

```
                                         ┌ 教育测量的内涵
                 ┌ 教育测量法的内涵与特点 ─┤ 教育测量的要素
                 │                       └ 教育测量的特点
                 │
                 │                       ┌ 测量的误差
 [教育测量研究] ─┼ 教育测量工具的评价指标 ─┤ 信度
                 │                       └ 效度
                 │
                 │                       ┌ 教育测量的实施
                 │                       │ 教育测量的注意事项
                 └ 教育测量法的实施及注意事项 ─┤ 测量在教育领域的应用(以试题编制时的
                                         └ 注意事项为例)
```

第一节　教育测量法的内涵与特点

教育测量已经成为教育研究中必不可少的研究方法。那么什么是教育测量？它具有什么特点？教育测量包括哪些要素呢？

一、教育测量的内涵

测量是指根据某种或某些法则对人或物的属性进行数量化的研究。它包含三方面的特性：①法则，也就是测量的依据和准则，即根据什么来进行测量；②人或物的属性，也就是对什么进行测量，更准确地说，就是引起我们兴趣的事物的属性或特征；③数量，即测量结果的表现形式。

那么什么是教育测量呢？从广义来说，教育测量是根据一定的客观标准，依据一定的规则，对教育领域中的事物或现象予以数量化描述。从狭义来说，教育测量是对学生经过某些学科的学习和训练之后，所获得的知识、技能的测量。

二、教育测量的要素

（一）参照点

测量的起点就是参照点。参照点分为绝对参照点和相对参照点。绝对参照点是指测量的起点就是绝对零点，比如测量桌子的高度，这个高度就是建立绝对零点的基础上测量的。相对参照点是指以人为确定的零点为参照点，比如地球上的经纬度就是以赤道为参照点，一座山的海拔是以海平面为参照点进行测量的。无论在进行物理测量，还是教育测量时，我们都必须选好参照点，测量的结果才有意义。

（二）单位

如果没有单位，测量就无法进行。理想的单位具有两个条件：①要有确定的解释，就是说所有人看同一单位时，他们的理解是相同的，就如 1 kg 的大米，在每个国家的重量都是相同的，不会因为国家、地区、民族、季节、温度的改变而改变；②具有相同的价值，也就是指相邻两个单位之间的距离差总是相同的，比如说 1 m 和 2 m 之差等于 99 m 与 100 m 之差。

（三）科学的规则和量具

测量物质的某一属性时，我们必须依据某种科学原理和法则，设计出合适的量具，或制定出科学的测量方案。比如说测量温度，我们可以根据温度计的热胀冷缩来测量温度的高低。

三、教育测量的特点

由于教育测量主要是测学生的内在心理特性的，因此，它具有与物理测量不同的特点。教育测量主要有以下几方面的特点。

（一）测量目的的针对性

任何一个测量都具有明确的目的，教育测量必须为实现教育目的服务。教育测量的目的是掌握学生在学业、智力和思想品德等方面的情况，了解教育和教学的效果，以便更合理地组织教育活动，安排教学内容，选择教学方法，贯彻因材施教，促进学生在德、智、体、美、劳等方面全面发展。我们不能脱离教育目的和教材的要求，随意地制定量表，任意地进行测量。例如，同是测量高中生的数学能力，高考和会考的目的不一样，和数学竞赛的目的更不一样，因此不能用同一套题目来达到不同的测量目的。

（二）测量对象的复杂性

教育测量的对象主要是学生的精神属性。首先，它是内在的，不能直接测量。其次它是多变的。因为，学生的智力、学业成绩、品德等各方面情况是在不断变化、发展的，随着年龄的增加和年级的升高，这些特性将会发生变化。另外，有些主、客观因素，也会影响测量的结果。如对学生的品德进行测量，有些学生可能故意掩饰其本来的品德情况。

（三）测量方法的间接性

教育测量一般是间接测量。因为无法直接测量学生内在的心理特性，而只能通过其外显的行为，来间接测量其心理活动的特点与水平。也就是说，只能通过学生对测量题目的反应和一些行为表现，运用推理、判断的方法，来间接地测量出他们的知识水平、智力高低和品德好坏。在教育测量中，除了对学生身体素质和发育可以直接测量外，其余绝大多数都是间接测量。这就注定了教育测量始终存在误差，有时甚至是很大的误差。

(四)度量单位的相对性

教育测量的另一个特点是它的度量单位一般是相对的。因此,必须对教育测量的数据进行转换,否则,不能进行代数运算。

(五)测量内容代表的有限性

要测量的内容往往是一个无限的总体,但教育测量又必须在有限的时间里完成,这就决定了测量的内容只能是有限的样本。有限的样本无论如何都无法完全代表无限的总体。

拓展阅读

教育测量的未来趋势

2018年4月在纽约召开的(美国)全国教育测量学会(NCME)年会提出未来教育测量可能发生如下的变化:①以技术为依托;②测量"新"构念;③建立在更深层次的认知和学习模型的基础上;④更充分利用复杂任务;⑤更"个性化";⑥试图改善学习;⑦更好地考虑学生的背景;⑧"嵌入"教学活动并分布在不同时间;⑨采用自动评分;⑩把新的探索方法整合到建模和分析中;⑪提供更有效的测量报告。

第二节 教育测量工具的评价指标

俗话说"工欲善其事,必先利其器"。在测量工具正式使用之前,对它进行科学的质量分析是很有必要的。要衡量整个教育测量的质量,需要采用信度、效度两个指标进行测量。本小节将从测量的误差、信度以及效度阐述教育测量工具评价指标的基本内容。

一、测量的误差

对测验进行信度和效度研究之前,了解测量的误差是非常必要的。

测量误差是指在测量过程中由与目的无关的因素而产生的不准确的或不一致的结果。教育测量要尽可能准确,就必须对测量误差进行控制。各种误差对研究结果所造成的危害程度以及我们能够消除它或矫正它的能力是不同的。

误差有两种主要形式:系统误差和随机误差。系统误差是由与测量目的无关的因素而引起的恒定的有规律的误差,它稳定地存在于每一次测量中。随机误差则是由与测量目的无关的偶然因素而引起的变化无规律的误差,它使得多次测量的结果不一致,其大小和方向是随机的。在许多情况下,我们喜欢假定误差,它是随机的,或者是没有任何特定模式的,例如,由在实验中不能控制的因素所引起的误差。因此,一些误差将对一些变量产生高估的值,而另一些误差将对另一些变量产生低估的值。假如样本足够大,这些随机误差将趋向于彼此互相抵消,从而对研究的整体结果伤害不大。因此,随机误差常常被认为是可以容忍的。但是,系统误差不是随机的,而是有某种模式,因此难以彼此抵消。可是,既然这种误差有某种模式,那么有时候人们是可以找出这种模式并消除或矫正它的。例如,假定你用问卷作为调查工具,研究的主要变量是被调查者的教育程度,而只有60%的问卷返回率,意味着40%的人没有返回,你也许猜测这些没有回音的人在教育程度上不是随机分布的,而主要是教育程度较低的人。通过对一些没有回音的人的访谈,你可以对误差量进行估计并且矫正它。其他的系统误差还包括录入员总是把1打成2,这种误差可以很容易地得到矫正。

一般研究者都会尽可能地移出误差。但是假如不可能,有时可以估计它并矫正它。在一些情况下,误差可以被假定为随机的,忽略不计。这里有一个矫正误差的常见例子:某个问题的可选答案只有1~5,可是录入后却出现了6、9等。这类误差明显是由录入、编码以及填写者误填造成的,因此一般可以重新查看问卷,通过和有关问题的对比和逻辑分析进行矫正。可是在答案取值可以接受的范围(如1~5)内发生的误差就难以查出来了,在这种情况下,只有通过对问卷有关问题的对比和逻辑判断来加以矫正。

在测量学中,测验的观察分数X可以看作真分数T和测验误差分数E的函数:$X=T+E$。T是一个理论上的构想,指测量工具在测量没有误差时的真值,但在实际中是无法得到的。E是随机误差(不包含系统误差,系统误差的变异包含在真分数的变异中),E的数学期望是0。因此,真分数是一个在大量同等测试中所得到的观察分数的期望值。任何两次测量所产生的误差相互独立,并服从均值为零的正态分布。满足以上条件的时候,观察分数方差等于真分数的方差与误差方差之和:$S_X^2=S_T^2+S_E^2$。在测试中,一些教育测试的题型选择不当、指导语不清晰、评分标准不一致等都会引起随机误差,而测试人员的偏见、题型选择不当、指导语不恰当等也有可能引起系统误差。

测量误差的来源可以分成四种。

(1)测验自身。当测试的题目过少并缺乏代表性,以及概念和假设的构造(包括操作化的定义)缺少表面效度的时候;当题型是多项选择,被试可能凭猜测回答的时候;问题的提法不清晰的时候。

(2)研究工具的构造。比如问卷缺少可靠性(比如当题目的表述模棱两可的时候),抽样缺少外部效度(比如抽样误差)。

(3)施测过程。包括测试的时间安排、环境不适宜(温度、空气等);测量工具的缺陷(音像器材质量等);测试过程的管理者的特征和行为(对被试所提问题回答不当等);打分标准不一致;数据记录不正确(编码错误,对遗失数据记录不当等)。

(4)被试本身。包括被试的应试动机、经验、心理承受力和技巧、身体状况(疲劳程度等),应试前的准备工作等。

测试应该让所有的被试有相同的机会表现出真正的水平和特征,因此应该尽量控制可能引起误差的因素,使测试结果更加可信、有效。

二、信度

(一)相关系数

相关系数是教育测评常用的一种统计量数。在利用信度、效度、区分度指标评价试题质量时,也必须用到相关系数的计算公式。相关系数是表示两列变量之间相关程度的一种统计量数。相关是指两类事物或现象在发展变化的方向上相互联系的状况,一般有以下三种相关状态。

(1)正相关。相互关联着的两个变量,一个增大另一个也随之增大,一个减小另一个也随之减少,变化方向一致,就称两个变量之间有正相关。例如,人的身高和体重之间就存在正相关。

(2)负相关。相互关联着的两个变量,一个增大另一个反而减小,变化方向相反,就称两个变量之间有负相关。例如,练习次数和错误出现次数之间就存在负相关。

(3)零相关,两列变量的变化之间没有明显联系,即一种变量有增大或减小的变动时,另一变量只做无规律的变动。例如,学生的学习成绩与其身高或体重之间就是一种零相关。

相关是自然界或社会中常见的一种现象。要注意的是不能将相关关系和因果关系混淆,即当两列变量存在相关时,不能认为一种变量的变化是另一种变量变化的原因或结果。

相关系数不仅表示两列变量之间相关的方向,而且还能表示相关程度的大小。相关系数用 r 表示,r 在 -1 和 $+1$ 之间取值。相关系数 r 的绝对值(即 $|r|$)大小,表示两个变量之间的相关强度。相关系数 r 的正负号,表示相关的方向,分别是正相关和负相关。若相关系数 $r=0$,称零线性相关,简称零相关;相关系数 $|r|=1$ 时,表示两个变量是完全相关的,这时,两个变量之间的关系成了确定性的函数关系,这种情况在行为科学与社会科学中是极少存在的。

一般说来,若观测数据的个数足够多的话,计算出来的相关系数 r 就会更真实地反映客观事物之间的本来面目。通常是,当 $0.7 \leq |r| < 1$ 时,称为高相关;当 $0.4 \leq |r| < 0.7$ 时,称为中等相关;当 $0.2 \leq |r| < 0.4$ 时,称为低相关;当 $|r| < 0.2$ 时,称为极低相关或接近零相关。

当两列变量均是等距变量且都来自正态总体时,相关系数可用皮尔逊积差相关(Pearson's product moment correlation)公式计算,其公式为:

$$r = \frac{\sum_{i=1}^{N}(X_i - M_X)(Y_i - M_Y)}{N s_X s_Y}$$

式中,X_i、Y_i 分别为连续变量 X、Y 中的成对数据;M_X、M_Y 分别为 X、Y 的平均数;s_X、s_Y 分别为

X、Y 的标准差；N 为被统计的成对变量的数目。

如果直接从两列变量的原始数据计算相关系数，可用下式

$$r = \frac{\sum_{i=1}^{N} X_i Y_i - \frac{1}{N}\sum_{i=1}^{N} X_i \sum_{i=1}^{N} Y_i}{\sqrt{\left[\sum_{i=1}^{N} X_i^2 - \frac{1}{N}\left(\sum_{i=1}^{N} X_i\right)^2\right] \cdot \left[\sum_{i=1}^{N} Y_i^2 - \frac{1}{N}\left(\sum_{i=1}^{N} Y_i\right)^2\right]}}$$

这样求出的相关系数称为积差相关系数或皮尔逊相关系数。在化学教学测评中，学生的考试分数常用百分制表示，其性质符合积差相关计算公式的要求。在利用上式计算相关系数时，要注意两种变量要成对取值，成对值的数目一般要大于30，且两列变量都是正态分布，以保证计算出的相关系数稳定、可靠。

(二)信度的概念

信度指的是测量结果的稳定性或可靠的程度，也即测量的结果是否真实、客观地反映了考生的实际水平。

信度实际上只是个理论构想概念。测量理论认为，学生在测试中所得到的实际分数(X)由有效分数(X_V)、无效分数(X_{SE})和随机误差(X_{RE})三部分构成，即：

$$X = X_V + X_{SE} + X_{RE}$$

式中，X_V 为与测验目的相关的分数；X_{SE} 为与测验目的无关的测量误差(系统误差)；X_{RE} 为测量的随机误差，学生的真实分数是 X_V 与 X_{SE} 之和。对一个被测群体而言，测验分数的离散程度可以用变异数或方差(标准差的平方)来表示；上述三种分数都有其相应的变异数。利用变异数具有可加性这一性质，可将测验分数(实际分数)的总变异数(s_X^2)分解为有效变异数(s_V^2)、系统变异数(s_{SE}^2)和随机变异数(s_{RE}^2)，即：

$$s_X^2 = s_V^2 + s_{SE}^2 + s_{RE}^2$$

信度系数(r_{XX})定义为真实分数的变异数在实际分数的总变异数中所占的比例，即：

$$r_{XX} = \frac{s_V^2 + s_{SE}^2}{s_X^2}$$

从上式可知，当总变异数 s_X^2 一定时，测量的随机误差 X_{RE} 越大，其变异数 s_{RE}^2 也越大，则真分数 ($X_V + X_{SE}$) 的变异数 ($s_V^2 + s_{SE}^2$) 就越小，这时，可知，信度系数 r_{XX} 的值也越小，由此可见，信度实际上反映了测量随机误差的大小。

由于测量随机误差的主要来源可能不同，因而计算信度的方法也就可能不同，计算结果就有不同的意义，或仅仅表示信度的不同方面。所以，在利用信度作为评价试题质量的指标时，必须注意所用信度的实际来源及其所表示的具体意义。将不同的信度系数进行相互比较是没有实际意义的。

三、效度

(一)效度的概念

效度是指测量结果的准确性和有效性的程度,即测量是否达到了预期的目的。效度系数与信度一样,也是个理论构想概念。在测量理论中,效度定义为:在一次测量中,与测验目的有关的有效变异数与测验总分变异数的比率,即:

$$r_{XY} = \frac{s_V^2}{s_X^2}$$

式中,r_{XY} 为效度系数;s_V^2 为与测验目的有关的有效变异数;s_X^2 为测验总分的变异数。

从式中不难看出,在学生的实际分数中,与测验目的有关的有效分数的比重越大,则效度系数的值也应越大。

根据上式,不难理解效度和信度的关系。当总变异数 s_X^2 一定时,测量的随机误差 X_{RE} 越大,其变异数 s_{RE}^2 也越大,则真分数 $(X_V + X_{SE})$ 的变异数 $(s_V^2 + s_{SE}^2)$ 就越小;也就是说,效度要受到信度的制约,信度低的测验其效度也不可能高;另外,信度高的测验其效度未必就一定高,这是因为,信度高时,虽然真分数 $(X_V + X_{SE})$ 的变异数 $(s_V^2 + s_{SE}^2)$ 大,但是系统误差的存在同样会导致效度下降(s_{SE}^2 增大时,s_V^2 降低)。可见,信度只是效度的必要条件而非充分条件。

效度总是和一定的测验目的紧密相关的。一种测验总是为了测量某种特性或功能而编制的,判断测验效度的高低,就是看它能达到测验目的的程度,如果能正确、真实地测出要测量的东西,那么便是效度高的测量;反之,则可认为该种测量的效度不高。对某种目的来说是效度较高的测量,对另一种测验目的而言就很可能是效度很低的测量。离开测量目的谈效度是没有意义的。

(二)几种常用的效度及估计方法

1. 内容效度

内容效度是指测量目的代表所欲测量的内容和引起预期反应所达到的程度。也就是测量内容的代表性程度。就化学教学测量而言,测验目的是考查学生达到教学大纲所规定的教学目的和要求的程度,测验内容应是对化学教学大纲所规定的全部教学内容的代表性取样。如果测验的内容取样代表性好,则学生对测验内容的行为反应可以代表教学所引起的学生全部行为变化,那就可以说,该测验有较高的内容效度。

但是,要用有限的几个或几十个项目代表全部教学内容是比较困难的。因而,测量项目的代表性有大有小,测验的内容效度有高有低,如果把所学习过的全部内容视为一个总体,那么测验题目便可视为一个样本。这个样本能够代表总体的程度,也就是内容效度。

教学测验具备较高内容效度的条件是:一是要有定义完好的内容范围;二要使项目对教学内容有较好的代表性。一般而言,按照命题步骤和原则设计出的化学试题是可以满足这两个条件的。命题计划设定了测验内容的范围和各部分的比例;双向细目表显示了每个项目所代表的测量目标。所以,当双向细目表与命题计划一致,且项目能够与双向细目表中的测量目标对应时,基本可以保证试题的内容效度。

判断一份化学试题的内容效度如何,可以采用以下步骤。

(1)考查测量的目的、测量目标的分类体系,了解试题取样的依据和材料的来源。

(2)考查试题的双向细目表,看其双向细目的划分及各个部分的比例是否符合化学教学大纲和考试目的的要求。

(3)逐个考查每个项目,包括项目内容、参考答案、评分标准等,并与双向细目表对照,看项目能否代表其测量目标。

(4)综合上述各项的考查结果,对试题的内容效度做出判断。

这种方法实际上是一个逻辑分析过程,以此方法确定的内容效度也可称为逻辑效度。此外,还可以用再测法和经验法判断试题的内容效度。再测法是在教学过程前后分别用同一份试题或等值复本进行两次测验,若后一次测验分数大大高于前一次测验分数,则说明测验内容和教学内容一致,试题有较高的内容效度;反之,内容效度就低。

经验法是用包含不同年级教学内容的试题测验各个年级的学生,考查不同年级的学生的总分和在代表各个年级教学内容的项目上的反映情况,如果学生的测验分数和项目通过率随年级增高而增高,则说明项目代表了不同年级的教学内容,测验有较高的内容效度。用内容效度考查试题的有效性,是目前比较合适且应用较多的方法。但由于内容效度尚未找到较理想的数量化指标,因而妨碍了试题评价信息的交流和各测验间的相互比较。

2. 效标关联效度

效标关联效度又可称为经验效度或统计效度,是以测量分数和效标之间的相关系数来表示测量效度的高低的。效标就是足以显示测量所欲测量的特性的变量或足以显示测量所欲预测的特性的变量,是检定效度的参照尺度。这实际上就是用一种已知的且认为其"有效"的测验结果去检验另一个新测验的有效性。之所以不直接用效标测验去代替新测验,主要是因为新测验可能比效标测验更简单、易行。

化学教学中常用学生的实际高考成绩与模拟高考试题得分之间的相关性来检验高考模拟试题的有效性。这里应用的就是效标关联效度的检测方法,高考就成了模拟考试的效标。

3. 构想效度

构想效度就是指测验对预先设立的某一理论上的概念、构想或研究特性的实际测量程度。考察和研究构想效度的目的是要回答下面的问题:一个测验要测量的理论构想是什么?测验对该构想测量到何种程度?在测验分数的总变异中有多少来自要测的构想?

要判断一个测验的构想效度,通常需要经过以下三个基本步骤。

(1)确定能够解释学生在测验上表现的理论构想。

(2)根据理论构想推演出各种关于学生测验成绩的假设。

(3)用逻辑分析、统计分析等方法来收集证据验证假设。

化学教育目标学习水平分类的理论构想的合理性可以通过对项目难度的分析来评价。假设：不同学习水平的项目应有不同的难度水平，属于高层次学习水平的项目难度大，而低层次项目的难度小，学习能力不同的学生对水平不同的项目的反应也应不同，高分组学生在低水平项目上的反应差别小，而在高水平项目上的反应差别大；低分组学生却恰恰相反，只在低水平项目上的反应有差别而在高水平项目上的反应几乎相同。根据上述假设，可以将项目按其难度大小进行分组分析，也可以分析高分组学生和低分组学生对难度不同的项目的反映情况，对假设进行检验，从而评价学习水平分类的合理性。

资料卡片

信度和效度的关系

信度和效度是一项教育科学研究的活动和结果具有科学价值和意义的保证。研究信度是研究效度的一个必要前提，没有信度，效度不可能单独存在，信度是效度的必要条件，但不是充分条件。也就是说，无信度一定无效度，但有信度不保证一定有效度，一个可靠的研究程序并不证明内容一定有效，而一个有效度的研究一定是一个有信度的研究。与之相对，效度是信度的充分而非必要条件，有效度必定有信度，效度高，信度必定也高，因为不可能存在只有效度而没有信度的情况。信度是为效度服务的，因而效度是信度的目的；效度不能脱离信度而单独存在，所以信度是效度的基础。

第三节 教育测量法的实施及注意事项

教育测量涉及"为什么要测量""要测量什么""怎么去测量""测量结果怎么分析"等基本问题。本小节将从教育测量的实施、教育测量的注意事项以及测量在教育领域的应用三方面来回答这些问题。

一、教育测量的实施

（一）确定测量目标

首先，要确定测量的目的是用于确立和检验假设，还是用于诊断、评价，从而考虑选择什么类型的测量；其次，明确测试对象，即测量的对象是谁，个人还是团体；最后，明确具体的测试目标，即测什么，不同的测量目标不同。

(二)选择合适的测量工具

教育测量种类繁多,功能特点各不相同。因此,研究者应根据研究目的,选择合适的测量工具。选择测量工具主要从测量工具的性能和价值两个方面进行考虑。

(1)测量工具的性能。

测量工具的性能有四个标准衡量。①客观性。指测量的科学化程度,测试结果能准确反映被测对象的真实情况。②标准化。为实际的或潜在的问题制定共同的和重复使用的规则,最好选择标准化测量作为研究工具。③效度。效度是指测量结果能准确反映所要考查的内容和特征的程序。如果一个测量能真实地测出所要测量的特性,这个测量或量表就是有效的,如果测量工具无效或效度太低,就失去了存在的意义。④信度。从被试来说,在同一测量的多次测试中能获得相似的分数;从主试来说,不同的测量人员能给出相似的分数。

(2)测量工具的价值。

价值是测验符合研究需要的程度,通常可以从研究目的、研究对象、研究资源等方面综合考虑。如不能将一个态度倾向性测验作为收集诊断性研究的资料,也不能将一个适用于城市中学生的人格测验用于收集农村小学生的研究资料。

(三)按标准化测验的要求施测

有了合适的测量工具后,还必须严格按照测验的规定实施测验。施测前,要仔细阅读测验手册,熟悉测验手册中的内容要求,准备好测验所需的材料,熟练掌握测验的操作程序,选择适宜的测验环境,与被试建立信任关系,解除被试的过度紧张和不适感等,避免给被试造成任何暗示,严格控制测验时间。

(四)客观、准确地记录被试的反应

测验过程中,研究人员要公平地对待每个被试,评分标准要统一、客观、准确。通常标准化测验都有标准答案或评分标准供测试人员对照使用。测验结果的整理分析也应按照测验手册提示的方法执行。只有按照标准化的程序实施测验,测验结果才可靠,获得的资料才有意义。

(五)合理解释测验结果

在解释测验结果时,要做到有依据、有分寸,不武断地得出绝对性的结论,也不作无限度的推论。

二、教育测量的注意事项

在教育测量过程中,需要注意以下事项。

(一)确定测量目标

遵守测验的职业道德,对涉及个人隐私的问题要为被试严守秘密,并尊重每一位被试。

(二)做好测验量表的保密工作

教育测验量表不能在被试身上反复使用,教育测验内容一旦泄露,测验就失去了价值。因此,测验量表不宜在杂志、书籍、网站等公开媒体上刊登、披露。

(三)测验主试应具备必要的专业知识

教育测验专业化程度高,要保证测验操作的规范、结果解释的准确,要求从事测验的人员必须具备一定的专业基础知识,或经过专门的培训。

(四)确保测验过程的标准化

测验的实施要求尽量做到标准化,为每一个被试提供尽可能相同的测验条件,严格按照测验手册中规定的要求和步骤实施操作,不能随意变动,避免影响测验的结果。

三、测量在教育领域的应用(以试题编制时的注意事项为例)

(一)明确测量目标

确定测量目标要根据教学大纲的要求进行,应以测量学生的基本知识、基本理论和基本技能为主,注重学生分析问题和解决问题的能力,以及理论知识的应用能力和科学创造能力。整份试题的结构要有合理的目标层次。例如,根据布鲁姆的有关分类,结合我国教育的实际,我们将试题分为五个层次:①知识;②理解;③简单应用;④综合应用;⑤创见。各层次试题的比例可根据不同课程的特点和要求而确定。

(二)题量大,覆盖面宽

测量是从课程内容中抽取部分样本,以考查应考者对本门课程的掌握情况,从课程中抽取的样本数量越大,试题越具有代表性。为了确保测量题目具有代表性,提高测量的内容效度,要扩大考察面,尽量各章、节,各方面知识都兼顾。同时,还要突出重点,加大重点内容题量和覆盖密度,做到试题的测量重点与教学的重点相一致。

(三)掌握好区分度和难度

试题的区分度应尽可能大,应基本上能区分出考生的高、中、低三种水平。试题应把不同水平的考生在相同知识点上掌握程度的差异区分出来。试题难度的掌握,大体可以分为较易、适中、较难和最难四等,在一般情况下,较易的试题占20%,适中和较难的试题各占30%,最难的试题占20%左右。

(四)注意改进题型

一套试题的题型一般不应少于四种,分值比例要恰当,客观题约占40%左右,题型尽可能灵活多样,要灵活运用教材中已阐明的原理或公式,联系实际命题,以便考查学生了解和应用知识的能力。一道题,既可以只检测一个知识点,也可以检测不同章节的几个知识点;对于同一个知识点,也可以从不同角度选用不同题型去编制试题。

(五)讲究科学性和规范性

试题的内容要正确,不能出现知识性错误。有争议的问题不要编入试题;文字表达要明确、简练、通顺,标点符号正确;图表清晰,计算条件充分;不能出现语法上或用词上的错误;试题的分值要合理;各题必须彼此独立,不出现相同或相近的试题,不要有相互暗示或相互启发的现象。题干、选项的撰写以及图表编排要规范。

(六)制订好标准答案、评分标准和评卷的具体要求

标准答案应具体明确,正确无误,答案各层次的分值要标明。试题赋分通常采用难度赋分法和时间赋分法,即试题难度较大,需要花较长时间回答,分值应大一点,反之,分值应小。对答案的评分要求也要加以说明。

(七)认真拼卷和仔细检核

拼卷一般以题型为顺序,由易到难,由客观题到主观题,由短答案题到长答案题排列。检核的内容主要是:①试题能否测到命题双向细目表中的各项目标和内容;②试题的表述是否明确、科学;③分值是否合理;④试题的题型和编排是否合理;⑤难易程度是否适合;⑥试卷的长度与作答时间是否符合;⑦试题的标准答案是否正确、明确;⑧各小题分值之和是否等于大题分值,全卷满分是否为100分。

检索工具

资料卡片

试题是试卷的基本单位。命制试题、编制试卷,是广大中小学教师的基本功和专业技能之一。然而,不少教师特别是刚入职的青年教师的这一基本功薄弱、专业技能缺乏。命制一道优质的试题、编制一份优秀的试卷,必须遵循基于命题规律的科学流程。一般而言,普通化学教师编制一份优秀的试卷,必须遵循以下流程和步骤。

一、了解测试性质,明确目标要求

二、研读命题依据,拟订命题计划

三、实施命题过程,科学命制试题

四、审查选编试题,组卷形成初稿

五、检查修改初稿,提升试卷质量

六、试答整份试卷,适当调整完善

七、编制参考答案,确定评分标准

八、积累实测数据,总结经验教训

以基于学科能力的高中化学学业水平考试试题编制为例(图 5-3-1):

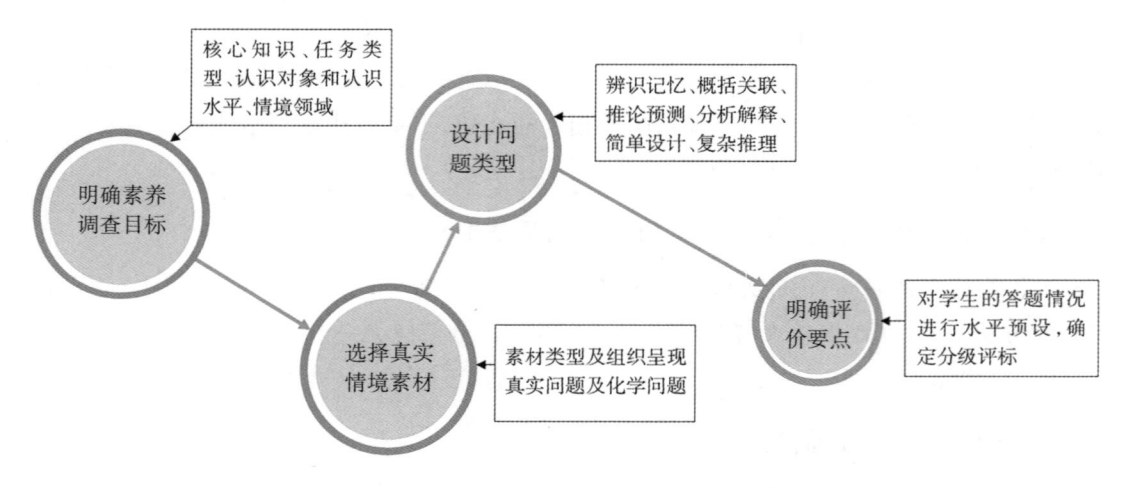

图 5-3-1 基于化学学业水平考试命题框架的试题编制流程

本章要点小结

(1)教育测量在教育评价中有着重要的地位,在运用过程中首先要明确测量目的,再根据需求选择测量工具和方法,接着设计测量方案。

(2)教育测量工具有信度、效度等评价指标。信度指的是测量结果的稳定性或可靠程度;效度是指测量结果的准确性和有效性的程度。评价效度的方法主要有内容效度、效标关联效度和构想效度。

(3)在试题编制时要注意明确测量目标,题量适度覆盖面宽、掌握好区分度和难度,讲究科学性和规范性,制定好标准答案、评分标准和评卷的具体要求,认真评卷,仔细检核。

本章思考题

(1)教育测量法实施步骤有哪些?

(2)进行试题编制时,需要注意哪些问题?

第六章　教育实验研究

科学的真理不应该在古代圣人蒙着灰尘的书上去找,而应该在实验中和以实验为基础的理论中去找。

——伽利略

[学习目标]

(1)了解教育实验法的内涵、特点及其构成因素。
(2)熟知教育实验设计的一般步骤。
(3)掌握实验变量的操作和无关变量的控制。
(4)学会运用教育实验法研究教育实践中的教育问题。

在化学教学中选择合适的素材落实发展学生的化学学科核心素养是化学课程改革的重要任务。模型认知素养是化学学科的重要核心素养之一。学习和研究素材的差异对学生建模能力是否有影响?这一问题引起了一些教育研究者的关注。那么,如何研究该问题?有研究者巧妙运用教育实验法,通过控制变量,揭示了不同的素材模型对于学生核心概念建构的影响,为教材编写、教师的教与学生的学都提供了有效的建议。

那么,什么是教育实验法?有哪些分类?如何实施教育实验法?本章将为您介绍有关教育实验法的知识。

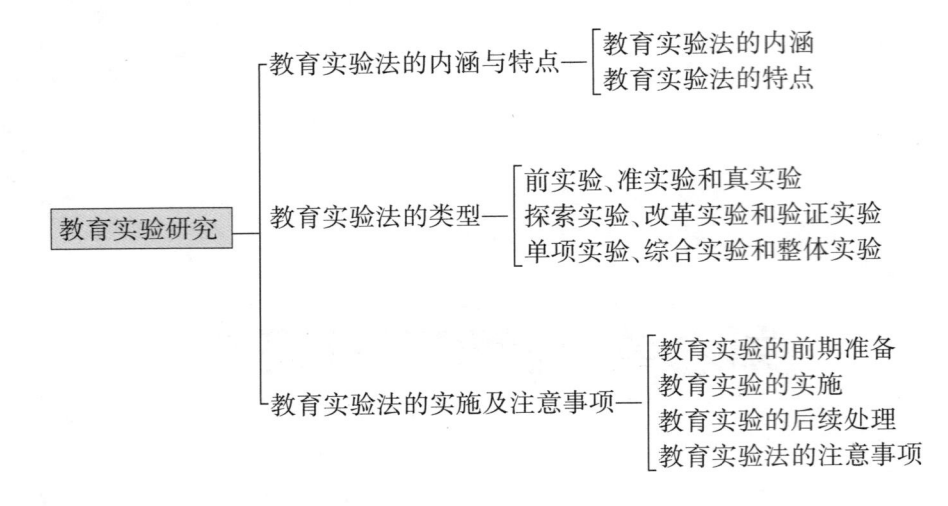

```
                    ┌─ 教育实验法的内涵与特点 ─┬─ 教育实验法的内涵
                    │                      └─ 教育实验法的特点
                    │
                    │                   ┌─ 前实验、准实验和真实验
        教育实验研究 ─┼─ 教育实验法的类型 ─┼─ 探索实验、改革实验和验证实验
                    │                   └─ 单项实验、综合实验和整体实验
                    │
                    │                          ┌─ 教育实验的前期准备
                    │                          │─ 教育实验的实施
                    └─ 教育实验法的实施及注意事项 ┤─ 教育实验的后续处理
                                               └─ 教育实验法的注意事项
```

第一节　教育实验法的内涵与特点

教育实验研究方法是教育研究领域中经常使用的定量研究方法。随着学校教育规模的变化，学校和政府部门都需要通过教育科学研究提供的结构化、定量化的数据，来了解教育实践活动中的因果关系，并以此作为教育决策和教育管理的客观依据。实验研究中的关键是要对变量建立适当的控制，进而准确地诠释实验资料。

一、教育实验法的内涵

实验研究方法是随着自然科学领域的发展而兴起的一套严谨的研究方法，后逐渐被用于社会科学的研究领域。当前，教育实验研究方法被认为是最能够解释因变量与自变量之间关系的方法。实验研究方法是研究者根据一定的目的和计划，通过系统地控制某些实验变量，观测与这些实验操作相伴随的现象变化，同时对影响实验结果的非实验变量加以控制，并确定实验操作与观测对象之间因果关系的一种研究方法。简而言之，教育实验法是研究者根据研究目的，合理控制或创设一定条件，人为地改革研究对象，进而验证假设，探讨教育现象因果关系的一种研究方法。

二、教育实验法的特点

（一）揭示教育现象或教育行为之间因果关系的过程

教育实验本质上是一种科学实验，它是按照研究目的，合理控制实验条件，主动采取某种措施，以诱发教育教学现象在同样的条件下重复发生。这样就能用反复观察到的事实对以往的实验结果加以核对，以探索二者之间的因果关系，从而验证、丰富并发展教育理论和主张。

(二)主动操控自变量,控制无关变量

教育实验为了变革现实,需要主动出击,而不是消极等待研究现象的发生。因此,必须主动操控自变量的变化,否则就不能称其为教育实验。在教育实验中,自变量是指被假定为原因的变量。操控自变量,就是指实验研究者人为地干预、控制现象发生的条件和进程,有意识地改变研究对象某一方面的条件,从而达到自己所需要的结果。那些由于自变量的作用而产生变化的结果因素则称为因变量。控制无关变量,也叫控制变量,指在实验中应该保持恒定的变量。教育实验中,为了探索因果关系,证实确实是自变量导致因变量的变化,就必须排除其他无关因素的影响,使实验的其他条件保持恒定。只有控制外来的无关变量,才能保证实验结果的科学可靠。

(三)具有随机性

随机性就是在界定的研究群体中,每一个个体都有相同的机会被抽作研究对象。一般而言,实验研究中最常用的随机步骤有两个:一个是随机抽样,另一个则是随机分配。前者是抽取适量的被试作为研究样本;后者是将抽取出来的被试分配到实验组或控制组,让每个被试都有同等机会接受任何一种实验处理过程。这两个随机步骤的主要目的在于控制所有可能影响结果的非实验变量,使两组实验者除了操控的实验变量不同之外,其余各方面都达到几乎完全相同的程度。

(四)具有可重复性

所谓可重复性是指在相同的实验条件下,可以在不同地区、不同单位获得同样的实验结果。实验结果本身就是经过长期、艰苦反复的实验获得的,一旦某一因果关系确定后,可以肯定它具有较高的科学性。因此,如果在相同的实验情境下,施加同样的实验因素,控制好无关因素的干扰,应该能够获得基本相同的结论。教育实验的可重复性,使得实验结果具有较高的说服力和推广价值。

(五)以教育实践为基础的一种特殊的实践活动

教育实验是在教育实践中进行的,区别于自然科学实验,其特殊性表现在以下三点。①教育实验不是以物,而是以人和人所从事的教育活动为研究对象。人的个性的多样性和教育现象的模糊性决定了教育实验是将研究对象作为一个整体,用整体性观点和综合性方法处理实验变量,尤其适合对思想品德及个性形成方面的研究。②教育实验主要在教育和教学的自然环境状态中而不是在实验室里进行。原因在于,学生是生活在特定的班级和学校环境中,脱离了这一特定的社会环境,相应的教育现象就不会发生。因此,教育实验不能脱离教育教学的实践活动。③教育实验不能求其精确度,实验的结果不能完全客观测量。由于教育现象变量的不确定性、教育概念范畴界限的模糊性,以及涉及价值判断,并且周期长、因素复杂,要想达到精确表达的量化分析是困难的。

(六)具有教育性

教育实验是一种经过精心设计和控制的、旨在追求更好的教育效果的教育活动,它所研究的教育活动和教育实验本身就应具有教育性。其教育性具体表现在:实验内容的价值选择性、实验假设的正面性和实验过程的不可失败性。这是因为教育实验的研究对象是正在成长中的人,必须选择那些符合教育目的、适合学生身心发展的内容,提出正面的实验假设,对实验过程实施进行有效的控制,不能对学生发展产生任何负面的影响。

教育实验法的程序[①]

(一)提出问题和提出假设

教育实验的目的在于探索教育规律。教育实验的过程就是一个提出问题和解决问题的过程。问题的实质就是矛盾。教育实验就是要立足于已知去探求未知。问题的提出很重要,也就是通常所说的选题。选题是教育实验的起点,选题的好坏直接影响实验是否能顺利开展、实验的成败以及实验成果的大小。在提出问题后,就要提出研究的假设,具体地说,也就是要提出此项研究的教育实验方案。

(二)设计实验方案

教育实验设计方案应包括以下几部分:(1)实验背景与目的,指导思想与原则;(2)实验目标与内容,对象与布点;(3)实验方法与措施,步骤与时间安排;(4)实验队伍与领导,分工与协作。

(三)实施实验方案

挑选被试并进行分组。在教育实验中,确定被试的适当数量和质量是一个重要问题。所谓适当,就是挑选一定数量的被试能够代表总体。被试不是越多越好,也不是越少越好,而是要求适当,其原则就是能代表总体。

(四)教育实验结果的定性和定量分析

定性分析就是对教育实验对象进行质的分析,也就是对教育实验结果进行全面的分析、综合、比较、抽象和概括,从中得出教育实验的科学性、规律性的过程。定性分析一般多用文字表述。而定量分析就是采用一定的数学方式,揭示教育实验结果的数量关系,掌握其数量特征和数量变化,进而得出教育的某种规律性的过程。

[①] 么青.教育科研常用的几种方法[J].天津教育,2015(01):17-19.

(五)撰写教育实验研究报告

教育实验研究报告是教育实验工作的汇报、总结,是科学实验的结晶。教育实验研究报告写得好不好,直接影响着实验成果的反映。如果写不好,就会降低实验研究的价值,影响该实验的推广。因而,撰写实验报告是实验工作中一项极为重要的工作,应给予足够的重视。撰写教育实验报告应注意以下三点:要以陈述事实为主;对教育实验结果要进行分析论证;要遵循撰写教育实验研究报告的规定。

第二节 教育实验法的类型

一、前实验、准实验和真实验

美国教育实验专家坎贝尔(D. T. Campbell)和斯坦利(J. C. Stanley)根据实验变量的控制程度和内部、外部效度的水平将教育实验分为三类:前实验、准实验、真实验。

(一)前实验

没有对无关变量进行有效的控制,内部效度低,可以进行观察和比较,但由于对无关因素的干扰和混淆因素缺乏有效的控制,因而无法验证实验使用的因素同实验结果之间的因果关系,也很难将实验结果推论到实验以外的其他群体或情境。

(二)准实验

不能随机分配实验对象,无法像真实实验那样完全控制误差来源,只能尽可能予以条件控制。准实验是在教育的实际情境中进行的,因而具有推广到其他教育实际中的可行性。准实验设计有多种类型,其中主要有以下三种。

1. 不等组前后测设计

这个模式具有两个特征:有两个组、皆有前后测。因为是在原有的班级进行实验,不是随机分配,因此控制组与实验组是不相等的,但实验处理就可以随机指派。这种模式的优点如下:因有控制组、有前后测,可以控制成熟、历史、测验、工具、统计回归等因素影响,提高了研究的内在效度。至于缺点则有以下两点:第一,不是随机取样分组,选择和成熟的互换作用可能会降低实验的内在效度;第二,前后测的交互作用。因为实验组与控制组彼此非等组,因此在统计分析上宜采用共变分析来处理实验资料,以前测为共变量,以组别为自变量来分析因变量观察值的总变化。

2. 不等组仅施后测设计

该设计适用于易引起实验敏感的实验干预。除此之外，与不等组前后测设计基本原理相同。所不同的是，该设计被试的原始材料作为初始数据代替了"前测"，例如被试档案管理、入学成绩等。

3. 时间序列设计

时间序列设计是指对一个非随机取样的实验组（或控制组），在接受实验的处理之前或之后，重复接受若干次的测量，而非仅在处理前后各接受一次测量，此种设计即为时间序列设计。时间序列设计基本上可分为单组及双组两种形式。单组时间序列设计是在实验处理之前要接受多次的观察和测量，处理前的观测可称为重复的前测，处理后的观测则是重复的后测，若前测每一次取得的分数大致相同，但后测平均分数高于前测，则表示该实验处理产生了正向效果。譬如，某教师采用新教学方法（X）进行教学，在实施新教材之后连续5周，每周对该班学生实施1次化学测验，如果后测分数高于前测，则实验结果显示新教学法有相当稳定的效果。控制组时间序列设计适用于固定整组，常用于学校课堂教学。在统计分析上，可以将两组被试各自的一系列时间前测成绩的平均数与一系列后测成绩的平均数加以比较，从成绩的增减说明处理的效果；也可以将两组之间的一系列时间的前测和后测成绩相比较，来判断两组接受不同处理所产生的效果。

总之，时间序列设计因为能够透过系列前测与后测，对一组被试的稳定有所了解，也能对两组处理前后的稳定变化进行比较，许多影响内在效度的因素比如成熟、测验、测量工具、统计回归、选择偏差、被试的流失等均能得到有效控制。但时间序列设计因未能控制同时事件、霍桑效应、练习误差，所以这样测验的反作用或交互作用效果以及实验安排的反作用效果则无法避免。

（三）真实验

真实验是指能严格地随机分配实验对象，完全控制无关变量，能系统地操作自变量，从而使内在效度和外在效度都很高的实验。真实验必须等组，如果不等组，则不是"真实验"。所谓等组，即除了实验因素以外，所有能影响实验的其他因素必须相同或相等。

设计是按照随机原则选择和分配，有控制组进行对照比较，能够较好地控制内部、外部效度来源，使实验得到比较严格的设计。真实验设计都有至少一组控制组，被试随机取样和随机分派到各组。真实验设计存在不同类型的结构模式，常用的典型模式有实验组控制组后测设计，它是一种比较理想的实验设计，几乎对所有的非实验变量都有控制作用。

二、探究实验、改革实验和验证实验

按照教育实验的目的功能将教育实验分为三类：探究实验、改革实验、验证实验。

（一）探究实验

探究实验是把研究放在第一位，按预先的研究目的操控实验变量。目的是搞清楚所要研究的某个问题的状况，即对某个教育问题弄个水落石出。如我国"科学"课程的探究实验。

(二)改革实验

改革实验是按事先制定的改革计划进行实验,检验改革的方案是否可行。如进行新一轮的基础教育课程改革实验。

(三)验证实验

验证实验是对已取得的实验结果进行重复试验,是在一定理论基础上进行的,目的是通过实验,验证某些教育经验或研究成果是否可以推广。如发现教学法在我国推广应用的实验。

探究实验、改革实验、验证实验是实际存在的教育实验的三个不同水平的发展阶段,即探究—改革—验证,从而形成的理论的过程。

三、单项实验、综合实验和整体实验

从实验涉及的因素将教育实验分为三类:单项实验、综合实验、整体实验。

(一)单项实验

单项实验指对单个因素进行操作,以观测其效果的实验。单个因素可以是某种教材、教学方式和方法,某一教学因素,如思维、个性、情感等。"化学自学辅导教学实验""思维发展与教学实验"等,都属于这类实验。

(二)综合实验

综合实验指对有内在联系的多项因素进行综合性操作变革,以观测其综合效果的实验。例如,对新教材及相应的新教法和教学组织形式三个因素进行综合实验;对一门学科教学所涉及的多方面进行综合实验,像化学教学中阅读、实验、推断等方面的综合实验。综合实验涉及的各种因素有内在的联系,但不一定能构成一个完整的结构。所以综合实验可以被视为介于单项实验与整体实验之间的实验。

(三)整体实验

整体实验是对教育教学中某一独立的整体结构进行全面的、系统的操作变革,以观测其结构功能效果的实验。这样的实验可以是整个国家的教育体制,也可以是一个学校、学区、整个教育结构的改革的实验。例如,上海师范大学教科所进行的"中小学教育体系整体改革实验",它不仅涉及课程、教材、教法、管理等因素在内的横向教育结构,还涉及小学与中学两个阶段的衔接问题的纵向结构,表现出了典型的整体性。整体实验是结构性实验,它涉及多种因素,但因素"多"到多少,并不是随意而定的,是一个教育教学结构所涉及的基本的因素。

单项实验、综合实验和整体实验是三种类型实验,它们的区别是由实验目的、涉及的因素多少等决定的,无所谓先进与落后。从发展来看,有些单项实验经过综合实验可以发展成整体实验,但不是所有的单项实验都一定能发展成整体实验。

辅助性实验

由于实验具有变量复杂性的特点，实验过程中的变量通常具有综合性，即除计划外的自变量外，还混有其他介入变量以及无关变量。因此，在实施周期比较长的综合实验时，有必要考虑派生出一些可以对实验起深化和补充的辅助实验。

(一)前实验

前实验作为主实验的辅助性实验，在正式实验开始前实施。通过前实验，研究者能够反思实验设计不合理的地方，对其中不符合实验目的的部分进行修正，能够起到深化主题实验的作用。

(二)子实验

子实验并不是指子课题实验，一般来说，子课题实验与总课题实验是局部与整体的关系，通常具有相对独立性。而子实验则是完全从属于主体实验的，其作用在于深化主体实验的研究重点、诊断主体实验的疑点、微调主体实验的控制。

(三)实验室实验

通过自然实验获得的研究资料往往在精确度上存在一定的缺陷，为此，可以针对实验中的重点问题设计一些严格的实验室实验，在一定程度上可以弥补主体实验的不足，同时还对深化主体实验研究起到了重要作用。

第三节 教育实验法的实施及注意事项

教育实验法是现如今在教学实践中广泛使用的一种研究方法，主要研究如何探索教育发展的规律。本小节将从教育实验法的实施及注意事项等方面展开讨论。

一、教育实验的前期准备

教育实验研究能否成功，很大程度上取决于实验前的准备工作。准备工作具体包括：明确实验课题、提出理论假设和确定实验设计三个方面。

(一)明确实验课题

问题是教育实验的起点,有了问题才能够有后续的科学研究。想要发现有科研价值的问题,必须对产生问题的有关现象进行分析,抓住问题的本质,将有科学价值的问题筛选出来。

那么如何寻找问题?麦柯尔提出了5种方法。第一,实验者最好提前变成专家。有专门学识的人,常能找出许多没有实验或别人实验不圆满的问题。第二,用批评的态度和疑问的态度去多读多听。第三,不要怕难,遇到有困难的事,是一种练习的机会。第四,从研究的重要问题入手,研究愈久,问题愈多。

(二)提出理论假设

当课题选定后,就要对选定的问题进行假设。假设是对提出的问题实质作出猜想,建构某种教育教学方法与教学效果之间的因果关系。教育实验假设在整个教育实验过程中的意义非常重大。首先,教育实验假设明确了课题研究的意义,确定了课题研究的大致方向,是展开教育实验进一步研究的行动指南;其次,教育实验假设可以在一定程度上增强实验研究的目的性和规范性,将研究的程序规范化,有助于获得有价值的研究成果;最后,教育实验假设能推动教育实验的研究和教育科学理论的深入发展和进步。

而好的科学假设应该符合以下四个条件:第一,科学假设应在一定的探索后形成的,有一定的事实材料和科学理论依据;第二,它能够解释和说明已知的有关现象和事实,必须是新颖的,是针对某一教育问题所作的大胆设想,具有一定的创新意义;第三,它必须是合理的,虽然要求实验假设要新颖,但它本身不能有任何自相矛盾或无法自圆其说的地方;第四,它必须是可检验的、简明的,涉及的变量是可以操作的,切忌笼统、含糊不清。

(三)确立实验设计

广义的教育实验设计是指对教育实验研究程度的计划和安排,它实际上就是实验研究的蓝图。教育实验设计应该具有以下几部分内容。

1. 明确的实验目的

实验目的是我们进行教育实验想要达成的最终目标,所以实验目的首先必须明晰具体,要体现实验研究的性质和方向,其外延要体现实验研究结果的推广范围。其次,实验目的要有可测量的客观标准,教育实验法区别于其他研究方法的重要特点之一就是必须具有量化分析,使实验目的变得可测量。再次,实验目的要规定实验研究的深度,一次实验研究不可能解决很多问题,因此要规定合适的研究深度。最后,实验目的必须是可行的,有充分的实验假设作为依据,有充分的主客观条件确保实验的完成。

2. 恰当的实验方法

教育实验的最基本设计类型有以下三种。

(1)单组实验法:用单一实验组为研究对象施加某一种或数种实验处理的实验设计,然后测量不同因子所产生的效果并加以比较,这种方法虽然简单易操作,但难以排除"时序效应"。如在比较微课和传统教学的区别时,可选择两个难度相当且独立的化学知识点,用同一教学班,分两段时间进行。在第一段时间,实施传统教学,在实验后先进行一次测评(O_1),在第二段时间,实施微课教学,之后再进行一次测评(O_2),用两次测验成绩作比较(O_2-O_1),即可得出微课所产生的效果。最后将这两种教学方法的效果加以比较,就可知道哪一种方法的效果比较好。

(2)等组实验设计:将实验者分成几个基础相同的小组,称之为等组,如小组内人数相等、能力相同、其他条件也相同。各项条件相同后,再施以不同实验因子的影响,经过一段时间,再测量实验因素所产生的结果,以求得结论。这种方法用等组平衡的方式来控制无关变量,可有效避免"时序效应",但要真正形成所谓的等组是很不容易的。如探讨微课和传统授课的教学效果时,可选择两个成绩相近的班级,选择一个独立的化学知识点,甲班作实验组用微课的方式讲授此知识点,乙班作对照组采用传统授课的方式讲授,两组实验对象在实验前都要进行前测,在实验后进行后测,对比两次测验成绩,并将实验组和对照组的成绩进行比较,可知哪一种教学方法的效果更好。

(3)轮组实验法:两个组同时接收不同实验因子的影响,第二轮把实验因子对调,然后对施加实验因子后产生的效果进行比较。这种实验采用抵消法来控制无关变量,可有效克服"时序效应"和难以组成等组等缺点,比较可靠,但组织起来比较复杂。如探讨微课和传统授课的教学效果时,可选择两个成绩相近的班级(甲班和乙班),选择两个难度相当且独立的化学知识点(知识点A和知识点B),依照下列表格展开实验。

知识点 / 实验班级	甲班	乙班
知识点A	微课	传统授课
知识点B	传统授课	微课

在两个实验前后都要对两个班级进行前、后测,以对比实验效果。

3. 合适的实验对象

选择实验对象,要根据实验课题的要求,如实验的课题是高中学生的化学实验学习问题,就应该从高中生中来选择实验对象。但是,教育实验不可能也没必要对所研究的总体进行实验,需要从中抽取一部分的个体来作为实验对象,把实验结果推论到总体中去。这种推论的准确性,一方面依赖于实验过程的控制程度,另一方面则依赖于样本的代表性。如果抽取样本的方法适宜于实验要求,样本的容量恰当,则样本就具有代表性,所选取的实验对象就是合适的。因此,选择实验对象就要从抽样的方法和样本容量两个方面进行考虑,使其符合实验的要求。通常根据实验的具体情况选择抽样方法,根据实验要求的精确度确定样本容量,最后根据实验的要求检查抽出的被试是否恰当。

4. 适宜的实验时间、场所范围、材料和人员

实验时间一般是指实验从开始到结束所需要的时间,也称实验周期,一般根据实验课题的内容、规模来确定实验时间。实验的场所是指在什么地方进行实验,实验范围是在多少学校、班级、

多大地区进行实验,实验的场所一般应根据实验的性质来确定,实验的范围应根据实验课题的要求和实验的主客观条件来确定。实验材料一般分为实验仪器、实验表格、测验量表、实验教材或其他。教育实验人员一般由专业研究人员和实验教师两部分组成,通常由专业人员提出实验课题、设计实验方案,由实验教师具体操作。

二、教育实验的实施

做好充分的准备,教育实验即可按计划开始实施。实验方案的实施,主要抓好实验自变量的操作,无关变量的控制和测量工具的使用等三项内容。实验活动的开展一般应严格按照实验方案进行,不应随意更改实验程序和实验措施。

(一)实验的前测

实验的前测又叫事前测验,是指在实验前实验者为了了解被试的某些特质的现有水平而对被试进行的测验。通过前测,研究者可以了解被试的某些特质水平,从而为采取有针对性的干预措施提供依据;也可以为被试的选择和分组提供依据;还可以用来和后测进行比较,以求出自变量作用于被试所引起的变化量,从而得到证明或拒绝假设的证据。前测在教育实验研究中具有重要的作用,但并非所有的实验研究都需要前测。

1. 实验前测的必要性

一般来说,实验的目的有两种:一种是通过实验来判定一个或多个实验因素的效果如何;另一种是通过实验来比较两个或多个实验因素的优劣。如果一个实验的目的在于判定某一实验因素的效果,由于实验因素效果的大小是以实验的后测和前测的差值为指标来评判的,也就是说必须求出实验因素作用下被试所引起的变化量,如果没有前测,就无法求出这个变化量。那么,这种实验必须进行前测。如果一个实验的目的在于比较几个实验因素的优劣,而且对被试采用了随机分组,就可认为在实验开始时,实验组被试和控制组被试在所研究的特质上是相等的,只需要对实验的后测结果进行检验处理,就可判定实验因素的优劣。那么,这种实验可以不进行前测。

2. 实验前测的种类

(1)按照一个实验中前测项数的多少,可把前测分为单项前测和多项前测。
(2)按一项测验所测特质的多少,可把前测分为单质前测和综合前测。
(3)按前测所测的内容来分,可分为学科测验、智力测验、特殊能力测验和人格测验。

3. 前测时对变量的分析及确定

变量的分析步骤是全面分析教育实验中涉及的实验自变量、无关变量和因变量。首先要明确实验的自变量和因变量。实验的因变量是随着实验目的的确定、假设的提出而明确的。确定实验自变量主要抓住两个问题:一是自变量的个数,若提出的假设,认为导致结果的原因只有一个,但在前测时发现除此之外还有其他的影响因素,便要在正式实验时改变因变量的个数,或是依据不同条件进行合适的分组;二是实验中自变量的具体化,即在实验前测时,对实验自变量做出操作性定义,以便操控自变量。

(二)实验的分组

实验进行的各个环节、实验对象、实验时间和场所的安排都是影响实验结果的因素,因此必须有计划地对无关变量进行控制,尽量避免各种干扰因素的影响,以保证实验结果的有效性。通常我们采用分组实验来控制其他无关变量,实验者按照一定的方法,把选择出的被试分成若干个相等的组。它是实施实验的一项重要准备工作,而这里所谓的"相等"是指各被试组在某些特质上的相等,并非在所有的特质上都相等。

(三)实验情境的控制

实验情境,简单地说就是在一定控制条件下的实验环境,是实验者根据实验目的的要求,来操纵实验因素,有效地消除、平衡或排除非实验因素的影响。实验情境的控制决定着实验的内在效度,即实验归因的正确性或实验结论的可靠性。所以,实验者在控制实验情境时,还要把握好控制度,使其控制性和自然性处于最优化结合点上,以保证实验既有较高的内在效度,又有较高的外在效度。

教育实验情境的控制有以下三种基本方法。

1. 消除法

消除法就是在实验过程中,采用一定的措施,避免非实验因素的发生,是一种"防患于未然"的控制方法。在运用消除法时,首先要估计到可能会发生的非实验因素有哪些,然后对非实验因素进行分析,看哪些是可以消除的非实验因素,采取严密的控制措施来避免这些非实验因素的发生。

2. 均衡法

在实际实验过程中,大多数的非实验因素却是无法消除的。若消除,实验则无法进行。这样,实验者就要采取其他方法进行控制。均衡法就是控制教育实验情境的最基本、最常用的方法。所谓均衡法就是在实验中,使某一个或几个非实验因素在实验组和控制组产生相同的影响。这样,可以使非实验因素所产生的影响在实验组和控制组的对比中相互抵消,从而把实验因素的效果凸显出来。

3. 测量减除法

在教育实验中,往往有些非实验因素,既不能用消除法避免其发生,又不能用均衡法来平衡,这时就要把这些非实验因素的影响测量出来,在计算实验因素的效果时,将其扣除,这就是所谓的测量减除法。在应用测量减除法时,往往要增加一个控制组,使它在与其他组的比较中突出某一非实验因素的影响效果。

(四)实验的后测

在教育实验中,想要了解实验因素所带来的效果,就必须进行教育实验的后测。所谓实验的后测,是指实验者为了了解被试在实验因素实施之后在实验研究特质上的现有水平,而对被试进行的测验,它是和实验的前测相对而言的。和实验的前测一样,实验的后测也必须是关于实验所研究特质的测验,有时也包括对与实验所研究的特质密切相关的其他特质的测验。

(五)实验的记录

教育实验的过程和实验的情境极其复杂,因此,实验记录的内容也是多方面的,包括实验进行的每一步工作,被试的每一个变化,实验中出现的问题及改进办法,实验测验的结果等。实验记录大致分为两类:一类是数据材料,主要指实验班、控制班人数,前测、后测的成绩以及其他有关的数字材料;另一类是事实材料,主要是指实验进行的过程,实验中出现的问题,被试在实验因素或非实验因素的作用下发生的变化,以及实验教师的行为表现等。

三、教育实验的后续处理

(一)统计分析

教育实验结果的统计分析就是运用统计分析方法对教育实验的结果予以科学的计算、分析和解释。它是教育实验中非常重要的一个环节。一个实验完成以后,若不进行统计分析,就不能得出令人信服的结论,就不能提高科研成果的价值。在进行数据分析时,尤其要注意各种统计方法的使用条件。

对于教育实验研究的结果,既可以进行定性的分析,也可以进行定量的分析,还可以二者互相补充,紧密结合。通过数据分析,我们可以从量上判断自变量的操纵是否对因变量有显著影响。统计结果可以验证研究者前期假设的因果关系是否成立。如果统计检验表明,在所检验的各组之间存在统计学意义上显著的差异,且实验设计严密,则可以推断自变量的操纵是导致因变量的原因。

(二)得出结论

做出统计结果后,还必须参考过去的研究和理论进一步对结果进行解释,实验结果是否支持实验开始的假设?该结果与过去的研究一致吗?它与该领域现有的理论结构是否契合?如果回答不是十分肯定,那么是应该调整我们的解释,还是应该修改现有的理论?研究者对于获得的结果,必须坚持实事求是的态度:实验结果是否证实了假设?证实了假设的哪些内容?是否存在与假设相互矛盾的内容?在得出结论时,研究者一定要持有谨慎的态度。

(三)撰写实验报告

实验报告的撰写是教育实验研究过程的最后一步,它是教育实验成果的文字表述形式,是实验研究的总结,也是实验成果交流、评价及推广的基础。撰写实验报告要注意下面的事项:第一,要以陈述事实为主;第二,要进行定性和定量的分析;第三,应遵循撰写报告的常规,先草拟出提纲,筹划好实验报告的框架或结构,考虑每一部分陈述些什么内容,穿插哪些图表和数据;第四,要持以严肃认真的态度,报告中的事实和数据要确凿无误,分析要客观公正,实验结果要真实可靠。

(四)分享报告

分享报告一般是通过学术会议或者专业期刊发表文章。与他人分享实验报告时,实验报告一般呈现的构成部分包括:题目、署名、前言、实验的目标和原则、实验的内容(或称实验的因素)、实验的过程和方法、实验的结果与分析、讨论、参考文献及附录。

(五)提出新问题

当研究者对自己的实验结果与已有的研究和理论之间的关系进行思考的时候,与他人分享研究结果并得到别人的反馈的时候,新的研究想法就会不经意地呈现出来,为什么研究结果不像预期那样精确?是不是有未加控制的额外变量?如果用不同的方式操纵某些变量,会有什么结果?在研究中越是投入,发现的可研究的问题就越多。一个研究过程的结束将是另外一个新研究的开始。

四、教育实验法的注意事项

(一)教育实验准备期注意事项

(1)教育实验要体现正面教育性。
(2)被试必须保持正常状态。
(3)必须认真考虑所采用的手段和技术会不会产生不科学的结论。
(4)进行试探性的实验。

(二)教育实验实施注意事项

(1)实验前测时必须测出实验所研究的特质;要尽量采用标准化测验;测验人员要尽量避免一切偏向的发生;前测时要妥善安排座位,防止考试作弊。
(2)实验的后测要在停止实施实验因素后立刻进行,后测和前测必须是同质测验,保证后测和前测分数的同值性。
(3)实验记录时要注意实验记录的客观性、全面性、及时性。

(三)教育实验结果处理注意事项

(1)实验的方法应该能更准确地显示出实验效果。
(2)实验的方法应有利于实验结果的推广。

本章要点小结

(1)教育实验研究法是教育研究的一种基本方法,其特征表现在:揭示教育现象或教育行为之间因果关系的过程;主动操作自变量,控制无关变量;具有随机性;具有可重复性;以教育实践为基础的一种特殊的实验活动;具有教育性、开放性和社会性。

(2)教育实验法可分为三大类:前实验、准实验和真实验;探索实验、改革实验和验证实验;单项实验、综合实验和整体实验。

(3)教育实验设计具有以下几部分内容:①明确的实验目的;②恰当的实验方法;③合适的实验对象;④适宜的实验时间、场所范围、材料和人员。

本章思考题

(1)一个好的教育实验的基本特征是什么?

(2)要在某学校开展新的教学方法教育实验研究,应该如何操作?应注意哪些问题?

(3)结合自己专业领域自定主题,采用教育实验研究方法设计并进行一项研究。

第七章　教育统计研究

在终极的分析中，一切知识都是历史；在抽象的意义下，一切科学都是数学；在理性的基础上，所有的判断都是统计学。

——C. R. 劳《统计与真理——怎样运用偶然性》

【学习目标】

（1）了解教育统计学中的基本概念。
（2）学习并掌握描述性统计法的基本概念以及实施方法。
（3）学习并掌握推断性统计法的基本概念以及实施方法。

依据《国务院关于深化考试招生制度改革的实施意见》，湖北省推行自2018年秋季入学的高一学生开始实行新高考方案，确定自2021年起实施"3+1+2"高考模式。该省中学化学教学指导委员会为了更好地了解高中生高考选考化学的意愿，对比进行了相关调查。针对这一问题，直接调查全省每一位高中生选考化学的意愿显然是不现实的，那么如何花费最少的人力、财力、物力就能得到可靠的结论呢？

研究人员运用教育统计研究轻松地解决了该问题。那么，什么是教育统计研究？又有哪些类型？本章将为您介绍有关教育统计研究的知识。

```
                            ┌─统计学中的基本概念─┬抽样
                            │                    └信度与效度
          ┌─教育统计研究─┼─描述性统计法─────┬数据的收集与整理
          │                │                    └典型量数
                            └─推断性统计法─────┬推断性统计法的内涵
                                                 └常用的统计方法
```

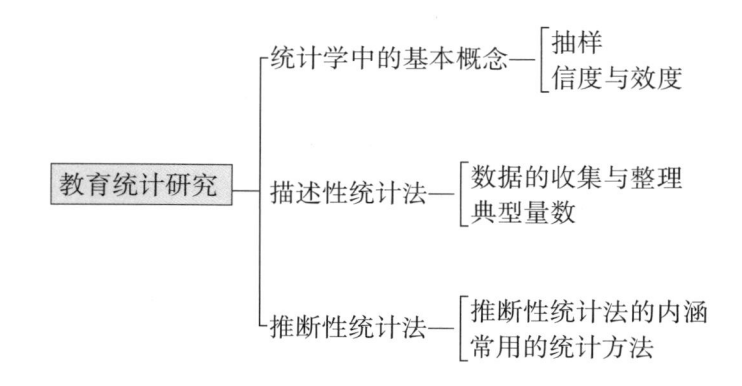

第一节 统计学中的基本概念

在进行教育教学实验以及科学研究的过程中,会运用到多种研究方法,其中教育统计对推进教育科学研究、科学决策、科学管理起着重要作用。教育统计研究的方法可以分为描述性统计法和推断性统计法两种。教育统计研究能够为教育科学研究提供科学思想方法,为教育教学实验提供理论知识,为教育实践工作提供科学管理方法,为学习其他相关学科打下基础。教育统计研究需要基于统计学进行研究,因此本小节将对统计学中的基本概念进行阐述。

一、抽样

在教育统计研究中会涉及样本抽样的问题。样本抽样从某种意义上来说是运用某种特定方式从研究对象总体中选择一定量的研究对象作为最终研究样本的过程。一般来说,样本抽样主要分为两种:概率抽样和非概率抽样。

(一)概率抽样

概率抽样是指总体中每一个个体被抽中的可能性相等,遵循统计学中的随机性原则。这种随机性使得概率抽样可以减少很多无关因素的影响,有助于验证因变量与自变量间的关系。概率抽样包括:简单随机抽样、系统抽样、分层抽样、整群抽样等。

1. 简单随机抽样

简单随机抽样是指总体中每一个个体被抽到的机会都相等,且任何个体被抽到的机会是独立的。简单随机抽样的方法主要包括抽签法和随机数法两种。

抽签法是比较常用的方法,适合样本数较小的抽样。例如,如果从一个班55名学生中随机抽取5名学生,可以使用抽签法。具体操作:将所有学生的名字或编号写在小球上,放在不透明的盒子里,充分混合后从中随机抽取5个小球。

随机数法利用随机数表进行抽样。采用随机数法抽样时,需要对所有个体进行编号,然后在随机数表上随机确定第一个数的纵横位置,接着由第一个数按照事先确定好的规则选取数字。最后,从所有被编号的个体中抽取与数字对应的个体。

2. 系统抽样

系统抽样又称等距抽样。首先对每一个个体进行编号,然后确定分段间距。分段间距等于总体数量除以样本量。随机确定第一个个体编号,依次按照分段间距抽取样本,直至获取整个样本为止。

例如,从包含600个个体的总体中抽取30个样本,先从1开始编号,600/30=20,从1~20中随机抽样,确定第一个个体编号,如随机选取5号,接着依次按5+20=25,25+20=45,…选取30个相应编号的样本。

3. 分层抽样

如果总体由不同类型的个体组成,存在明显的差异时,面对这种情况就需要使用分层抽样。分层抽样又被称为分类抽样,先将总体分成互不交叉的层次或类别,然后按照一定比例,从各层次或类别中随机抽取一定数量的个体作为样本。在进行分层抽样时需要遵循两个原则:一是随机化原则,从同质性高的总体中抽取要随机;二是按一定比例,可以按同一个比例从不同层次或类别中随机抽取,也可以按不同比例从不同层次或类别中随机抽取。

4. 整群抽样

整群抽样与简单随机抽样相似,只是抽取的不是单个个体,而是随机抽取自然形成的群,例如一个班级或一所学校。在教育统计研究中,整群抽样会用得较多,因为以班为单位进行随机抽取可以获得大样本。整群抽样适合于需要大样本且"群"与"群"之间的同质性较高的研究。

(二)非概率抽样

非概率抽样也可以称为非随机抽样,它与概率抽样相反,不遵循随机化原则。当研究者在社会上进行大规模的教育调查时,通常进行的是非概率抽样。例如,需要研究留守儿童的父母,但没有一份现成的名单进行抽样。因此,非概率抽样是可用的唯一选择。非概率抽样主要有方便抽样、目的抽样、滚雪球抽样等类型。

1. 方便抽样

方便抽样是研究者依据方便的原则和研究目的,自行选择研究对象样本。例如:研究者在公园、商店等公共场所拦人进行调查。方便抽样有简便易行的优点。

2. 目的抽样

目的抽样也被称为判断抽样,是研究者根据自己的判断抽取那些最适合研究目的的研究样本。目的抽样的代表性受研究者判断的影响较大,若要使目的性抽样的代表性较高,就要求研究者必须对自己的研究领域很熟悉。

3. 滚雪球抽样

滚雪球抽样即先收集目标群体中少数成员的资料,而后再询问这些成员的有关信息,找出他们认识的其他属于总体的部分成员的抽样过程。当研究总体的成员难以找到时,滚雪球抽样是比较有效的抽样方法。

二、信度与效度

教育统计研究中测量的信度与效度对于研究的意义重大。信度与效度是相互联系的,既有效又可信的测量才是好的测量。

(一)信度

信度是指测量的一致性与稳定性。如果每次测量获得的数据相似,就可以认为数据是可信的。

信度的测定方法主要有重测信度、复本信度和内部一致性信度等三种。

1. 重测信度

对一组群体用量表实施测验,间隔一段时间再实施同一测验,对两次结果做相关性分析。若相关系数越大,则重测信度越高。

2. 复本信度

对一组群体实施两个不同的测验,测定的是两个测验的相关关系。根据两项测验的得分做相关分析,得出的系数为信度系数。

3. 内部一致性信度

测验内部各个题目之间的一致性,主要包括分半信度和同质性信度。分半信度是将一个测验分两半,进行两组测验,对两组测验的结果做相关性分析,得出的相关系数为信度系数。同质性信度测验内部各题目之间的相关性。

(二)效度

效度是指研究结果的正确度和可推广程度。研究结果的正确度反映的是内部效度,研究结果的可推广程度反映的是外部效度。

1. 内部效度

一项好的教育统计研究需要具有较好的内部效度。影响内部效度的因素主要包括研究样本的选取,测验工具的效度,数据的统计与分析过程的科学性。因此,需要综合考虑研究样本的代表性、覆盖率、样本容量等因素,另外还应考量问卷或量表等的效度,注重分析的客观性与科学性。要提高研究的内部效度,就需要科学的研究设计,随机抽取研究样本,控制无关变量,降低或消除无关变量对因变量的影响。

2. 外部效度

一般来讲,外部效度越高,研究的可推广性越好。每一项研究都有其特定的研究情境与研究对象,为了提高研究的外部效度,研究者应尽可能地考虑研究情境和研究对象的普遍性。在具体的研究中,研究者可以通过使研究情境更接近现实生活或者在多元化的群体中寻找研究对象来达到提高外部效度的目的[①]。

拓展阅读

统计分析资料的整理

统计整理,就是根据研究任务的要求,对实验研究所收集到的原始资料进行科学的加工整理,使之条理化、系统化,把反映总体的大量原始资料,转化为反映总体的基本统计指标的过程。统计整理的步骤由内容来决定,大体分为以下几个步骤。

(一)设计统计整理方案

整理方案与调查方案应该紧密衔接。整理方案中的指标体系应与调查内容一致,或者是其中的一部分,绝不能矛盾、脱节或超越调查内容的范围。统计整理方案是否科学,对于统计整理以及统计分析都是至关重要的。

(二)对调查资料进行审核、订正

在汇总前,要对调查得来的原始资料进行审核,审核它们是否准确、及时、完整,发现问题应加以纠正。统计资料的审核也包括对整理后次级资料的审核。

(三)进行科学的统计分组

用一定的组织形式和方法,对原始资料进行科学的分组,是统计整理的前提和基础。

(四)统计汇总

对分组后的资料,进行汇总和必要的计算,让反映总体单位特征的资料转化为反映总体数量特征的资料。

(五)编制统计表

统计表是统计资料整理的结果,也是呈现统计资料的重要形式之一。根据研究的目的可编制各种统计表。

---

① 刘良华.教育研究方法[M].上海:华东师范大学出版社,2014.

第二节 描述性统计法

描述性统计是教育统计学的内容之一,利用统计学的方法和原理对所收集到的数据资料进行加工整理,通过图示、列表、典型量数等手段对数据资料进行分析和描述,旨在将数字资料进行整理、归纳,以展现事物的全貌以及分布特征。本小节将从数据的收集与整理、典型量数两方面介绍描述性统计在教育统计法中的应用。

一、数据的收集与整理

数据的收集与整理是统计工作的首要环节,因为这关乎数据的真实性、有效性以及数据整理后是否直观等问题。

(一)数据的收集

教育研究中数据的收集是统计整理和分析的基础,是统计工作中的重要环节。倘若数据收集不准确、不完整,就会使教育研究的结论存在偏差。

1. 数据来源

数据来源主要有两方面:经常性资料,即日常工作记录和统计报表等文字记载的资料,例如学生各科成绩记录,学校经费使用情况记录等;专题性资料,即通过专题性的教育调查和实验所获得的资料,例如通过对学龄儿童的调查,了解小学整体教育改革的实验资料等。

2. 数据种类

数据可分为两类:计数数据,即计算个数的数据,一般取整数,如人口数、学生数等;测量数据,即借助于一定的测量工具或依据一定的测量标准而获得的数据,如身高、体重等。

3. 数据统计分类

数据的统计分类按照研究对象的本质特征,以研究目的、任务的需要为依据,以及统计分析时所用统计方法的可能性,将数据进行分组归类。分类所依据的特性称为分类的标志,通常分类标志按照形式划分,可分为"性质类别"(按事物的不同性质进行分类,如将学生分为男生与女生两类)和"数量类别"(按数值大小进行分类,并排成顺序)两种。

(二)数据的整理

数据整理是指在进行分析统计前,将已收集的数据进行整理,通过归纳、制表、绘图等初步的整理工作,使原始数据以直观、形象以及简单、系统的形式反映数据分布的面貌和特征的过程。

1. 统计表

统计表是数字资料的一种重要表现形式,它能够以表格形式显现统计指标和说明事物之间的数量关系,并且能够将大量数据的分类结果清晰表示出来。统计表通常分为"简单表"(只列出观测对象的名称、地点或统计指标名称的统计表)、"分组表"(只按一个分类标志分组的统计表)和"复合表"(按两个或两个以上分类标志分组的统计表)三种,如图7-2-1到7-2-3所示。

表7-2-1　2009—2018年以"概念图"和"化学"为主题的论文篇数统计(简单表)[①]

年份	2009	2010	2011	2012	2013	2014	2015	2016	2017	2018
篇数	13	19	14	14	17	31	30	41	51	38

表7-2-2　2009—2018年以"概念图"和"化学"为主题文献的关键词的频次表(分组表)[②]

关键词	高中化学	初中化学	化学教学	化学知识	应用	高中化学教学	化学概念	教学策略	应用研究	化学学习
频次	73	28	26	16	13	12	11	10	9	8

表7-2-3　2017年本科生《计算机在化学中的应用》的教学内容及学时安排(复合表)[③]

教学内容	学时分配		小计
	上机课	理论课	
①化学绘图及数据分析(Origin)	4	8	12
②化学编辑排版(ChemOffice、MathType等)	2	4	6
③文献检索(文献和物性数据库)	4	2	6
④文献管理(EndNote)	2	2	4

2. 统计图

统计图即利用几何图形来表示统计事项数量关系的图形,既是统计资料整理结果的基本表现形式,也是教育统计分析的重要工具。统计图在教育统计研究中能够以整齐简明的图形表现所研究对象的特征、内部结构以及相互关系等。

(1)统计图的分类。

统计图按照图形表现形式,可分为三类。

---

① 李慧敏,鲁静,张文华,等.概念图在化学教学中应用的中外研究对比——基于CiteSpace的知识图谱可视化分析[J].化学教育(中英文),2021,42(5):97-103.

② 张光彦,安俊健,王鹏.基于平台统数据的课程教学改革探索——以《计算机在化学中的应用》为例[J].教学研究,2019,42(4):79-83.

①几何图:利用几何的形与线表示统计资料的图形,如曲线图、条形图、平面图等。

②象形图:利用统计事项本身的形象画出来表示统计资料的图形。其实质上是几何图的变形,也是以图像的长短、大小进行图示资料的比较,用以表明所研究事项的对比关系。

③统计地图:在地图上利用不同的色彩或浅纹的图饰来表现不同的统计资料的图形,是专门用来表示统计事项的数量在地域上的分布状况。

(2)常见的统计图。

以下将介绍在教育研究中,比较常见的统计图。

①条形图:即用相同宽度的矩形来比较图示指标数值大小的图像,是最常用的表现同类指标的对比关系,条形图的排列分为横排(带形图)和纵排(柱形图);此外从图示现象的种类上分,主要有单式条形图、复合式条形图和分段条形图。如图7-2-1到图7-2-4所示。

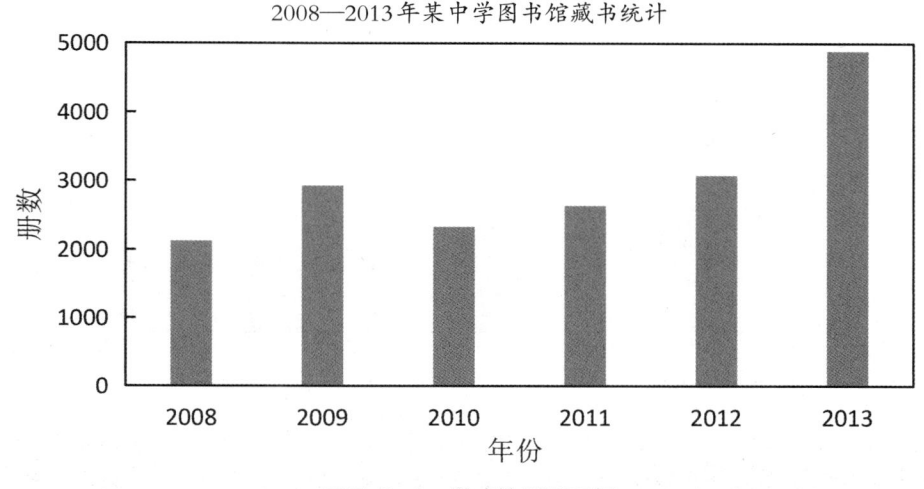

2008—2013年某中学图书馆藏书统计

图7-2-1 纵式柱形图示例

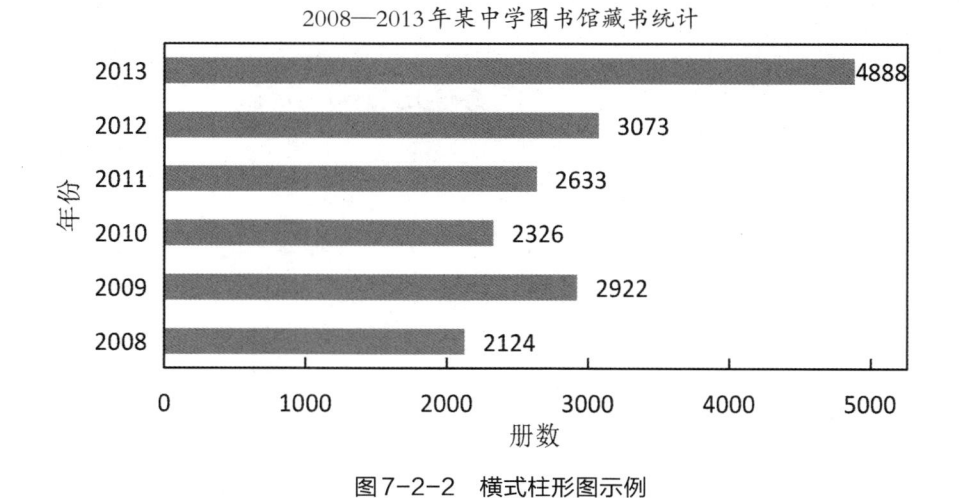

2008—2013年某中学图书馆藏书统计

年份	册数
2013	4888
2012	3073
2011	2633
2010	2326
2009	2922
2008	2124

图7-2-2 横式柱形图示例

某中学初中毕业班级数学、物理成绩统计

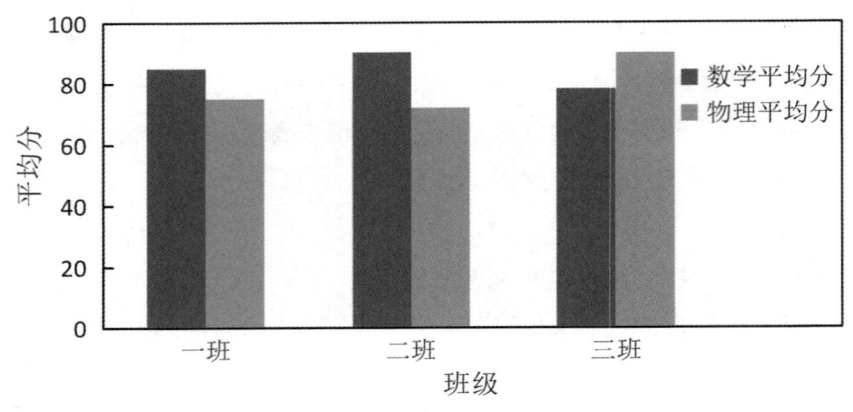

图7-2-3　复合式条形图示例

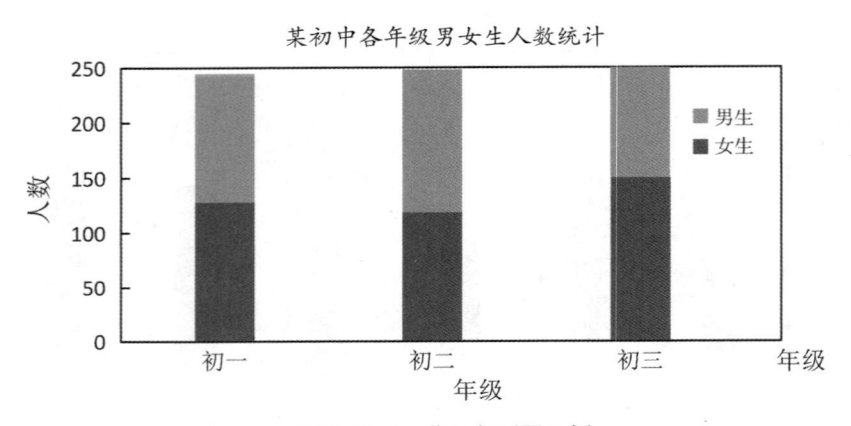

某初中各年级男女生人数统计

图7-2-4　分段条形图示例

②圆形图：即用圆形内扇形面积的大小来说明总体结构的图形。整个圆形代表所统计事项的总体，把圆分成若干个扇形，每一扇形表示被研究总体的各个组成部分。如图7-2-5所示。

某年某月我国上网用户每周上网总时间统计

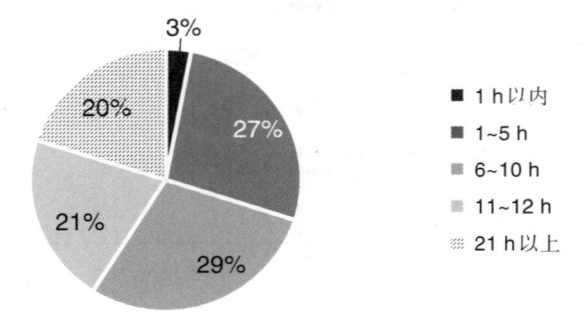

图7-2-5　圆形图示例

③曲线图：即用曲线的升降来表示统计资料的数值变动的图形。曲线图能描绘统计事项总体指标的动态、研究对象间的依存关系以及总体各单位的分配情况等。曲线图分为动态曲线图、依存关系曲线图和次数分布曲线图等。如图7-2-6所示。

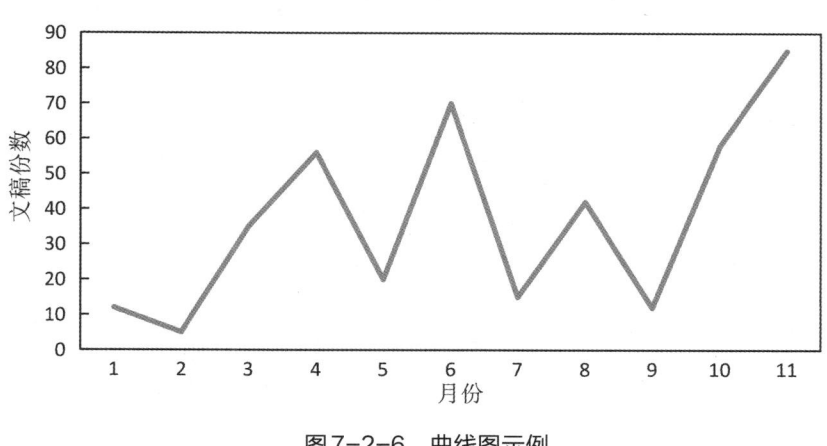

某公司1—12月打印文稿的份数统计

图7-2-6　曲线图示例

④直方图：即用来描述连续变量频数分布的统计图，直方图属于连续型变量的统计图。在用直方图描述连续变量的频数分布时，应先对变量进行取值，并计算各组的频数，然后用各组的上下端的矩形面积表示各组频数。如图7-2-7所示。

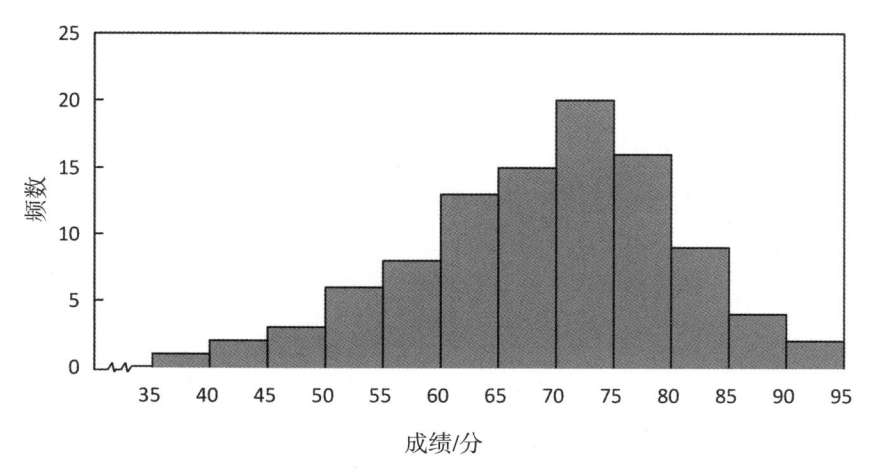

九年级100名学生化学测验分数的频数分布

图7-2-7　直方图示例

二、典型量数

在数据整理中，统计图与统计表能够显示数据分布的诸多特点，但为了能获取更确切的信息，需对数据做进一步分析，即通常需计算两类统计量数，一类是集中量数，另一类是差异量数。

（一）集中量数

集中量数即描述数据典型水平或集中趋势的一类数学量，它是数据的代表，能反映数据的水平。常见的集中量数有算术平均数、中位数、众数等。

1. 算术平均数

算术平均数是数据总和与总个数的商值，简称为"均数"或"平均值"，以 $\bar{X}$ 表示，其基本公式为 $\bar{X} = \dfrac{\sum\limits_{i=1}^{N} X_i}{N}$，式中 $\bar{X}$ 为一组数据的算术平均数；其中 $\sum\limits_{i=1}^{N} X_i = X_1 + X_2 + X_3 + \cdots + X_n$ 为所有数据总和，N 表示数据总个数。算术平均数适用于同质数据，且该组每个数据均较准确，无极值存在。算术平均数的算法有简单算术平均和加权算术平均两种。简单算术平均数的算法即为基本公式算法，而加权算术平均数略有不同，即指一组数据中每个数据与其权数乘积的总和除以权数总和所得之商值，用 $\bar{X}_W$ 表示，其计算公式如下：$\bar{X}_W = \dfrac{\sum\limits_{i=1}^{n} W_i \cdot X_i}{\sum\limits_{i=1}^{n} W_i}$，式中 $\bar{X}_W$ 表示加权算术平均数；X_1、$X_2\cdots$ 为原始数据；W_1、$W_2\cdots$ 为每一组数据对应的权数。

2. 中位数

中位数是一组有序数据中间位置的量数，简称"中数"，以 M 表示。中数适用于数据中存在极值，或数据两端个别数据模糊不清，或需快速估计一组数据的代表值的情况。中位数算法有未分组数据中数法和分组数据中数法两种。（1）未分组数据中位数算法，先将数据按大小顺序排列，再确定中位数，其中要关注数据的个数为奇数还是偶数，当数据为奇数时，则将第 $\dfrac{n+1}{2}$ 个位置处的数据作为中位数；（2）分组数据中位数算法，由于分组数据 n 值较大，故将 $\dfrac{n}{2}$ 处的数据视为中位数，其计算公式为 $M = L + \dfrac{\dfrac{n}{2} - \Sigma fL}{f_m}(i)$，式中 M 为中位数，L 为中位数所在组的精确下限，ΣfL 为中位数所在组下限以下的累计次数，f_m 为中位数所在组的频数，i 为组距，n 为变量的总个数。

3. 众数

众数是一组数据中出现次数最多的量数，用符号 M_0 表示，其求法分为两种。（1）直接观察法，即当数据较少时，可直接观察出一组数据中出现次数较多的数据，则该数据为众数；（2）公式计算法，该法又分为两种：①金氏插补法，②皮尔逊经验法。

①金氏插补法适用于原始量数已分组归类,其计算式如下:

$$M_0 = L_b + \frac{f_a}{f_a + f_b}i$$

式中:M_0——众数;

L_b——众数所在组的精确下限;

f_a——众数所在组上一组对应的次数;

f_b——众数所在组下一组对应的次数;

i——组距。

②皮尔逊经验法是由英国统计学家卡尔·皮尔逊(Karl Pearson)根据多年的经验总结出来的方法。其内容表述为一组量数的平均数和中位数求出后,若是正态分布(对称分布),则众数、平均数、中数相同;如为非正态分布(微偏态分布),众数、平均数、中位数存在以下经验公式:

$$(Md_n - \overline{X}):(M_0 - \overline{X}) = 1:3$$

$$M_0 = 3Md_n - 2\overline{X}$$

式中:Md_n——中位数;

M_0——众数;

$\overline{X}$——平均数。

4. 其他集中量数

①几何平均数:指将几个量数连乘之积再开 N 次方后所得的根,用 G 表示。计算式如下:

$$G = \sqrt[n]{(x_1 \cdot x_2 \cdot \cdots \cdot x_n)} = \sqrt[n]{(\Pi x)}$$

式中:x——各个变量值;

n——变量值个数;

Π——连乘符号。

②调和平均数:指各量数倒数的算术平均数的倒数,用 H 表示。计算式如下:

$$H = \frac{N}{\frac{1}{X_1} + \frac{1}{X_2} + \frac{1}{X_3} + \cdots + \frac{1}{X_n}} = \frac{N}{\sum \frac{1}{X}}$$

(二)差异量数

差异量数包括绝对差异量数、相对差异量数和相对位置量数三类,用于描述一组数据的变异程度或离散程度。通常而言,差异量越大,表示数据分布的范围越广,越不整齐;差异量越小,表示数据分布越集中,变动范围越小。常见差异量数为方差、标准差、平均差等。

1. 绝对差异量数

(1)极差。

极差即一组数据中的最大值与最小值之差,是粗略衡量一组数据分散程度的度量值,又可称为"全距",用 R 表示。计算式为:

$$R = 最大值 - 最小值。$$

(2)方差。

方差即一组数据中每个数据与该组数据的平均数之差的平方,求和再除以数据总个数,用 σ^2 表示,其计算公式为:

$$\sigma^2 = \frac{\sum(X-\mu)^2}{N}$$

式中:X——原始观测值;
μ——总体平均数;
N——观测值个数。

(3)标准差。

标准差即方差的平方根,计算公式为:

$$\sigma = \sqrt{\frac{\sum(X-\mu)^2}{N}}$$

式中:X——原始观测值;
μ——总体平均数;
N——观测值个数。

(4)平均差。

平均差即次数分布中所有原始数据与平均数距离的绝对值的平均,通常用 AD 表示。

2. 相对差异量数

(1)差异系数。又称为"变异系数",是一种相对差异量,用 $C.V$ 表示,计算公式如下:

$$C.V = \frac{\sigma}{\overline{X}} \times 100\%$$

式中:σ——标准差;
$\overline{X}$——平均数。

差异系数适用于以下几种情况:①两个或两个以上样本所测的特质不同;②两个或两个以上样本所测的特质相同,但样本间的水平相差较大。

(2)四分位差系数即四分差与 Q_1 和 Q_3 平均数的百分比,用 $Q'.D'$ 表示,计算式如下:

$$Q'.D' = \frac{Q.D}{\frac{Q_3 + Q_1}{2}} \times 100\% = \frac{Q.D}{Md_n} \times 100\%$$

或 $Q'.D' = \dfrac{Q_3 - Q_1}{Q_3 + Q_1} \times 100\%$

式中：$Q'.D'$——四分位差系数；

$Q.D$——四分位差；

Q_3——第三四分位数；

Q_1——第一四分位数；

Md_n——中位数。

(3)平均差系数的算法：若平均差是由根据平均数求得的，则平均差系数就是平均差与平均数的百分比，用$V_{A.D.}$表示。计算式如下：

$$V_{A.D.} = \frac{A.D.}{\overline{X}} \times 100\%$$

式中：$A.D.$——平均差；

$\overline{X}$——算术平均数。

(4)标准差系数即标准差与算术平均数的百分比，用V_σ表示，计算式如下：

$$V_\sigma = \frac{\sigma}{\overline{X}} \times 100\%$$

式中：σ——标准差；

$\overline{X}$——算术平均数。

3. 相对位置量数

(1)标准分数即原始数据与其算术平均数之差除以标准差之商。其含义是：以平均数为标准，以标准差为单位，表示一个数据在整体中的相对位置，用z表示。其计算式如下：

$$z = \frac{x_i - \bar{x}}{\sigma}$$

式中：z——标准分数；

$\bar{x}$——原始数据算术平均数；

σ——原始数据标准差。

(2)百分等级：指一组有序数据中，小于某一数据的总个数占所有数据的总个数的百分比，用P_R表示，在教育统计中，常用百分等级表示一个数在总体中的相对位置。百分等级越低，个体在总体中所处的地位越差。其计算式如下：

$$P_R = 100 - \frac{100R - 50}{N}$$

式中：P_R——百分等级；

R——给定数据在从小到大排列的总体数据中的名次；

N——数据的总个数。

第三节　推断性统计法

在教育研究中，教育统计的思想和方法渗透其全过程。其中，推断性统计法在教育实证研究中发挥着重要的作用。学会使用推断统计法，可帮助教育科学工作者在教学研究中更方便、快捷地进行调查、实验、处理和分析数据。

一、推断性统计法的内涵

在教育研究领域，由于研究的复杂性和群体的差异性，研究者不可能对所有的研究对象逐一进行观测和调查，通常都是从总体中抽出部分个体作为样本，因此推断性统计法应运而生。

（一）定义

推断性统计，也称为推论统计（inferential statistics），是指按照随机原则，从总体中抽取一部分个体作为样本，对其进行观察或计算，并运用数理统计的方法，根据观察或计算的样本指标值，来推断总体在一定概率保证下的相应指标值的统计分析方法。

（二）使用推断性统计法的前提条件

在统计推断中，我们是根据样本反映出的统计量去估计、推测总体特性，想要保证估计的精确度，就必须尽可能减小抽样误差。如果从一个总体中抽取的样本对总体的特性没有代表性，这个样本就难以有效地代表总体的分布特征。因此，推论统计的前提条件是通过随机抽样获取样本。

随机抽样，即当从一个总体中抽取若干个个体组成样本时，每个个体被抽做样本的机会均等，并且各个个体的抽取相互独立，任何一个个体是否被抽中与其他个体无关。随机抽样能保证每个个体被选入样本的机会均等和相互间的独立性，可以避免样本只来自总体的某一个部分，从而使得样本尽可能地与总体保持结构一致，保证样品对总体的代表性。

在随机抽样过程中，样本的容量大小也是影响代表性的重要因素。在保证其他条件相同的情况下，样本容量越大，抽样误差越小，当样本包括了总体中的所有个体时，抽样误差减小到零。

如果样本容量过小,会使抽样误差大大增加,降低对总体参数估计的精确性。因此,在实验条件允许的情况下,应当尽可能地增加样本容量,从而提高统计推论的准确性和可靠性。

(三)推断性统计法的研究内容

推断性统计主要研究如何通过局部样本数据所提供的信息,推论总体研究对象的情形。其主要研究内容有:从局部数据估计总体情况,对假设进行检验与估计,分析影响事物变化的因素,对两件事物或多件事物的差异进行比较等。

二、常用的统计方法

在统计方法中,在此简单介绍常用的三种统计方法,即 t 检验、变异数分析及卡方检验。主要是简单介绍其使用时机,详细的计算公式请参考专业的统计学相关书籍。

(一)小样本检验方法(t检验)

进行 t 检验的目的在于判定两组平均数的差异是否有显著水准。t 检验有以下先决条件:①样本取自随机抽样;②被比较的变项是连续变项;③母群体为常态分配;④两个母群体的变异数相等。依据研究设计的差异,可细分为独立样本(independent sample)和相依样本(dependent sample)两种,所用的统计方式亦有所不同。t 检验较常应用在样本可以分为两组的情况,例如,性别、高低分组等。

随堂讨论

对18名高一学生进行数学运算能力和化学计算能力测验,结果 $r=0.40$,学生的数学运算能力与其化学计算能力是否存在相关性?

解:设 $H_0:\rho=0$

$H_1:\rho\neq 0$

$$t = \frac{0.40}{\sqrt{\frac{1-0.40^2}{18-2}}} = 1.798$$

查表,$t_{0.05/2}=2.12$,$1.798<2.12$,不能拒绝 H_0,即不能推翻 $\rho=0$ 的假设。

答:这两种能力之间的相关性并不显著。

(二)变异数分析

当因变项只有一个,样本分为三组,或是自变项有两个的状况下,常用变异数分析(analysis

of variance，ANOVA)作为统计的分析方法。其中比较常用的统计分析有以下几项：单因子变异数分析、双因子变异数分析、共变数分析及多变项变异数分析。

1. 单因子变异数分析

单因子变异数分析(one-way ANOVA)，用在检验三组或以上的平均数差异。单因子变数分析有以下先决条件：①样本的资料是随机抽样获得的；②自变项为间断变项,因变项为连续变项；③母群体呈常态分配；④母群体的变异数相等。由于此种统计方法以 F 分配为判定基础,故亦称为 F 判定。

2. 双因子变异数分析

双因子变异数分析(two-way ANOVA)的目的是判定连续因变量如何受到两个因子(A 和 B)的影响,其中自变量的不同类别称为显著水准,当一个自变量有两个水准、另一个自变量有三个水准时,则称为 2×3 变异数分析。在双因子变异数分析中,每一个自变量会对因变项产生主要效果,也可以获得两个自变量之间的交互作用效果,当统计结果显示变量之间存在交互作用现象时,研究者就不需要将焦点放在主要效果上。

3. 共变数分析

共变数分析(analysis of covariance，ANCOVA)是研究者在进行实证研究时,不能用随机分配的方式分派受试者至各组,所以各组原本可能就有差异存在,因此使用统计控制的方法加以排除。共变数分析最常用在教学实证反面,研究者要了解经实验处理后实验组或控制组的后测成绩是否存在显著差异,即前测成绩为共变项,进行共变数分析。

4. 多变项变异数分析

单变项与多变项的差异在于因变项的数目,前者只有一个因变项,后者有两个以上。因此当变异数分析中因变项由一个增加为两个,即成为多变项变异数分析(multiple analysis of variance，MANOVA),共变数分析中的因变数由一个增加为两个时,即成为多变项共变数分析(multiple analysis of covariance，MANCOVA)。

(三)卡方检验[①]

卡方检验是对样本的频数分布所来自的总体分布是否服从某种理论分布或某种假设分布所作的假设检验。它适用于计数资料的检验。例如我们在某大学学生思想状况调查中,大部分遇到的是不宜用数量分类而只能按性质分类的资料,如性别分为男和女,态度分为好、中、差等,然后再分别计算各组别人数。对这种资料的统计检验就要用卡方检验,即卡方检验是事实次数与理论

---

① 范晓玲.教育统计学与 SPSS[M].长沙:湖南师范大学出版社,2019.

次数偏离程度的差异显著性检验。

卡方检验的条件是：①样本是用随机抽取得到的；②两个变量都具有定类的性质；③在卡方检验中，不需要考虑总体服从分布，只需要样本达到一定的容量。

卡方检验有以下四个步骤。

第一步：建立假设。

H_0：X 与 Y 不相关；

H_1：X 与 Y 相关。

第二步：计算期望次数 E_i 和 X^2 的值。

第三步：根据给定的显著水平 α 和自由度 $(r-1)(c-1)$ 查表得临界值 χ^2。

第四步：比较 X^2 与 χ^2，如果 $X^2 > \chi^2$，则拒绝 H_0，接受 H_1；否则接受 H_1，拒绝 H_0。

本章要点小结

(1) 统计学中的基本概念包括抽样、信度和效度。抽样主要有概率抽样和非概率抽样。信度主要有重测信度、复本信度和内部一致性信度。效度主要有外部效度和内部效度。

(2) 描述性统计法能够对大量杂乱无章的数据信息进行整理、归纳、概括，展现事物的全貌及其分布特征。

(3) 推断性统计方法能利用概率数字来判断某组（或若干组）数字之间存在某种关系的可能性，并由样本特征推断总体特征。

本章思考题

(1) 有 5 名学生，在 1 分钟之内分别能写钢笔字 6 个、9 个、12 个、12 个、15 个，这 5 名学生写钢笔字的平均速度是多少？若 5 名学生中有 3 名学生在 1 分钟内分别能写钢笔字 6 个、9 个、12 个，而另外两名学生一名用一分半钟写钢笔字 12 个，一名用两分钟写钢笔字 15 个，则这 5 名学生写钢笔字的平均速度是多少？

(2) 某校运动会，统计 17 岁学生 400 米跑的成绩，男生用时平均数为 92.5 s，标准差为 6.72 s，女生用时平均数为 117.0 s，标准差为 10.6 s，试比较该校 17 岁男、女生 400 米跑成绩的离散程度。

第八章　教育叙事研究

教育叙事研究的基本特点是研究者以叙事、讲故事的方式表达其对教育的理解和解释。

——郑金州

[学习目标]

（1）了解教育叙事研究的缘起与渊源、教育叙事研究的概念与属性、教育叙事研究的特点与价值。

（2）理解教育叙事研究的独特性，主动参与教育叙事研究活动，关注意义和价值的研究。

（3）掌握教育叙事研究的过程与方法、教育叙事研究的规范与要求、教育叙事研究的不足与限度。

化学教师刘老师从教多年，习惯于将自己的课堂教学以及班级管理书写为日记，并对其进行反复揣摩、反思总结，以寻求最佳的讲解方法和班级管理办法。自从接触到科研后，刘老师想尝试将自己日记中的典型教学事例写成自传，以传递自身的教学理念。教师在日常教育教学中，总会遇到一些意想不到的问题，记录这些问题的处理策略，并进行反思，以叙事的方式表现出来，这一表现形式就是教育叙事。

那么教育叙事有什么价值？

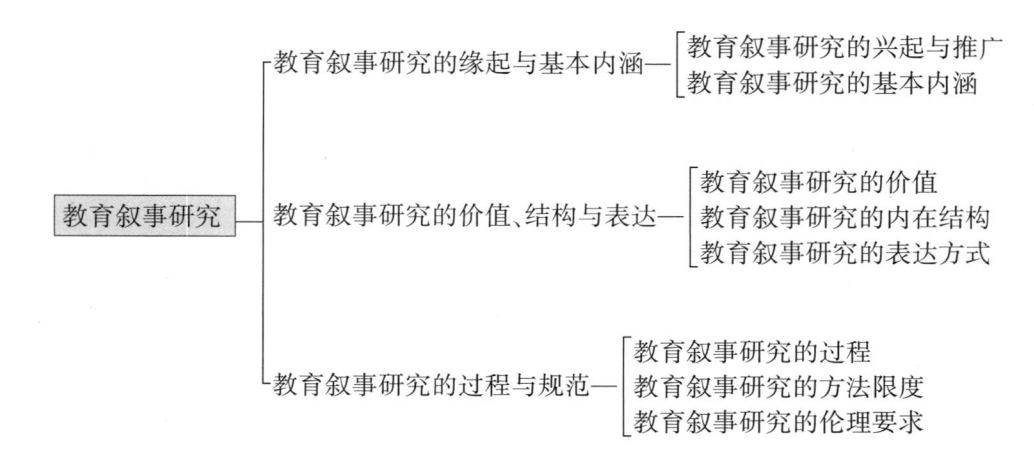

教育叙事研究 ─┬─ 教育叙事研究的缘起与基本内涵 ─┬─ 教育叙事研究的兴起与推广
              │   └─ 教育叙事研究的基本内涵
              │
              ├─ 教育叙事研究的价值、结构与表达 ─┬─ 教育叙事研究的价值
              │   ├─ 教育叙事研究的内在结构
              │   └─ 教育叙事研究的表达方式
              │
              └─ 教育叙事研究的过程与规范 ─┬─ 教育叙事研究的过程
                                          ├─ 教育叙事研究的方法限度
                                          └─ 教育叙事研究的伦理要求

第一节 教育叙事研究的缘起与基本内涵

一、教育叙事研究的兴起与推广

(一)兴起

教育叙事研究是指运用叙事研究方法在教育领域研究教育问题,它兴起于20世纪六七十年代,是西方教师生涯研究发展的成果。一方面受到社会科学研究中后现代主义或结构主义所提倡的向"解释学""语言学""现象学"研究转向的影响,另一方面,在心理学和社会学的影响下,提倡教师情境认知。叙事研究作为一种研究方法的理论假设是,人类作为能够讲述自己和倾听他人经验的有机体,可以通过叙事来反思自己,启发他人。

教育叙事研究是作为教师的一种研究方法出现在教育领域的,最早由加拿大的D. 简·克兰迪宁、F. 迈克尔·康纳利等几位课程学者倡导[①]。两位学者在20世纪90年代共同发表了论文《经验的故事和叙事研究》《作为课程计划者的教师:经验的叙事》及著作《叙事研究:质的研究中的经验与故事》,全面介绍了为什么要进行教育叙事研究、如何进行教育叙事研究、教育叙事研究的方向及他们与自己学生的具体故事,等等。简言之,教育叙事就是讲述自己的经验和故事。

20世纪90年代末,叙事研究进入我国,引发了我国教育研究者极大的兴趣。国内最早关注教育叙事研究的是丁钢教授,他主编的教育研究辑刊《中国教育:研究与评论》率先在国内倡导教育叙事研究,并陆续推出了加拿大著名教育学者许美德的《现代中国精神:知名教育家的生活故事》等教育叙事力作,教育叙事研究在中国日益受到关注。

教育叙事研究在中西方教育界引起了教师的广泛关注,这并非偶然现象。它的兴起有着深

---

① 卜玉华. 教师职业"叙事研究"素描[J]. 教育理论与实践,2003(6):44-48.

刻的社会背景。教师"科研兴校"的理念在实践中的开展以及现实教育生活中在职教师专业发展培训方式的效果不佳等因素不断促使着中国教育科研的转向。而在我国的教育研究中,中小学教师难以有足够的时间和精力对教育科学研究方法进行学习并加以掌握,能真正达到专业研究水平的教师是极为个别的。

(二)推广

教育叙事研究自20世纪90年代在我国兴起以来,已走过了近三十年的发展历程。从最初的无人问津到后来的普遍应用,教育理论界与教育实践界共同作出了努力。

1. 教育理论界对教育叙事研究的关注

自20世纪90年代中期,教育理论界便开始关注并介绍教育叙事研究。华东师范大学丁钢教授被称为"将叙事研究方法引进中国教育界的第一人"。他译介了加拿大学者康纳利、克莱丁宁"叙事研究"的文章,主编了以教育叙事研究为特色的辑刊《中国教育:研究与评论》,推出了我国第一套以教育叙事方式研究中国教育与社会历史实践的图文并茂的著作系列,对教育叙事研究与日常教育实践的关系、教育叙事研究的策略与方法进行了深入的论述,为教育叙事研究的推广奠定了理论基础。

华南师范大学刘良华教授被称为"教育叙事研究的倡导者"。他在《中国教育报》《人民教育》等报刊上发表了系列普及教育叙事研究的文章,对中小学教师撰写的大量教育故事给予了叙事研究方法层面的解读,其主持的"教育叙事研究"博客访问量突破千万,成为深受中小学教师欢迎的教育叙事研究的引领者。

许多学者也从方法论、研究价值、研究伦理、研究内容、研究局限等不同方面对教育叙事研究进行了探讨,加深了人们对教育叙事研究的认识,以越来越多的教育叙事研究成果确立了教育叙事研究的地位。

2. 教育实践界对教育叙事研究的运用

在教育理论界积极推动教育叙事研究的同时,教育实践界也积极将教育叙事研究作为教师校本培训和专业发展的重要手段。"道德叙事""教学叙事""教师生活叙事"等概念不断被人们提起,"教育日志""教学案例""教学后记"的素材日益丰富,中小学教师讲述自己的教育故事和经历的热情日益高涨,教育叙事的成果层出不穷。

朱永新主编了被称为"真正的中国的教育叙事研究"的"新教育文库·我的教育故事"丛书,记录了发生在"新教育实验"背景下一个个真实鲜活的教育故事。

李镇西在其主编的《新教师成长日记》中感慨道:"如果硬要说我和大家有什么不一样的话,那就是我对体现教育的爱、执着、困惑、幸福、方法、技巧的故事进行了一些思考,并把它们一点一滴地记载了下来,还写成了书。仅此而已!"

黎加厚率先将教育博客引入中小学教师培训,推动了基于Blog的教育叙事研究。他建立的"东行记"网站成为师生们喜爱的精神家园。而颇具教育叙事色彩的教育博客群的涌现,为普通教师的发展提供了一个崭新的世界。

二、教育叙事法的基本内涵

(一)什么是教育叙事

"叙事"是文学的一种写作方法,即讲故事。教育叙事是通过故事来描述和反思生活、教学事件及教育经验,走进教育现场,揭示主观教育经验背后的教育思想和教育理论的活动。它通过对教育生活经历的叙述,促进人们对教育及其意义的认识。

教育叙事研究是一种介于科学论证与人文思辨两种研究范式之间的中间道路。它将人们的教育思想引入到生活的教育体验中,并通过对教育体验的叙述促进人们对教育及其意义的探索。它也使教师从研究计划的执行者或研究者(研究对象)转变为教育研究的承担者、参与者、合作者和创造者,受到中小学教师的欢迎。

教育叙事研究的方式主要有两种:①"历史叙事"研究,就是讲述历史故事,其研究报告相当于历史故事和历史小说,如历史文献研究、历史人物研究、历史事件研究;②"个人生活故事"研究,它属于经验的叙事研究,是对"自己亲身经历的行动"进行研究,如实验研究、行动研究(准备实验研究)、经验总结(自传研究)等。其中,"个人生活故事"研究是教师在做教育叙事研究时经常用到的方式,它的具体表达方式有很多,常见的有教育传记、教育自传等。

(二)叙事研究的意义

教育叙事研究关注实践、重视经验,这使得这种研究方法对学校、教师和教育理论的发展具有重要的意义。

1. 有利于教师缄默的个人知识外显化

在教育实践的过程中,每个教师都积累了丰富的实践性知识,但这些实践性知识往往是内隐的、个人化的、只可意会不可言传的。叙事研究是解释教师个人知识,使教师理解和把握自己缄默的个人知识的最好方式。因为实践性知识隐含在教师过去的经验、现在的行动和未来的计划中,所以关注教师生存状况、倾听教师内心声音的叙事研究无疑是探索和洞察教师个人实践性知识的最佳途径。

2. 有利于在真实的问题解决中促进学校发展

叙事研究关注实践,促使中小学校的教师科研从关注大而全的课题转向关注本校发展中存在的真实问题,促使教师关注自己的教学实践,从而促进以校为本、追求本校可持续发展和教育教学质量提升的本土研究。

3. 有利于教育科研走向生活实践

教师叙事研究主张教师在日常生活和教学中发现问题,灵活运用口述、观察、日记、传记、书信和文献分析等方式,采用第一人称的形式对教育事件进行描述和叙述。这样的研究不需要教师有较高的专业理论,而且无论是研究问题的确定,还是研究方式、资料的分析方法都能被一线教师掌握,教师的研究成果——"教育记叙文"比起传统的"教育论文"更能引起读者的共鸣。同时把教育问题的学术研究放在广阔的教育天地及鲜活的教育生活中进行,为教育研究走进个体的生活体验、提升生活意义提供了契机。

(三)教育叙事研究的理论基础

1. 叙事学

文学研究中的叙事学是教育叙事研究首要的智慧源泉。对叙事的研究可追溯到古希腊柏拉图(Plato,前427—前347)的《理想国》(The Republic)和亚里士多德(Aristotle,前384—前322)的《诗学》(Poetic)。柏拉图分析了单纯叙述、模仿叙述和混合叙述,并肯定了单纯叙述。亚里士多德认为,叙事的基本原则就是所叙必须有事,并且是有一定长度的完整之事。这些论述构成了以人物、情节、环境三要素为中心的古典叙事理论。

"故事是继承历史和历史哲学的时间手段,历史和历史哲学在本质上都是研究时间的,这一点决定了其在形成社会科学的叙事研究中起了特殊作用"。关于叙事的情节、结构、语言、语境、合理性以及口头叙事与书面文本间转换等问题,都是当前叙事研究中必须加以考虑的。叙事的价值就在于透过时间进程中事件序列的表面,提炼并显现出超时间的逻辑真实(或者说本质意义)。

2. 现象学

现象学是一种强调事实、主张描述、关注意义的哲学思潮,对教育研究产生了重要影响。它对叙事研究的影响主要表现在四个方面:"回到事实本身""交互主体性""生活世界"和"悬置"。它强调"回到事实本身"主张描述所看到的事实,展现事物呈现的方式,关注事实背后的意义。它主张对现象要进行深描,以此揭示社会行为发生的各种因素之间的相互关系,描述具体,越原汁原味,就越能够显示事物的本来面目。教育叙事研究吸引了现象学的方法,以直接的、交互的和生活的态度走进教育世界,面向教育实践,反思教育价值,建构教育意义。

3. 解释学

解释学对教育叙事研究的影响也表现在三个方面。首先,在社会科学研究中,我们强调的是在研究中获得对被研究者的理解,对"人"的研究不能通过"证实",而只能通过"理解"和"阐释"。其次,解释学对研究者"倾见"的认可。"阐释"受到历史、文化和语言各方面的制约,阐释者自己的"前设"和"倾见"是"理解"的基础。研究者在研究中是不可能选择立场的,因为在开始之前就已经有了自己的立场。最后,研究中"一方"不是被动地"被另一方"认识的过程。研究的过程是研究者与被研究者彼此互动、相互理解,共同建构的过程。教育叙事研究力求透过叙事。在展现教育真实的同时达到视域的融合,在对话中获得理解,从而建构起一种以意义解释为核心的教育经验的理论方式。

(四)教育叙事研究的特点

教育叙事研究的基本特点是研究者以叙事、讲故事的方式表达对教育的理解和解释。它不直接定义教育是什么,也不直接规定教育该怎么做,它只是给读者讲一个或多个教育故事,让读者从故事中体会教育是什么或者教育应该做什么。具体而言,教育叙事具有如下特点。

1. 时间性

从时间上来说,教育叙事研究讲述的是已经过去的、已经完成的教育事件,只有对已经发生的事例我们才可能去反思、分析和讨论,去预测教育将会发生什么样的事情并加以分析。它所报告的内容是实际发生的教育实践,而不是"应该"的教育规则或者教育想象。

2. 亲历性

教育叙事是在教育领域下人特有的活动的展开。从叙事者/写作者的角度看,教育叙事研究中的叙事者/写作者既是讲故事的人,也是自己故事里或者别人故事里的角色。叙事者处于事件的场景之中,而且注重对某个人或某个群体的行为做出解释和合理的说明。

3. 情节性

从内容上来看,教育叙事研究的内容具有一定的情节性。叙事是记述日常生活故事及故事的细节,突出的是教育生活中的鲜活生动的情节,而不是抽象的概念或理论。

4. 意义建构性

教育叙事不仅要记述故事,还需要对已经发生的故事进行反思和总结,挖掘其中的教育教学意义,必须在某种程度上提供一种刺激、一种参照、一种可能,以唤起读者的反思意识。具体来说,教育叙事研究关注生活中具有时间性和情节性的具体的、鲜活的人与事件,关注人的体验和感受,但最终关注的是这些体验和感受对人的影响和意义。

5. 归纳性

从获得结论的方式看,教育叙事研究获得某种教育理论或教育理念的方式是归纳而不是演绎。也就是说,教育理论是从过去的具体教育事件及其情节中归纳来的,是由个别上升到一般的过程。

总之,教育叙事研究的成果源于生活实践,可以丰富和深化教师对日常教育实践的认识,提高教师的专业化水平,促进教师发展。

> **拓展阅读**
>
> **如何在化学教学中运用教育叙事法**
>
> 　　教育叙事，即讲有关教育的故事。它是教育主体叙述教育教学中真实情境的过程，其实质是通过讲述教育故事，体悟教育真谛的一种研究方法。叙事的目的并非只是讲故事，而是要通过记录已经发生的真实事件，展开对现象的思索，对问题的研究。这是一个将客观的过程、真实的体验、主观的阐释有机融为一体的一种教育经验的发现和揭示过程。
>
> 　　对于广大一线化学教师而言，教育叙事法聚焦于个体经验，关注个体在教育情境中的经历、体验，具有很强的可操作性。例如，想了解化学教师具有的实践性知识会对其教学效果产生什么样的影响，就可以采用教育叙事法在对教师的个人求学经历、课堂教学案例等信息进行采集的基础上，对其学生观、教材观、学科观等方面进行分析，并在此基础上对其教学策略、师生关系处理能力、教学反思能力等方面进行尝试性的总结，以此对教师实践性知识产生更加全面的了解。

第二节　教育叙事研究的价值、结构与表达

一、教育叙事研究的价值

　　教育叙事研究关注的是教育本身，是对教育事件本质的揭示，教师作为"田野工作者"其实就是要回归各种各样的教育经验，通过教育叙事研究使研究者、当事人和读者在日常生活的叙事研究中理解教育经验的丰富意义。它让教师重新审视自己过去教育生活中司空见惯的幽微细节，去发现其中的教育内涵，从而把作为叙事者的教师自身的思维触角引向自我教育生活的深层，使看似平淡的日常教育生活显现其并不平凡的教育意义。

　　对于教育而言，教育叙事研究丰富了教育科研的方法。与其他研究方法相比，叙事研究更具有弹性、灵活性、多样性等特点，正是由于这些特点，教师在开展叙事研究时就更能够体现现实针对性，更能发挥创造性，这种方法也就更能为教师所掌握和运用。

　　可以丰富对教育的理解。教师对教育的理解很多时候表现为一种缄默知识的形式，如教师个人的实践知识是在长期实践中逐渐积累的、由经验沉淀的，这是形成教师个人教学风格的重要因素，教师的教育机智很多情况下就是缄默知识在起作用。基于缄默知识的特殊性，实践者自身

有时也是不识庐山真面目,通过教育叙事的方式,教师在讲述自己的教育故事的过程中加深了对教育的理解。

可以丰富对研究成果的表达。一说起研究成果的表达,很多教师就觉得是撰写论文、课题研究报告、专著等,其实不同的研究方式有着丰富多彩的表达方式。就教育叙事来说,苏霍姆林斯基倡导的教育日记就特别适合一线教师,正如他所说的:"我建议每一位教师都来写教育日记。教育日记并不是什么对它提出某些格式要求的官方文献,而是一种个人的随笔记录,在日常工作中就可以记。这些记录是思考和创造的源泉。那种连续记了十年、二十年甚至三十年的教师日记,是一笔巨大的财富。每一位勤于思考的老师,都有他自己的体系、自己的教育学修养。"

对于教师自身发展而言,教师通过日常的教育叙事研究,可以增加教育智慧,改变教育生活状态,提升教育生活境界,提高教育效率,实现优质教育。教育叙事研究对教师专业成长具有重要作用。

首先,教育叙事研究是对教师个人教学实践的总结和反思。通过教育叙事,教师可以认识到自身教学的真实情况。教师通过教学观察、访谈、资料收集、录像记录、对自己或学生的记忆等方式,对教学中的日常事件、经典教学案例、教学设计进行反思,从而发现一些难以发现的问题,产生新的想法,认识到自己的不足。教师通过教育叙事,不仅能认识到自己的不足,更能改进自己的教育实践行为。

其次,教育叙事研究可以帮助个体参与者改变他们的教育观念和行为。教育叙事研究是个体研究参与者通过讲故事来表达对某一教育现象的理解和解释。通过叙述一个或多个教育故事,鼓励研究参与者作为个体通过叙述来体验教育是什么或应该是什么。以讲故事的形式反思自己的生活,不仅可以让研究参与者及时总结自己的教育和教学,也为他们未来的教育和教学提供了丰富的经验。参与者讲述自己的教育教学故事的目的不是为了炫耀自己的教育教学成就,而是通过自我讲述来反思自己的教育教学生活,改进自己的教育教学实践。

再次,教育叙事研究有助于研究者收集到鲜活的、以研究参与者的日常真实教育教学生活为背景的田野文本数据。讲故事是每个人生活中很自然的一部分,每个人都有自己的生活经历可以告诉别人。基于此,教育叙事研究尤其关注研究参与者个体的日常教育教学生活故事,包括研究参与者日常教育教学生活故事的内在情节。主张"不以抽象的概念或符号压制教育生活的情节和情趣""让叙事者自己说话或让历史印迹自己显露出它的意义""不过多地用外来的框架有意无意地歪曲事实或滥用事实"。以这一价值取向为原则,教育研究者可以根据研究参与者真实的日常教育教学生活来收集鲜活的田野文本数据。

最后,教育叙事研究是教师实现专业成长的有效途径。一些学者认为,教育研究对教师专业能力的提升有着明显的作用。教师通过调研,改进教学方法,提高实践教学能力,从而提高专业能力。同时,他们也提高了发现问题和分析问题的能力。教师用专业的视角去观察和审视工作中发生的各种教育现象,发现不寻常的问题,并通过现象看到一些规律性,这也可以提高自己的专业能力。

目前,教育叙事研究作为教育研究的一种方式,在中小学得到了迅速的推广。越来越多的教师用这种方式致力于教学研究,通过教育叙事来总结自己的教学经验,反思教学中的问题,记录自己的教学生活。同样,通过教育叙事,教师之间可以进行交流活动,展示自己的教育教学研究成果。

二、教育叙事研究的内在结构

教育叙事研究要把握好三个方面:一是时间,二是空间,三是结构。

(一)时间

叙事与人的时间意识紧密相连。时间不是一种外在存在物,而是存在于人的内在意识当中。在现象学家胡塞尔(E. Edmund Husserl,1859—1938)那里,人的这种意识与最初建立在经验知识基础之上的客观的时间观念有所区别,被称为"内在时间意识"。叙事是一种人类思维的模式。由于所叙之事的存在,促成了时间意识的产生,而内在的时间意识的产生又预设了外在时间的存在,也就是说,所叙之事在叙述的过程中,其意义不断地生成,进而从过去、现在的时间中重新显现出来,同时也在尽可能地展现着未来。神学家奥古斯丁(Aurelius Augustinus,345—430)说:"我知道如果没有过去的事物,则没有过去的时间,没有来到的事物,也没有将来的时间,并且如果什么也不存在,则也没有现在的时间。"时间与时间意识的存在为所叙之事提供了有章可循的、清晰的脉络。

叙事是时间的呈现过程。任何所叙之事都是在时间基础上对事件的描述,都要在时间的经纬度上展开。通过叙事来呈现意义、表达经验,其实质就是时间的呈现过程。在叙事学的研究中,所叙之事发生的自然时间顺序被称为故事时间,叙事作品即文本所呈现出来的时间顺序被称为叙事时间或文本时间。故事时间与叙事时间的交错不一致,在法国叙事学家热奈特(Gerard Genette)那里被称为"时间倒错"。事实上,叙事过程中所体现出来的人的时间意识,正是人类自己对时间的一种追寻和探求,不论是叙事时间还是故事时间,呈现出来的都是人在挖掘经验、表达经验时所遵循的一种时间顺序,所叙之事中的人与叙述者自己都在力图表达着人自己对这个世界的体验,表达着人在时间长河中所体验和感受到的一切。因为有了"时间倒错"的存在,我们便有了一种新的观察自己的视角。

叙事是记忆的打捞过程。时间存在于人的记忆当中,过去的时间以记忆的形式为人所保留下来,因而,记忆是时间的象征,也是架在时间与叙事之间的桥梁。个体在叙事的时候,更多的是凭借着回忆,从记忆的深井里打捞起那些可以唤回失去的时间的印象,把它陈述出来,进而让我们去了解、熟悉叙述者的经验世界。正因如此,叙事体现为对过去之事的叙述,只有那些已经发生并被体验过的事物才能在人的心灵深处留下印象。即使是"当下发生的事情",也已经为叙述者所经历。不同的个体经历的事件不尽相同,即使是同样的事件,在不同人的内心深处也会带来不同的情感体验。

(二)空间

空间是运动的存在和表现形式。运动又以行为和存在两种方式呈现。行为是相对彰显的运动,存在是相对静止的运动。

空间也是具体事物的组成部分,是具体事物的一般规定。具体事物只有在一定的空间里才能存在。凡是眼睛可以看到、手可以触到的具体事物,都是处在一定空间位置中的具体事物,都具有空间的具体规定,没有空间规定的具体事物是不存在的。

在后现代的语境中,空间是一个具有生成能力和生成性源泉的母体,是一个自我主体性的空间,是诸种社会系统在时间和空间上的延展,是一个充满节点的区域化体系[①]。它以距离为秩序,以位置为焦点,以互动为存在。当下,空间已成为一种社会生活的经验事实,成为经验现象的表征和知识系统,成为浓缩和聚焦现代社会一切重大问题的符码。

学术界关于空间的分类大体有三种:一是指具体的物质形式,可被标示、被分析、被解释,被定义为长、宽、高,即"三维空间"范畴,称为"第一空间";二是指精神的建构,是关于空间及其生活意义表征的观念形态,称为"第二空间";三是指一种真实又想象化的存在,既是结构化的个体的位置,又是集体经验的结果,称为"第三空间",它以观念、事件、外观和意义的事实为探索。

教育叙事研究更加关注师生的教育生活空间。教育生活空间作为师生教育交往的实践场所,不仅是师生经验的来源,更影响着师生的情绪感受和身心进步。教育叙事研究关注教育生活空间,强调对故事细节进行整体的、情境化的、动态的描述,原汁原味地呈现教育现象;所叙述的事件是高度个性化、情境化的,是镶嵌于具体的生活空间之中,教育故事总是与个体所处的情境联系在一起。因此,教育叙事研究具有依赖于空间的境域性。

加拿大学者康纳利和克莱丁宁主张教育叙事研究要关注具体情境下个人与社会的互动以及过去、现在和将来的连续性,由此建构了一个时间、个人与社会情境体系的"三维叙事研究空间"。时间涉及事件及其前后关系,个人和社会涉及内在条件和外部环境的改变,而情境在于具体研究教育图景的边界。

(三)结构

"结构"既是动词又是名词。在中国的哲学中,常从"结构之道"与"结构之技"两个方面去分析。"结构"是人与天地之道的一种契约。[②]

叙事作为人的日常生活的呈现,不仅是对事实或事件的简单记录,而且是包含着叙述技巧、

[①] 潘泽泉.空间化:一种新的叙事和理论转向[J].国外社会科学,2007(4):42-47.
[②] 杨义.中国叙事学的文化阐释[J].文艺理论,2003(12):78-86.

有着对事件顺序精心安排的一种人类表述方式。它既体现为"结构之道",即叙事目的和价值指向,又体现为"结构之技",即叙述技巧和表达方式。

法国叙事学家热奈特在《叙事话语》中分析了叙述行为的不同表现:叙述者可以是"异己的"(他不出现在他自己的叙述里),可以是"同己的"(他在自己的叙述里就像在第一人称的故事里一样),还可以是"自体的"(他不仅出现在叙述里,而且还扮演叙述中的主要角色)。不同的叙事结构、不同的表达方式会产生不同的效果。

教育叙事研究中的结构突出表现为教育故事、叙述者在时间、空间中的序列关系以及不同的叙事表达方式所构成的教育叙事研究的不同类别,大体可分为两类:一类可称为"叙事的教育行动研究",主要是指中小学教师自己开展的研究,或是中小学教师在校外研究者指导下进行的研究,其目的在于"以叙事的方式反思并改变教师的日常生活";另一类是"叙事的人类学研究",主要是指大学研究者以中小学教师为研究对象,或以中小学教师所提供的"素材""文本"为研究对象进行的研究,其目的在于保持"教育理论与教育实践之间的互动"。在教育叙事研究中,这两类不是截然分开或对立的,而是相互关联的,它们都以自己的方式表达着教育研究的意义和价值。[①]

三、教育研究方法的表达方式

叙事会涉及两个必要的因素:一是故事,即所叙之事;二是叙述者,即讲述故事的人。叙述者与故事之间存在的不同关系,就形成了不同的表达方式。谁在叙事?如何叙事?所叙何事?这些都对叙事研究的结果有着重要的影响。

(一)谁在叙事:叙述方式

说话的事实是经过选择的,由于选择者与选择方式的差异,由于叙述者与教育故事之间的不同关系,就会呈现出不同的叙事。

1."展示"的叙述方式

"展示"的叙述方式,主要是指当事人叙述自己的教育故事。在"展示"的叙述方式中,找不到解说者的影子,只有一个充当着"反映者"的角色人物,所有的故事情节都在这个反映者的视野中逐步展开,读者在感受着他的感受、思考着他的思考、领悟着他的领悟的同时,也在阅读着故事本身。反映者用语言将自己的感受和思考与读者交流,读者直接进入反映者描述的情境和感受中就像是亲历事件。

教育叙事研究对于教师来说尤其重要。教师叙述自己的故事,是教师自己的教育经验的一种表达。在展示自己故事的过程中,教师会改变以往在教育研究中"被动"的地位,不再是外在于

---

① 刘良华.校本教学研究 基础教育改革的道路[M].成都:四川教育出版社,2003:84.

教育研究的"研究对象",而是一个真正面向自己教育实践的、积极主动的思考者和研究者。

2."讲述"的叙述方式

"讲述"的叙述方式,主要是由校外研究者对一线教师的生活故事进行讲述。在叙事的过程中,校外研究者充当的是一个解说者的角色,解说者外在于故事,是讲故事的人。这些故事可以是被解说者的经历,也可以是解说者本人的经历。解说也就是叙事,在解说中,故事变成了叙事的客体,解说者变成了叙事的主体。他记录、讲述,对他叙述的故事作出各种评论和解释,与读者交谈。解说者所解说的是发生的故事,他与故事中的人物距离较远,作为传达信息的中介存在于文本当中,通过叙述和解说而使这一事件得以呈现。解说中,故事的主线和解说者的分析交叉出现,使所叙之事通过研究者的解读具有了特殊的意义。

在故事的叙事中,解说者有时"在场",有时"隐身"。"在场"的叙事更多地表现为解说者夹叙夹议,解说者不仅对故事的过程进行描述,而且还就其中包含的价值观、情感、心境以及涉及的伦理等进行分析和判断,展示出解说者的立场和理论视角;"隐身"的叙事则把听到、看到的故事视作"社会真相",力求通过描述客观地再现故事本身,尽可能不夹杂解说者本人的判断,以使读者自己能对故事作出独特的判断。

多种叙述方式的组合,就会形成不同的教育故事,比如教师讲述自己的故事、研究者讲述教师的故事、研究者讲述自己的故事、研究者讲述研究者和教师互动的故事等,视角的多样化使叙事更加生动鲜活。

"展示"与"讲述"两种方式各有其特点。在"展示"的叙述方式中,读者只是随着故事中一个人物的意识四处游走,整个故事给读者留下更多的片段似的印象,片段与片段之间存在大量的"意义空白",需要读者自己去填充,这就给文本带来了许多不确定性,使其变得有一些含混和隐晦,但也更为开放和自由;在"讲述"的叙述方式中,由于有了解说者的理性思考,有了解说者在文本中的暗示和引导,读者很容易形成比较明确的结论,但可能会受制于解说者的概念系统。

(二)如何叙事:呈现方式

叙所叙之事,不是无序或零散的,它总是通过叙述者的眼光向读者呈现出来,叙述者又依据一定的主题将事件连接起来,因而"叙事"的内在逻辑便成为叙事的意义所在。这样一来,教育叙事中的呈现方式就离不开两个要素:事件和主题。

1.事件

叙事即故事,故事所讲述的是人、社会、生活等方面经历的事件,它是日常生活中的一个波折、一件令人难忘的往事、一段激情难却的回忆,它使叙事成为可能。

教育叙事研究所叙之事是教育故事,是师生在日常生活、课堂教学、研究实践等活动中曾经发生或正在发生的事件。它是真实的、情境性的。教育叙事所叙之事多发生在课堂上、教室里、教学中、校园内,而且多与教师或学生有关,教师与学生的生命就由于这些事件的串构具有了共同的记忆,这些事件也使教师与学生在教育中的活动具有了高度的相关和不可分离性。教育是师生共同展开的活动,叙事是对师生这些活动的描述。

2. 主题

叙事的目的不在于单纯地叙述,而在于通过叙述,揭示某个主题,探索其中的意义。主题是事件的焦点,是概念的内涵,是教育故事的意义逻辑,是叙述文本的意义所在。它通过某种内在的结构呈现出来,为叙述展示了价值存在,主题使叙述具有了意义。

叙事的关键因素是事件发生的链接、嵌入或交替形式,而不是叙事句法呈现的符号媒介的形式或物质属性。而这又是按照某种主题链接、嵌入的。"主题是对意义的需求或渴望","主题是我们可以获取事物意义的意识","主题是对事物保持一种开放性","主题是创造、发现和揭示意义的过程"。[①]"主题就像一颗颗星星,构成了我们生活于其中的意义的星空,靠着主题之光,我们能遨游并探索这个星空。"[②]

教育叙事并不是各种教育事件的随意链接,而是依照研究者的理解,循着某个主题构成的。所谓"讲故事",就是要求一个故事有结构、有道理、有意义、有价值。它以事件为本,却以主题感动人心;它以师生们熟悉的教育活动为开端,却又把熟悉的教育事件"陌生化";它蕴含着丰富的教育主题,却又在含而不露的叙述中让读者自己去寻找到那些隐匿的道理。正因如此,主题是叙事的灵魂。

(三)所叙何事:构成方式

长期以来,人们把教育活动主要框定在教师"教"的活动,把教师"教"的活动又框定在"特殊的认识活动"范围,因而课堂上的声音是单一的教师的声音,教师的声音也是模式化的声音,学生在教育活动中处于被动接受的地位。这使教学失去了活力,教育与生活截然分开,成为外在于教师和学生的一个异域世界。

事实上,教育活动是师生的教育生活,教育生活应当成为教育叙事研究的基本依据。

1. 关键事件和本土概念

课堂是赋予没有生命的知识以生命活力、给予不太成熟之人以成熟魅力、让不动动起来、让不活活起来、让不灵灵起来的生命放光彩的场所,让已动者、已活灵活现者朝着适宜的方向展现自我的场所。课堂里有苦恼、无奈,有希望与绝望,有奋进与退缩,有欢欣与惆怅。总之,课堂,乃

---

① 马克斯·范梅南. 生活体验研究——人文科学视野中的教育学[M]. 宋广文,等译. 北京:教育科学出版社,2003:115-116.

② 马克斯·范梅南. 生活体验研究——人文科学视野中的教育学[M]. 宋广文,等译. 北京:教育科学出版社,2003:119.

人之生命精华展现的小舞台!①于是,教育生活中教师与学生的故事更多地在课堂中呈现,并为教育叙事研究者所关注。这样,课堂上的每一个片段甚至课堂生活的向外延伸——课外作业、教学日记、学生日记等都可被叙事研究者捕捉、记录,极大地丰富了教育叙事研究的内容。

在寻找和组织教育故事的过程中,需把握好两个要点。一是确认"关键事件"。"关键事件既包括那些隐含剧烈的'矛盾冲突'的重大事件,也包括那些'悄无声息'的、'深藏不露'的、'归隐躲藏'的某个或某些'物质痕迹'。"②它是构成教育故事的节点。二是寻找"本土概念"。"本土概念"主要是指被研究者或当地人频繁使用的某些特别有影响力的词语,这些词语隐含了本地人的生活信念、思维习惯与文化特色,成为破解当地文化的"语言密码"。③

2. 编码归类和扎根理论

课堂是复杂多变的。多勒(Doyle)认为:课堂教学的框架有五个重要特点。第一,多元性,即有多种不同的任务和事件在课堂里发生,课堂里的一件事情可能产生多种结果;第二,同时性,即课堂里的许多事情是同时发生的;第三,即时性,即教师必须在许多事情发生之时作出反应;第四,意外性,即课堂里的事情通常不会按所希望的方式发生,而且发生在一个学生身上的许多事情,也会被其他学生看到;第五,历时性,即一个班的学生和教师相处几周或几个月后,就会形成共同规范,并促进相互了解。这些特点决定了教师在课堂教学中必须关注更多的细节、更广的视域,必须更敏锐地捕捉学生的情绪与情感表现,必须更迅速地对课堂中的事件作出判断及决定。课堂的多元性、同时性、即时性、意外性、历时性等也是教育生活的体现。教育叙事研究就建立在课堂教学框架的基础之上,并与之相互依存。

教育叙事研究文本的写作可从两个方面着手。一是进行编码归类,即将田野调查或教育现场收集的材料分门别类,每一个类别归属于一个教育主题。二是形成"扎根理论",即在系统研读和分析所收集的原始素材后,逐渐从资料中衍生出清晰的本土概念,揭示出这些概念所隐含的教育意义,并寻找到贯穿文本的主线。④这是一种理论的提升,也是教育叙事研究最具理论影响力之所在。教育故事或教育事件是否具有教育意义以及具有怎样的教育意义,一方面取决于教育故事或教育事件本身的"结构",另一方面取决于读者的理解。教育叙事研究不以确定的方式向读者提供证据、概念和结论,而把理解的权力还给读者,让读者自己去重构结论。从某种意义上说,把对教育故事或教育事件的理解还给读者,也是对读者的信任和尊重。

---

① Thomas L.Good,Jere E.Brophy. 透视课堂[M]. 陶志琼,王凤,邓晓芳,等译. 北京:中国轻工业出版社,2002:译者序.
② 刘良华. 教育叙事研究:是什么与怎么做[J]. 教育研究,2007(7):87.
③ 刘良华. 教育叙事研究:是什么与怎么做[J]. 教育研究,2007(7):87.
④ 刘良华. 教育叙事研究:是什么与怎么做[J]. 教育研究,2007(7):84-88.

第三节 教育叙事研究的过程与规范

一、教育叙事研究的过程

目前主要存在两种观点。一种观点认为，教育叙事研究过程可分为三个阶段。第一阶段：现场工作，主要是体验经验。如果是合作性研究，就涉及研究者进入的问题，协商进入被普遍认为是对双方负责的态度，也有人将其视为一种共享性"叙事共同体"的协商行为。第二阶段：生成现场文本，由研究者与参与者共同完成相关主题的叙事信息的记录和收集，它来自对口述史、故事、年鉴和编年史、照片等物质纪念品、访谈记录、日记、自传或传记、书信、文献等的分析。第三阶段：将现场文本转换为研究文本。其中关键的问题，一是要确保转换前后研究主题和思路的统一性，二是要恰当地处理研究者的主观立场和写作风格，总体上既要反映现场经验，又要便于与读者对话。另一种代表性观点认为整个过程包括六个阶段，即确定研究问题、选择研究对象、进入研究现场、进行观察访谈、整理分析资料和撰写研究报告。

（一）相关理论介绍

1. 范式论

教育叙事研究的过程属于教育叙事研究的实践层面，是关于如何做教育叙事研究的。关于这一方面的研究，有的学者认为叙事研究者应遵循一定的范式，观察思考—形成问题—设计结构—深描归纳—意义阐释。也有学者认为教育叙事研究无论采用历史研究的方式还是采用调查研究的方式，其基本路径是收集资料—解释资料—形成扎根理论。还有学者把整个教育叙事研究的过程划分为三个阶段，即进入现场、收集资料、完成报告。其中在资料收集阶段研究者根据身份的不同采取不同的方法。当叙述者与研究者身份重叠时，作为研究者的叙述者总是在经历故事、讲述故事、重温故事、复述故事的过程中探究、建构和重构，当研究者和叙述者以某种合作关系来进行资料收集时，研究者可以采用多种不同的资料收集的方法，这些资料可能是共同经历的现场记录，可能是研究采访、日志、自传资料、口述历史，也可能是教师故事、家族故事、图片、信件等。

2. 方法论

有的研究者从方法论的角度出发，认为教育叙事研究主要进行如下三方面的工作：进行经验收集；提供意义诠释；注意伦理规范。就经验收集而言，教育叙事研究是立足日常教育实践的研究，课堂、学校甚至所有存在教育的地方都是教育叙事研究的场所或现场，但是无论是自身还是他人的叙事，都不是事件的实录，而是一种经过选择、演绎、诠释的经验经历过程。在这个经历过程中，先是进行个人经历或故事素材的收集，然后进一步深化叙事：一方面可以从主观上采取结构性访谈、非结构性访谈、倾听、了解必要信息等方法，同时要尽快掌握相关的实践知识、术语和环境，以便能简明直接地进行访谈，还要选择好访谈设备，进行有质量的现场记录；另一方面还要注意相关的客观背景资料,如年鉴、编年史、有价值的纪念性物品等,同时还要做好文献分析工作,以便做好观察和访谈等主观资料与客观世界的交互验证与穿插,更好地发掘人们的内心世界和心路历程。就提供意义诠释而言,叙事不仅仅是记录与叙述故事,更是一种不断从实践中反思自身教育生活的专业精神,以及对教师和学生在日常教学情境中教与学的交往、追问过程,这种反思与追问既是对经验的重组和理解,又是对经验的反思与建构过程,是提供意义诠释的过程。在这个过程中,需要借助既是传记性的又是交往性的深度描述来诠释行为的意图和情景,呈现研究对象是如何理解其周围所发生的实践的,从而引导读者反思自己的经验,归纳其中的意义。没有深度描述就没有深度诠释。最后还要注意一些教育叙事研究的伦理问题,使研究者成为一位在伦理上负责的研究者。

(二)教育叙事研究的步骤

教育叙事研究的路径为:确定研究问题—选择研究对象—进入研究现场—收集现场文本—重新叙述故事—撰写研究报告。

1. 确定研究问题

确定研究问题是进行研究的前提。教育叙事研究虽然已明确了总的框架是教育故事研究,但是,研究的范围仍然很广泛,教育观念、教育机智、素质教育日常生活、体态行为、课堂教学等都可能成为研究问题。

这与其他学者所建议的"确定研究问题"的表达方式相似,不过特别强调研究者要学会在纷繁的教育现象中不断聚焦,最后确定所要研究的教育现象和内隐的研究问题。在进行选题时要尽量避免两种偏向:或贪大求全,或一笔带过、浮光掠影。选题宜小不宜大,从小处入手,最好着眼于课堂、教师、学生,以及教学过程中的细微小事;选题宜实不宜虚,从教学情境入手,最好采用真实的教育生活进行,而不是假想的问题。在这一阶段需要考虑三个因素:所探究的教育现象及内隐问题是否具有一定的教育价值;是否具有一定的新意;是否具备主客观等方面的研究条件。

2. 选择研究对象

选择研究对象是研究得以进行的保证。研究者对研究本身要有足够的热情,真正成为"热情学术"的研究者;研究活动要得到被研究者的认同、理解与合作,双方应有从研究中共同进步的要求。没有这样的前提,叙事就无法获得真实的第一手资料,研究也就无法顺利进行。

在选择研究对象时,首先,要避免研究对象与研究问题脱节。选择研究对象应符合抽样的需要,样本的选择不仅应与所要研究的典型问题相关,也要与研究者和被研究者的关系相关。其次,要避免研究对象的单一化或雷同化。选择研究对象既要体现出层次、类型等的差异性,也要体现出积极、消极的不同方面。此外,年龄、空间、性别、个性、地位等都对研究者与被研究者的关系有一定的影响。

教育叙事研究的特点决定了其需要采用综合抽样策略,即以目的抽样方式为主,兼顾就近和方便的方式选择研究个体,将能够为研究问题提供丰富信息的个体作为研究对象。抽样的方法可以根据研究需要采用极端个案抽样、强度抽样、最大差异抽样、分层抽样等方法。

3. 进入研究现场

研究现场是研究者观察、了解研究对象的真实环境，是教师、学生活动的主要场所，是研究者获取现场文本的直接来源。只有进入研究现场，才能获得最原始的研究资料，才能探究教育行为的背景。教师做叙事研究的最大优势在于，教师的工作场所也就是研究现场，叙事研究的对象常为学生或同事，教师不需要刻意进入研究现场，其研究资料可以从日常工作中获取。

叙事研究注重研究对象的体验，在进入研究现场之后，研究者要与研究对象建立一定程度的亲密关系，记录、体验、思考研究对象的故事。研究者需要长时间生活在研究现场，与研究对象相处，让对方接纳自己，以便保证现场文本的真实性。同时，叙事研究需要建立叙事的背景，通过不同的方式获取现场文本，提高叙事研究的效度，这也要求研究者要长时间活动在研究现场。

4. 收集现场文本

现场文本即为一般研究中的"资料"，有学者认为，一般意义上收集的"资料"在叙事研究中称为"现场文本"更为恰当，因为普通意义上的"资料"是指事件的客观记录，而"文本"带有叙事的性质，并且是由研究者和参与者创造的代表现场经验各个方面的文本，是产生于现场经验的复杂混合体，牵涉到研究者和参与者之间的合作关系，是经过选择的、演绎解释的经验记录。

5. 重新叙述故事

教育叙事研究不仅仅是记录故事，它是对日常教学情境中老师与学生的教与学的追问与反思，即一种经验重组的过程。这一过程包括还原故事、分析提取故事、重新叙述故事。研究者在完成现场文本收集之后，要对现场文本进行建构工作，简单来说就是将一些利用录音录像收集的故事转录为文字。然后研究者要对这些文本内容进行提取、分析，不同故事的基本要素有哪些，它们之间如何相互作用、相互影响。最后，故事背后蕴藏了怎样的教育意义，这也需要研究者进行重新诠释。

6. 撰写研究报告

在完成文本收集、重述故事之后，最重要的是进行总结性归纳，得出相关的假设与结论。优质的研究报告一般包括以下几部分：研究问题的提出，包括研究的现象和问题；研究的目的和意义，包括个人的目的和公众的目的、理论意义和现实意义等；背景知识，包括文献综述、研究者个人对研究问题的了解和看法、有关研究问题的社会文化背景等；研究方法的选择和运用，包括抽样标准、进入研究现场以及与研究对象建立和保持关系的方式、收集资料和分析资料的方式、写作的方式等；研究的结果，包括研究的最终结论、初步的理论假设等；对研究结果的检验，讨论研究的效度、推广度和伦理道德问题等。但是根据研究的目的与需要不同，不一定要把所有部分都呈现，且各部分呈现的顺序可以根据研究者的需要做出相应的调整。

叙事研究报告的写作方式可以多种多样，但还是有一些共同的东西。一般来说，撰写教育叙事研究报告主要有以下几个环节。

(1)拟定题目。

题目是一篇文章最重要的部分之一,一个好的题目可以给读者留下深刻的印象。所以,拟定一个好的叙事题目是非常重要的。教育叙事研究题目的形式非常多元化,可以揭示案例主题,如"教案是在下课之后完成的故事"等;可以概括案例的主要内容,如"把讲台让给学生"等;还可以直接用课题的名称,如"金属材料的防护与利用"等确定主题。主题是一篇文章的灵魂,它是一个教育叙事研究案例的基本要素,也是案例的核心。主题隐含在教育叙事研究案例中,通过案例的内容表达出来。研究者在撰写教育叙事报告前,要确定报告的主题,根据主题去选择、整理和组织材料,再从材料中体现主题。要注意的是,一个叙事研究案例报告,只能有一个主题。

(2)选定材料。

明确主题后,需要根据主题选择和组织材料。一般来说,材料的选择有两个基本原则:一是选择与主题相关的材料;二是剔除与主题无关的材料。如何判断材料是否与主题相关或无关,有两个方面:一是从逻辑思维的角度来判断,各材料的内容是否偏离了叙事案例的主线,是否有明确的内在关系;二是从内容的角度来看,各个材料的内容是否做到充实、生动、具体,是否具有新意和个性色彩。

(3)构思报告形式与结构。

在题目、主题、报告都确定以后,就要开始构思研究报告的形式与结构。该阶段是研究报告结构框架的规划阶段,主要包括案例的时间结构、地点结构、叙述结构、说明结构以及情节结构。案例报告的背景写什么、怎么写,叙述形式用顺叙还是倒叙抑或插叙,一些相关的小材料如何插入其中,如何提炼结论等,都是这个阶段需要考虑的内容。

(4)研究报告的撰写。

撰写叙事报告需要在主题的指导下,在结构的约束下,有序地组织各种材料,并进一步斟酌、修饰和推敲文字。写作内容具体包括案例的背景、发生过程以及反思等。在案例背景的写作中,可以直接提出打算探讨的问题以及对问题的看法;在发生过程的写作中,可根据案例的特点来确定;在报告的反思部分也可以选择多种写作方式,如评价式反思、说理式反思、总结式反思等,具体使用哪种反思写作方式,主要由研究主题和材料特点决定。除此之外,案例后面还可添加对案例的评析,揭示成功的原因或科学的规律。研究报告是在前面大量工作的基础上进行的总结性归纳。它既包含研究者对所观察到的"事"的故事性描述,也包含研究者对"事"的论述性分析,两者并行不悖,相辅相成,构成了研究报告中细腻的情感氛围和浓郁的叙事风格。

(5)报告修改。

教育叙事研究报告的很多方面都要认真检查、修改,比如逻辑思维是否具有条理性,有无错别字,报告格式是否正确等。在报告修改诸多方面,尤其要注意两点:一是题目的修改,题目的字数不应太多,最好控制在20字以内,要求题目与内容相符,表达精练,言简意赅;二是内容的修改,材料的组织是否得当,内容是否准确地表达了主题,阐述的观点是否正确等。

(三)研究的注意事项

教育叙事研究方法的运用特别要注意把握好以下要点。

1. 研究者对教育叙事研究的内涵理解片面

教育叙事研究在教师专业发展的过程上有高度的还原性,与教师成长有着密切的关系,这种研究方法很容易被一线教师群体接受。因此,有人认为,教育叙事研究专指教师叙事研究。教育叙事研究不仅仅局限于教师叙事研究,教育叙事研究是将叙事研究法应用到教育上来研究教育问题,采用多种收集资料的方法对教育问题进行研究,用叙事的形式呈现研究结果。凡是在教育背景下包含叙事材料的研究都可以称为教育叙事研究。

2. 研究者关于教育叙事研究的理论基础薄弱

目前,很多教育叙事研究缺乏深度的理论剖析,研究仅仅停留在叙述故事的层面上,殊不知,教育叙事研究的最终目的是对收集的材料进行剖析。造成这种现象的主要原因在于研究者关于教育叙事研究的理论基础薄弱。研究者应避免将研究停留在叙述故事的表面上,应尽量借助理论来增强对材料的理解。如果教育叙事研究缺少理论基础,叙事便很容易成为教育琐事的代名词。

3. 研究资料数据可能会失真

研究数据失真是所有研究方法都会遇到的问题。教育叙事研究数据失真的可能原因有以下几点:一是研究者想展示自己美好的一面,讲述"美丽的故事";二是被研究者可能因为某种原因不愿意提供真实的故事,可能因为压力,可能因为创伤。这些因素直接影响到研究的实施与结果,造成研究资料数据失真。

二、教育叙事研究的方法限度

作为一种质性研究,教育叙事研究既有其独到之处,也有其方法的使用限度。

(一)方法的优缺点分析

教育叙事研究由于对鲜活的教育故事的关注和细节描述,特别是叙事中所体现出的对师生内心体验的移情理解和对教育事件意义的揭示,受到了教育工作者的欢迎和热捧。然而,教育叙事研究方法也有着明显的不足。

教育叙事研究在实践中也遇到了一些问题。一方面,尽管涌现出大量鲜活的教育故事,但从教师讲述的故事来看,多是些简短的教育"记叙文""日志"等,这意味着"教育叙事"与"教育叙事研究"之间还不能简单地画等号,经验的表达方式也不能代替理论的表达方式;另一方面,如果教育科研只是让一线的教师以叙事方式参与到教育科研中来,而不用提出抽象的有更强的解释力的理论,他们始终不会有一个理论上的提升。因此,还需加强对"教育叙事"的研究,以提升教育叙事研究的意义解释和建构能力。

表8-3-1 教育叙事的优点和局限性[1]

教育叙事的优点	教育叙事的局限性
1. 易于理解	1. 一旦与传统的研究方式混淆,容易遗漏事件中的一些重要信息
2. 接近日常生活与思维方式	
3. 可帮助读者在多个侧面和维度上认识教育实践	2. 收集的材料可能不太容易与故事的线索相吻合
4. 使读者有亲近感,具有人文气息,更能吸引读者	3. 读者容易忽略对故事叙述重点问题的把握
5. 能创造性地再现事件场景和过程	4. 难以使读者有身临其境的"局内人"感觉
6. 给读者带来一定的想象空间	5. 结果常常不清晰明确

(二)研究信度效度争辩

教育叙事研究还受到了研究信度和效度的质疑。信度和效度是科学研究中不可缺少的两个相互关联的重要标准。信度是研究结果所显示的一致性、稳定性程度,也是对研究结果一致性和稳定性的评价。效度是一个研究程序的性质和功能,也是对研究结果正确性和推广性的评价。信度是效度的基础,有信度不一定有效度;效度则是信度的目的,有效度必定有信度,效度高信度必定也高,信度是为效度服务的。

有批评者认为,教育叙事研究缺乏信度和效度。他们的理由如下。

第一,教育叙事研究中的故事的真实性、客观性无法检验。研究参与者可能会有自己不愿或不能示人的隐秘的私人领地,使其或许不能够讲述真实的故事,或许会"伪造数据"提供"美丽的故事",或许会对事件进行加工,导致数据失真的现象[2]。第二,教育叙事研究缺乏普遍的解释力和推广力。由于叙事研究关注细节,往往是"微观叙事",是个案研究,依赖于具体情境中的特殊事件的描述,不适于大量的非个体化的群体行为,因而无法回答普遍性问题,也无法据此建立起普遍一般的理论。第三,教育叙事研究由于受到研究者个人倾向的影响,无法做到"价值中立"。研究者以自身为研究工具,依靠研究者个人的判断进行田野工作,这使研究带有强烈的个人化或私人化色彩,研究的信度难以保证。

也有辩护者强调,教育叙事研究已超越了信度、效度和普遍性。它通过时间、地点、情节和场景的协同来创生叙事的经验品质,这种经验品质因其有着经验的代表性和真实性而具有特殊的价值[3]。理由是:第一,教育叙事研究感兴趣的不是所谓"客观现实"的"真实性"本身,而是被研究者所看到、所体验到的真实;第二,教育叙事研究选取的研究样本虽然很少,但它从个体生活故事中收集的资料却真实丰富;第三,教育叙事研究强调开放式的研究设计,事先没有固定的预设,而是在教育事件的呈现中,通过归纳而不是演绎的方式进行意义建构,从而达到叙述者与读者的"视域融合",这正是教育叙事研究的效度所在;第四,教育叙事研究要求研究者深入现场,通过与参与者建立不同程度的亲近关系来理解、记录和思考现场。研究现场不再是隔岸观火,研究也不

---

[1] 郑金洲. 教育研究方式与成果表达形式之二——教育叙事[J]. 人民教育,2004(18):36-39.
[2] 张希希. 教育叙事研究是什么[J]. 教育研究,2006(2):54-60.
[3] 丁钢. 教育经验的理论方式[J]. 教育研究,2003(2):22-27.

排斥"立场"意识的存在。假如研究者没有真实的在场体验就去构思研究文本的揭示图式,这种研究才会被认为是缺乏效度的。

(三)研究方法的运用范围

教育叙事研究是与传统的科学研究范式不同的另一种研究范式,不能以自然科学的标准和定量研究的要求来衡量。教育叙事研究的适用范围也有一定的限度:它适用于人文意义研究,而不是一切领域;它主要针对个体性的、情境性的、偶发特殊的事件,而不是群体性的、形式化的、普遍分类的规律;它似乎在很大程度上依赖于个人的天分、直觉或现场经验,很难被教授;它只是多种研究方法的一种,而不是"包医百病的良方";它不是否定其他的研究范式,而是弥补其他研究范式的不足。正如布鲁纳所指出的,叙事研究的不可或缺性在于能够弥补范式研究只能以价值中立式的科学化语言进行普遍的意义解释,而无法适用于个体或小样或事件的研究[①]。

三、教育叙事研究的伦理要求

教育叙事研究的伦理规范既是科学研究中对于研究者的要求,也是出于保护研究参与者利益的要求,其中涉及研究者、研究参与者、素材收集及研究文本的写作等多方面。"作为教育研究者的教育叙事者,如何在叙事中持守一种伦理底线,进而担负起一种伦理使命,这种使命不仅涉及对教育事件、教育人物及其相互关系的判断,也与对教育的基本认识有关,更与教育叙事的学术品质有关。只有承担了伦理使命的教育叙事才是有深度的,才不会蜕变成教育研究中的'风花雪月',才会成为'好'的教育叙事。"[②]

(一)关注教育中具体的个人

教育叙事研究主要面对的不是现场与文本的关系,而是人与人的关系,是人在关系中的生存处境。这里所说的"人",是教育中具体真实的人,是活跃于课堂中的教师与学生。只有对具体个人的承认和尊重,对师生生活际遇的关怀和描绘,才能呈现出当代教育改革的真实情境,也才能反映出师生在教育变革中的真实感受。

教育叙事研究所面对的人,也不是中规中矩、千篇一律的人,而是丰富多彩、有着无限发展可能性的人。学生正处于生命成长的重要阶段,每一个学生都是独立发展的个体,有着自身成长的独特轨迹;教师在促进学生发展的同时,也在推动着自己的专业成长。因而,教学相长,复杂多样,构成了教育叙事研究中最动人的美丽景象。

(二)尊重研究中的参与者

对研究者而言,"伦理的问题应被理解为他们对于那些在研究过程中所接触到的人们的义务,而不是狭隘地归属如何在这个领域有所行为的问题"[③]。首先,研究者应确保参与者是自愿参

---

① 王景.教育叙事研究的内涵与特点及局限性[J].继续教育研究,2009(3):114-116.
② 李政涛.教育研究的叙事伦理[J].教育研究,2006(10):19.
③ 丁钢.声音与经验:教育叙事研究[M].北京:教育科学出版社,2008:85.

与。研究者应向参与者详细说明这一研究的具体做法、研究完成后的成果预期、研究活动对参与者的要求、可能存在的风险,等等。只有在参与者了解并同意参加研究后才能正式开展研究,决不能欺骗参与者或向其隐瞒研究意图。其次,研究者应承诺对参与者的身份及信息保密。教育叙事研究所研究的虽然是具体的人和事,但目的是揭示人和事的内在意义,因而研究者在使用所收集的资料时不能伤害到参与者的利益,决不能把个人的特定信息特别是未成年人的信息透露给他人。最后,研究成果应获得参与者认可才能正式发表。研究者应将研究完成后形成的文本或观点向参与者描述,并尊重参与者对某些提法的修改意见,决不能擅自发表或一意孤行。

(三)解释真实的文本

教育叙事研究与文学叙事研究的不同首先在于:文学叙事研究关注的是叙事文本,尤其是叙事结构,目的是寻求其内在的叙事模式。教育叙事研究则不仅把目光投向"死"的"叙事文本",而且更加关注充满生命活力的教育现场,更强调教育生活故事的描述,更在意研究对象及研究者对这些故事的意义解释。因而,在教育叙事研究者的视野中,文本不再局限为以文字的形式体现出来的东西,而是扩展到教育生活的各个方面,叙事也不再仅仅单一地被理解为叙述者创作的行为和过程,而与师生的生活方式紧密相连。

教育叙事研究与文学叙事研究还有一个本质区别:文学叙事研究中的"我"已经不再是具体的一个人,而是经过文学加工、浓缩了很多具有类似特质的人的缩影。因而,文学叙事作品是一种文学创作,是一个虚构的世界。教育叙事研究则不同,研究者驻扎在研究现场,在长期的田野观察和与他人的交往过程中,了解现场参与者的日常生活,对被研究者的生活故事和意义建构作出"解释性的理解",并由此形成自己的研究文本。教育叙事研究中的"我"体现的是研究者的真实记录和思考,是万万不能虚构的。

拓展阅读

"蓝绿色"的氢氧化铜

一位老师在讲解九年级上册化学教材的实验1~6时,为激发学生的学习兴趣和使学生最大化地观察到各种仪器的细节,采用学生实验代替演示实验。实验台上有准备好的各种加热仪器、提前配制好的氢氧化钠溶液和硫酸铜溶液(各溶液质量分数未知)。在课堂中,所有小组的学生都通过实验得到沉淀,然后对生成的沉淀进行加热。

加热时,有的同学举手问:"老师,蓝色沉淀变成黑色了,对吗?"老师点点头,表现出赞许的表情。

还有的同学举手问:"老师,我这个试管里的固体怎么不变黑呢? 我这个现象对不对呀?"老师观察了一下沉淀的颜色,发现沉淀呈蓝绿色,而且加热后沉淀始终没有变化。老师对这个现象也很好奇,但对学生说:"实验的结果没有对与错,你们可以讨论一下各自的实验方法。记住,留心实验中异常,你或许是未来的诺贝尔化学奖获得者。"学生对此次实验的现象提出了质疑,但由于自身知识水平有限不能解决这个问题。于是,老师对这种奇特的现象加以研究,希望能够对今后的教学有所帮助。

查阅资料后,老师进行了实验,分析实验结果发现——硫酸铜溶液呈弱酸性,硫酸铜溶液过量时,碱式硫酸铜在酸性条件下加热无明显变化;氢氧化钠过量时,溶液呈碱性,加热时才能够看到产生黑色固体。学生实验时出现特殊现象的原因是学生对物质反应没有量的概念,而此实验的反应现象与量有直接的关系。据此,老师对课堂进行了改进,并收到了良好的教学效果。

在中学化学教学中,像这位老师这样的教学故事每天都在发生。作为中学老师,我们要做教学中的有心人,如果把这些故事通过日记、反思等形式记录下来,就是很好的教育叙事。

本章要点小结

(1)教育叙事研究是在片面追求科学化的研究范式在教育实践中遇到困境、教育研究转向意义追寻的背景下出现的、以多种学科理论及研究方法为基础形成的一种研究方法。它源于叙事学,得益于后现代思想的影响,归属于质性研究。

(2)教育叙事研究,又称为"教育故事研究"。其以叙事、讲故事的方式表达对教育现象的解释和理解,揭示教育故事内含的价值和意义。

(3)教育叙事研究的内在结构:一是时间,叙事体现为对过去之事的叙述;二是空间,教育生活空间不仅是师生经验的来源,更影响着师生的情绪感受和身心进步;三是结构,表现为教育故事、叙述者在时间、空间中的序列关系以及不同的叙事表达方式所构成的教育叙事研究的不同类别,大体可分为"叙事的教育行动研究"和"叙事的人类学研究"。

(4)教育叙事研究必须遵循研究的伦理规范,关注教育中具体的人,尊重研究中的参与者,确保研究资料的真实,应承诺对参与者的身份及信息保密,解释真实的文本信息。

本章思考题

(1)什么是教育叙事研究?它的特点是什么?

(2)教育叙事研究一般包括哪些环节?要注意哪些问题?

(3)请结合自己的学习经历,撰写一篇个人教育自传,并与同学讨论交流叙事的写作问题。

第九章　教育个案研究

世界上没有才能的人是没有的。问题在于教育者要去发现每一位学生的禀赋、兴趣、爱好和特长,为他们的表现与发展提供充分的条件和正确的引导。

——苏霍姆林斯基

[学习目标]

(1)了解教育个案研究的特点、分类和评价标准。
(2)掌握个案、个案研究的概念及教育个案研究的实施步骤。
(3)掌握个案的选择以及个案数据的收集和分析。
(4)学会撰写规范的教育个案研究报告。

陈老师是一名高中化学老师,他发现学生在学习有机化学时成绩两极分化的现象比较明显。部分学生容易出现"一卡全卡"、分不清同分异构体以及不能很好辨别有机反应的具体类型等情况。

为了有效解决上述问题,陈老师在查阅文献后认为可以采取个案研究法进行相关研究。可他并不清楚究竟该如何选择个案,又该如何进行研究。本章将从教育个案研究概述、教育个案研究的实施、教育个案研究报告的撰写这三个方面对教育个案研究进行介绍。

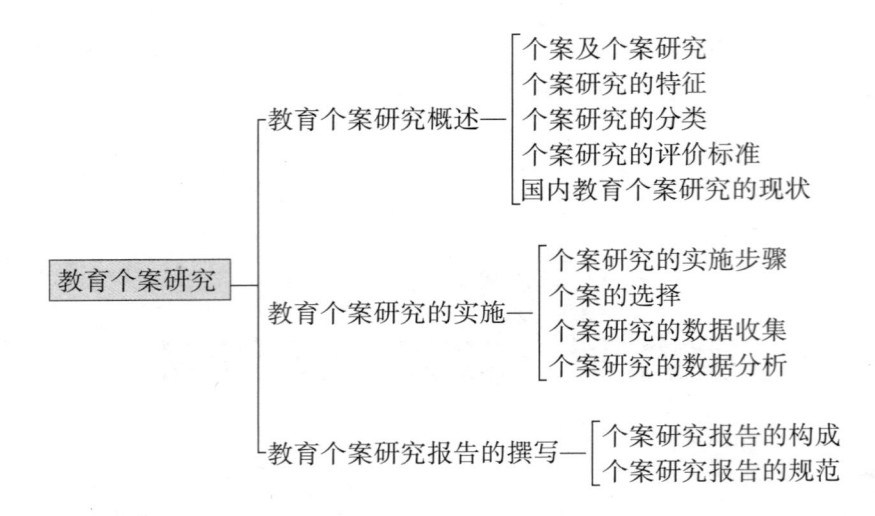

```
                          ┌─ 个案及个案研究
                          │  个案研究的特征
              ┌ 教育个案研究概述 ─┤  个案研究的分类
              │           │  个案研究的评价标准
              │           └─ 国内教育个案研究的现状
              │
              │           ┌─ 个案研究的实施步骤
 教育个案研究 ─┤ 教育个案研究的实施 ─┤  个案的选择
              │           │  个案研究的数据收集
              │           └─ 个案研究的数据分析
              │
              │              ┌─ 个案研究报告的构成
              └ 教育个案研究报告的撰写 ─┤
                             └─ 个案研究报告的规范
```

第一节 教育个案研究概述

一、个案及个案研究

(一)个案

个案是对某种真实情况的描述,通常以文字记录的形式呈现。个案所描述的事实或事件必须是真实存在的,并非想象或者杜撰出来的,并且其描述忠实于原事实或事件,立场中立,不包含主观的价值评论。因此,个案是人们思考、判断和采取正确行动的基础。罗伯(Rober)认为,个案是一个封闭系统,是由一系列相关元素组成的有机整体,是由各个部分组成并在自身的环境中运作的完整事件。用"封闭"这个词来限制,是为了强调研究者应该确定个案中事件或事实的范围,即个案是什么以及不是什么。

个案可以是一个学习障碍儿童、语言艺术教室、学校或国家项目等。有些研究者认为,个案不仅包括身份明确的实体(如一个小组、个人、一个教室或组织),也包括事件(如校园抗议事件)、活动(如学习打篮球,学习轮滑的活动)或过程(如在教学的第一年里如何成为一名专业教师)。个案研究是以一个整体的社会单位为对象,如人、家庭、社会团体、社区等。这个对象一定要具有代表性,使研究者可以通过对选定个案进行详细的数据收集与分析来获得有价值的结论。如,一个患病的青少年个体,从研究的意义上来说,构成"个案"。此外,个案还可以是很多事情或事物,但它们应该要有一致性,它们的结合可以为研究探寻提供一个清晰的焦点。因此,如果我们要设计一个关于"应对慢性疾病的家庭及其所需要的技术支持"的个案,就要同时调查几个家庭会更有利于研究的开展。

个案研究关注个案如何运作,因此喜欢对个案进行整体描述。如个案为"高中",研究者会描述教师、建筑物、学生、教室和书等构成这所高中的所有组成要素。如个案为"个体",研究者会描述构成个体的不同部分(如认知的、情感的、生理的)。除此之外,个案研究也关注个案的内在和外在背景。以一所学校为例,内部背景包括学校的组织气氛、领导风格、体育和教学器材等;外部背景包括学校所在的具有特定社会、经济和人口特征的地理位置。因此,个案研究者应仔细勘察个案的背景,以便能够更好地描述和解释个案的功能运作。

(二)个案研究

1. 个案研究的定义

个案研究在社会科学领域由来已久。早在19世纪末,美国学者就开始系统地运用个案研究进行学术研究。1870年,哈佛大学法学院即开始用个案研究法来训练学生思考法律的原理和原则。但是,通过个案研究获得的数据却被认为是微不足道的,通常被作为实证主义(主要指量的研究)研究的前期探索性调查。直到20世纪60年代,随着建构主义的兴起,个案研究才重新引起质的研究者的兴趣,个案研究在社会科学领域逐步受到重视。西方许多学者,如戈尔比(Golby)和梅里厄姆(Merriam)等开始将个案研究应用于教育研究,促进与丰富了个案研究的使用和发展。

梅里厄姆认为,个案研究的对象即个案本身是关键。个案是一个有意义的、限定的实体或单位,是一个个体或更大的社会系统(如学校系统)。而尹(Yin)则从研究过程的角度来定义个案研究,他强调个案研究涉及不同的信息渠道是为了能够在其所处的自然环境中定位独特的个案。这种观点强调分析过程中要多角度寻求一个有意义的结构。然而,从研究结果的角度,质的个案研究也能被认为是特定的自然科学的产物,因为个案研究经常使用可辨别且无技术含量的语言,给已被研究的现象提供一个丰富、具体、深入和全面的描述。至于个案研究的内容,过程描述和社会化建构意义的分析是常见的话题。简而言之,个案研究是指系统地研究个人、团体、组织或事件,以获得尽可能多的相关资料、解决研究问题的过程。

个案研究对各自独立的个案进行详细研究,一方面确认和描述现象,另一方面促进理论的发展。通过个案的收集,有助于详细地描述事物的现状,以便人们了解事物和发现问题;有利于将个案推广到现实生活中,解决普遍性的问题;有利于启发人们的认识,对研究对象寻求新的解释、观点和意义等。

个案研究在医学、人类学、临床心理学、管理科学和历史学中被广泛使用,也是社会科学研究中运用较为广泛的一种质的研究方法。奥地利心理学家弗洛伊德(Sigmund Freud)所作的关于病人的个案研究报告,经济学家为美国联邦通讯委员会所作的有线电视业的个案研究等均属此类。因此,当研究者不确定研究的主体时,个案研究方法显得尤为重要。详细的个案资料,特别有利于研究者发现进一步研究的线索和概念。

菲什(Fish)和戈尔比都指出个案研究是研究职业实践和实践重要性问题的一个有用的方式。因为个案研究能够指导读者做什么,尤其是当他们处境类似的时候;个案研究使得实践者能够将一个实践问题重新概念化,从而更全面地理解它,并将理论与实践结合起来。科尔曼(Coleman)指出个案研究对于证实或发展一个现存理论是很有价值的。实证主义研究者则喜欢将个案研究作为预实验方式,因为他们能够在此过程中产生假设,以便在将来的控制研究中进行评价。

综合上面的不同定义,我们可以发现:个案研究是以单个的个体或者是更大的系统或组织为研究对象,对其进行详尽、系统的描述和研究,以期帮助人们发现和解决问题,或者促进现存理论的进一步发展的一种社会科学研究方法体系。

2. 个案研究与几个概念的区别

(1)个案研究与个案记录。

个案研究不同于医学、社会工作或职业治疗的个案记录。个案历史或心理传记是以长期或主观个案叙事的形式追溯个人或一个组织的过去,它们并不构成个案研究。同样,职业教育或自然科学文章中所使用的个案例子,可能对个案进行了描述,但是并没有使用系统的自然科学方法,也不属于个案研究。

(2)个案研究与单一被试设计。

个案研究也不同于解释因果关系的单一被试设计。因为单一被试设计依赖于实验的传统,对被干预个案的基线水平和干预后的效果进行比较,并在调查中使用数字分析,但没有涉及背景问题,也没有对所研究的现象进行丰富完整的描述。

(3)个案研究与行动研究。

个案研究也不同于行动研究。虽然两者有某些方面的重合,如在真实的背景中开展研究,都有参与的过程,都可以发现和解决问题等,但不能将个案研究与行动研究混淆。行动研究是通过许多反思阶段对一个特定的变化式干预进行的研究,也致力于将研究场合中的参与者视为合作研究者。而个案研究则倾向于以研究者为中心,经常涉及对参与者的观察,并试图对研究场合进行全面的描述和理解。虽然在研究的过程中研究者可能会重新聚焦,但是最先关注的焦点始终是个案本身,并且尽可能全面地去关注。

二、个案研究的特征

个案研究的特征很多,概括起来有以下七个常见的特征。

(一)小样本

个案研究需要集中深入地对特定的单位进行分析,通常情况下所需的样本比调查研究小很多。如果对大量的参与者进行广泛的分析,有可能会以牺牲详细的描述为代价,从而会降低个案研究的有效性。如一个教室使用的电脑模拟可以被视为 $N=1$(N指代样本的个数)。

(二)背景的细节化

个案研究的目的是通过对"正在进行的事件"进行极详细的背景化分析,给读者一种"身临其境"的感觉。研究者仔细地描述这一"事件",用通用的术语对其进行定义并指出其特殊性。如上面的例子中,"正在进行的事件"可能是教师在一个关于分子间力的教学片段中如何使用电脑模拟;轮滑活动则是教师和学生在特定环境中的交互活动的情境与事件。

(三)自然背景

在个案研究中,研究者通常选择一个对行为、组织或事件没有很大影响的场合并对其进行系统的研究。个案研究非常适合于复杂背景下的研究,因为它能将复杂的背景转变为简单的因果关系。如科翰(Khan)对"学生和教师如何使用电脑模拟来理解自然科学概念和培养探究技能"进行的个案研究中,没有对教室中发生的事件进行控制,学生和教师之间的互动在没有研究者干预的情况下自然地展开。

(四)有界性

个案研究对一个特定的时空界限进行细致的描述,对时间和地点的关注能够为有趣的结构和关系提供背景。如教室是一个空间固定的正式机构场合,拥有制定好的计划表、共同的期待以及规定的课程。这些界限使得教室的研究者们能够通过限制个案的内部和外部来形成关键的假设。

(五)暂时性假设和建构新的假设

在个案研究中,研究者能生成假设,并根据在个案研究的数据收集和分析中发现或建构新的假设。研究的实体或现象出现在研究过程中,研究能得出自然的结论。如2002年科翰对她所做的关于教师、学生和电脑模拟的研究中的偶然发现仍然保持开放的态度。在这个特殊的个案研究中,她没有检验原先的假设,而是得出了几点关于教师、学生和电脑之间互动的新假设。

(六)数据来源多样性

个案研究通常使用多种数据来源,使得几种调查线索汇聚,有助于相互印证,所得的研究发现更令人信服,更精确。在关于教室设计的研究中,2007年科翰收集了各种各样的数据,包括测量学生理解的测试数据,对教师和学生的访谈数据以及教师、学生和电脑互动的观察数据。

(七)可延伸性

个案研究能够通过拓展读者的经验来丰富以及进一步转变读者对于某个现象的理解。个案研究者通过分析复杂的社会互动来发现或建构那些构成某个现象的"不可分割"的要素。在个案研究中,研究者致力于对背景中的关系进行合并和明确,希望这些背景和关系能够引起读者的共鸣。例如,虽然2002年科翰研究的是一个教室,但其目的却是想要将化学课堂上的研究延伸到其他自然科学的课堂。

三、个案研究的分类

个案研究的分类很多。如麦克劳德(McLeod)等将个案研究分为实用性、效率导向性、理论建构性以及描述性个案研究；1981年库巴（Guba）和林肯（Lincoln）将个案研究分为事实性、解释性和评估性个案研究。在个案研究的多种分类中，对个案研究具有重要影响的两个研究者尹和史黛科（Stake）的分类最具代表性。

（一）尹的分类

尹提出三种不同类型的个案研究，分别为"探索性个案研究""描述性个案研究"和"解释性个案研究"。但不管什么类型的个案研究，研究者的角色都是消极的询问者。

1. 探索性个案研究

探索性个案研究是确定研究问题之前的一种直觉调查。探索性个案研究的目的是发展命题以期在将来的研究中得到检测。例如，研究者进行一个关于个体阅读过程的探索性个案研究，可能会问笼统的问题，如"学生阅读一篇文章时使用策略了吗"和"如果使用的话，频率是多少"。这些笼统的问题意味着可以在将来进一步研究所观察的现象。同时，探索性个案研究还可以在提出研究问题和假设之前预先进行小范围田野式的数据收集。作为前奏，这个最初的工作有助于为研究建立一个框架。

2. 描述性个案研究

描述性个案研究指的是在现象所处的背景中对其进行完整的描述。如研究者使用了哪些不同的策略以及怎样使用这些策略。描述性个案研究者的目标是对所出现的数据进行描述。麦克多诺（McDonough）等认为，描述性个案研究可以以叙述的形式呈现。描述性个案研究的挑战之一就是研究者必须在开头使用一个描述性理论，用来支持对现象或故事的描述。如果没有做到这点，描述可能会不够严谨，并可能会使研究过程不够严谨。

3. 解释性个案研究

解释性个案研究的目的在于解释因果关系，从表层和深层两个层次仔细地检测数据以便对数据中的现象进行解释。如研究者可能会询问一个学生为什么在阅读中使用推理的策略，然后根据数据形成一个理论并对其进行检测。

（二）史黛科的分类

史黛科将个案研究分为内在个案研究、工具个案研究和多重个案研究三类。

1. 内在个案研究

在内在个案研究中，研究者的兴趣在于某个特定的个案，而不在于它是否代表其他的个案。个案的选择由其特殊性决定。如临床个案研究就属于内在个案研究。

2. 工具个案研究

工具个案研究是为了收集知识和建构一个可以推广的理论。在这类研究中，个案的选择是由其是否能够代表一组现象的特质所决定的。

3. 多重个案研究

多重个案研究也称集合式个案研究。这种个案研究对某个特定个案研究得更少,其更多是通过比较,重点突出一组现象的普遍性。

因此,从总体上来说,内在个案研究是在个案内部进行归纳,工具个案研究试图将个案进行推广,多重个案研究是对工具个案研究进行进一步的延伸。

由此可以看出,尹和史黛科都是依据研究目的的不同而对个案研究进行分类的。所不同的是,尹所分类的三种个案研究之间呈现一种并列的关系,而史黛科所分类的三种个案研究之间则更多地呈现一种层层递进的关系。

四、个案研究的评价标准

关于个案研究的评价,主要有两种观点:一种是传统的信度效度论,支持用信度效度等来评价个案研究;另一种是诠释论,认为所有的研究者、参与者和个案报告的读者都有对个案研究的意义和价值的独特解释,反对简单地运用信度效度来评价个案研究。

(一)信度效度论

信度效度论者认为,要成为一个有价值的实证研究策略,个案研究必须满足信度和效度的方法论标准。

信度指的是在研究方法等条件相同的情况下,重复研究发现的能力。这就需要正式的研究方案来确保所有个案研究过程的一致性。信度分析所依据的数据将独立于其他分析在另外一个数据库中进行。为了寻求外在信度,研究者必须表述清楚研究设计的认识论前提,描述清楚个案的选择以及尽可能详尽地描述数据收集和分析的过程。这些措施的目的是使其他研究者能够重复研究过程的每一步。内在信度有效的关键是观察者间的信度(评估两位以上观察者所收集记录资料的一致性程度)和个体内的一致性(评估一位观察者多次收集记录资料的一致性程度),这可以通过"成员检验"(如将研究数据反馈给研究对象)和"审计记录"(如外部监督人员对研究过程的持续评估)来确保。

效度指的是研究的准确性和真实性程度。根据测验目标把效度分为内容效度、结构效度(构想效度)和效标关联效度,这种分类被美国心理学会(American Psychological Association,简称APA)在1974年发行的《教育与心理测验的标准》一书所采纳,成为通行的效度分类方法。内容效度即测量内容的适当性和相符性,通过系统的逻辑方法详细分析题目的性能,确定项目对欲测内容或行为范围取样的适当程度。结构效度是指一个测验实际测到所要测量的理论结构和特质的程度,是指实验与理论之间的一致性,即实验是否真正测量到假设(构造)的理论。结构效度对于个案研究来说尤其重要,它可以用来消除个案研究所谓的"主观性"的标签,使研究过程与操作合理化。

而内在效度和外在效度是心理学研究(特别是实验研究)文献中常使用的概念,与测量的效度的含义有所不同。内在效度是建立可靠的因果关系,在数据分析阶段尤其重要,可能包括一些检测推论效度的策略,如模式匹配、建立解释或时间序列分析等。外在效度关注的是研究发现具体能推广到哪个领域。这要求仔细地选择个案并解释每个个案被选择的原因、个案之间的异同,所有这些都是以问题研究的形式来呈现的。与单个个案研究相比,外在效度在多重个案研究中得到更大程度的体现。

(二)诠释论

诠释论者认为,不应该使用传统的信度和效度来对个案研究进行判断,而应该使用能够证明他们研究发现和方法的可信度和可靠性的标准。乔伊斯·高尔(Joyce P. Gall)等认为有11个标准可以帮助研究者对个案研究进行评估,并将其分为三类,即反映对读者需求敏感性的标准、反映合理研究方法使用的标准以及反映数据收集和分析完整性的标准。

1. 反映对读者需求敏感性的标准

这类标准包括有力的证据链、真实性(truthfulness)和有用性。有力的证据链指的是在研究问题、原始数据、对原始数据的分析以及从数据中得出的结论之间建立的清晰且有意义的联系。乔伊斯·高尔等指出研究者可以通过审计线索(审计线索指的是对个案研究中所使用的研究过程的完整记录)来向读者展示清晰的证据链。审计线索中可记录的项目包括原始数据的来源和方法、研究过程、收集数据的工具的发展和数据收集的过程、数据归纳和分析的结果以及数据重构和综合的结果。真实性指的是研究者通过描述对所研究现象进行的真实呈现。例如,"某校课外活动实施的个案研究"中的研究对象、研究情境、发生的活动与事件等都是真实的,呈现的是真实的经验性数据。

此外,对读者的有用性是评估个案研究的一个重要的标准。个案研究的有用性可以体现在启发读者、解放或授权被研究的个体、研究发现能用于指导读者应对自身环境中出现的与个案研究中类似的现象。

2. 反映合理研究方法使用的标准

这类标准包括相互印证、编码检测、驳斥个案和成员检验。

相互印证指的是使用多种数据收集方法、数据来源或理论来检测个案研究发现的过程。

编码检测指的是对个案研究中编码过程信度进行的检测,使用的方法类似于量的研究中判断评估者间信度的方法。所谓的编码是指我们解释研究者怎样建立一个范畴体系来对访谈记录、田野记录、文件以及其他材料进行处理的过程。个案研究可以通过使用多个观察者来增加编码过程信度。

驳斥个案是通过使用极端的例子(即异常值)来检测和加强基础研究。例如,"某校课外活动实施的个案研究"中的一名学生经过一年的学习后仍然不会轮滑的案例,需要更多的观察与解读,以此来说明和解释在辅读学校开展课外活动的困境与根源。对个案研究来说,所谓的异常值指的是与研究中的其他大多数不一样的个体或情境。

成员检测指的是被试回顾检查研究者的报告,以确保其精确性和完整性。"某校课外活动实施的个案研究"在数据分析完毕以及报告撰写成功两个阶段,都分别由第三作者组织学校同事对数据分析与报告中的观点进行审阅,并提出修改意见。

3. 反映数据收集和分析完整性的标准

这类标准包括背景完整性、长期观察、典型性检测和研究者的自我反思。

背景的完整性是评估个案研究可靠性的标准之一。个案研究的背景越完整,研究者对背景中的现象的解读就越可靠。大卫·阿尔西特(David Altheide)和约翰·约翰逊(John Johnson)认为,个案研究中应该考虑的背景特征包括历史、实物背景和环境;参与者数目;特定的活动;事件发生的进程和时间顺序;人力分配;日程以及日程变动;重要的事件及其起因和结果;成员的感受和意图;社会规则和安排的基本模式等。

对数据的长期收集和对现象的重复观察也能增加个案研究发现的可信度。如学生对学校的感受因考试、天气、假期等因素而变化,因此通过长期的数据收集,研究者就可以区分情境性感受与持续性感受。

个案研究发现是否具有代表性也是评估个案研究的重要标准之一。如研究者可以通过反思数据收集是否过多地依赖于容易接近的人或精英阶层,以此来进行代表性检测。

研究者的自我反思也是个案研究评估中重要的参考标准之一。如果研究者能证明反思性(即研究者关于自身进行这项研究的资格和他们与所研究背景之间的关系的自我反思),他们的解读就更加可靠。

五、国内教育个案研究的现状

在国外研究者广泛关注个案研究的背景下,国内研究者的关注也日渐增多。从所查阅的文献来看,主要集中于以下几个方面。

第一,个案研究的对象很广泛,有针对人(如针对孤独症儿童的个案研究)、物(如教材)、组织(如幼儿园)、活动(如课堂学习)等的个案研究。个案研究类型也呈现出多样化,既有描述性个案研究(对一个随班就读学生的个案描述)、探索性个案研究(如对孤独症家庭情感康复训练的探索),也有解释性个案研究(如针对高一学生书面表达错误的解释性个案研究);既有工具个案研究(如对教师信念和课堂教学的个案研究),又有多重个案研究(如对普通高校健听大学生对听障大学生接纳态度的个案研究)。

第二,个案研究采用的方法多种多样,如访谈法、问卷法、观察法等,并且大部分情况下是各种方法的综合运用。

第三,个案研究的实施过程较完整,如曾守锤和张福娟《多重残疾听力损失儿童干预的个案研究》一文比较完整地呈现了个案研究的实施过程。

但是,整体上来说,国内更加注重的是教育个案研究的应用,对于个案研究的理论探讨不多,同时对个案研究只是注重结果的呈现,没有关注个案研究质量的评价(如信度和效度如何)。而且,在文中统一使用"个案研究"一词,没有明确地指出个案研究的类型。而国外对教育个案的研究更加系统,有对个案研究定义、分类、评价标准、如何实施等的系统探讨,同时也有对个案研究科学性的探讨。

第二节 教育个案研究的实施

一、个案研究的实施步骤

关于个案研究的实施步骤,没有统一的说法。安娜莉萨·沙米南(Anna-Liisa Salminen)等认为,进行个案研究时,需要考虑的基本元素源于个案研究的定义,如研究的目的、个案的选择以及多种方法和数据来源的使用。帕莱纳·尼尔(Palena Neale)认为,个案研究的过程应该包括计划、设计工具、收集数据、分析数据和推广研究发现等。

在众多关于个案研究实践步骤的讨论中,约翰·罗森堡(John P. Rosenberg)和帕齐米·耶茨(Patsy M. Yates)的讨论是相对比较详尽完整的。他们认为,个案研究的实施过程包括研究问题的提出、基本研究主题和理论的确定、个案及其背景以及感兴趣现象的确定、特定个案研究方法的确定、确定最合适的数据收集方法、选择与数据收集方法一致的数据分析方法、通过预先设定的分析过滤器对已分析的数据进行完善、使用矩阵将数据简化为可管理的模块和概念组、得出结论并撰写个案报告。同时,他们还提出可以通过图表的形式将整个研究过程进行呈现。下面将结合"社区安宁护理组织中的健康改善规则和实践的结合"(例一)以及"某校课外活动实施的个案研究"(例二)两个例子对约翰·罗森堡和帕齐米·耶茨关于个案研究的实施步骤展开具体的介绍。

(一)研究问题的提出

和其他研究一样,个案研究的起点是确定感兴趣的现象,接下来是研究问题的形成以及质的研究中对研究问题陈述的归纳(或量的研究中假设的形成)。

(二)基本研究主题和理论的确定

虽然并不是所有的个案研究都是在数据收集之前进行文献回顾的,但是对研究背景的理解的确是个案研究的关键步骤。基本主题和理论的确定是研究的一个重要组成部分。

(三)个案及其背景以及感兴趣现象的确定

个案及其背景以及感兴趣现象的确定可能是个案研究中最重要的一步。因为如果没有明确的界限限定个案，个案研究会变成一堆无法处理的数据。这一步对第一步中所提出的研究问题进行分析和解读，是对第一步的进一步深化。通过这一步骤，研究者更加明确个案及其背景以及感兴趣的现象。

(四)特定个案研究方法的确定

史黛科提出个案研究可以采取以下三种形式中的一种：内在个案研究、工具个案研究和集合式个案研究。

(五)确定最合适的数据收集方法

个案研究中数据收集方法的选择主要取决于研究问题。可以是各种质的研究方法的结合，也可以是各种量的研究方法的结合，还可以是质和量的研究方法的结合。如例一的研究包括了参与式观察、深入访谈、问卷等研究方法。组织参与研究公共政策制定的问题时，文件回顾被视为潜在的数据来源，而关于消费者对支持性环境感受的研究问题则更适合通过问卷和深入访谈来获得。多重方法的使用被认为是促进个案研究严谨性的一项关键活动。例二的研究主要采取的是非参与式观察与半结构化的访谈法（质的研究方法）。

(六)选择与数据收集方法一致的数据分析方法

为了保证方法的严谨性，数据分析方法必须与收集方法保持一致。因此，在例一的研究中，文件、访谈和目标群体数据应该按主题进行分析，问卷数据则进行统计分析。由于例一研究中的数据分析是重复的，并且对正在进行的数据收集的提炼有影响，本步骤和数据收集重合。同理，在例二的研究中，所收集的数据也应该按照主题进行分析，探明轮滑活动的作用、特点、影响因素及其效果等主题。

(七)通过预先设定的分析过滤器对已分析的数据进行完善

分析过滤器是一种形象的比喻，是指将已经分析的数据进一步整理纳入几个主题。在使用分析过滤器的步骤中，多重来源的数据的混合是很明显的。需要强调的是，分析过滤器并不是个案研究必有的一个特征，但是它可以通过预测个案研究中固有的潜在的概念来确保个案的界限，以此来加强研究方法的严谨性。在例一的研究中，分析过滤器包括渥太华宪章中所描述的健康改善的五个元素。

(八)使用矩阵将数据简化为可供管理的模块和概念组

如何通过图表来系统严谨地处理大量多重来源数据的例子见迈尔斯(Miles)和休伯曼(Huberman)提出的描述性和解释性矩阵。他们根据在分析过滤器元素中的概念联合，同时呈现集中和离散数据。需要指出的是，使用矩阵将数据简化为可供管理的模块和概念组不是个案研究的必备要素。例一在研究中通过这一步骤使得数据在概念上与健康改善的每个要素一致,同时维持分析的演绎过程。

(九)得出结论并撰写个案研究报告

一旦经过上述数据处理过程,这些数据就可以被用于进一步的分析,并为个案描述中结论的得出提供基础。在已有数据的基础上,结合现有研究文献,进行综合比较、概括,探讨所研究对象的本质规律,这一过程往往被认为是"概念形成"的过程。最后,个案研究报告是个案研究的产物,类似于研究报告的结果和讨论部分。有时为了解释得清楚,个案研究报告部分会分步进行。

二、个案的选择

迈克尔·巴顿(Michael Patton)将研究者选择个案的过程称为目的取样。其目的取样的目标是选取关键信息员,即能提供丰富信息且尊重研究者目的的人。

个案选择可以依据很多标准。有研究者认为,个案选择要考虑所选的个案是否容易获得。除此之外,还要从理论方面考虑,个案选择不应依据个案的代表性,而应依据个案的说明性。还有研究者认为,个案选择最重要的标准是保证能从所选择的个案中获得最大量的信息,如从目标客户群中选择能提供最丰富信息的客户。对于多重个案研究来说,个案的选择应确保每个个案,或者预测类似的结果,或者得出相反的结果,但是要有可预测的理由。

研究者认为,选择个案要采取系统的取样策略。迈克尔·巴顿总结了15种选择策略,乔伊斯·高尔将其分为四类。第一类为选择具有关键特征的个案的策略,包括极端个案、集中性、典型个案、最大变化、分层、同类、目的性随机;第二类为反映概念基本原理的策略,包括关键个案、基于理论的或具有可操作性的结构、证实或驳斥个案、标准、政治上重要的个案;第三类为突然出现的策略,包括机会主义、滚雪球。

三、个案研究的数据收集

数据收集是数据处理的一个重要准备步骤。个案研究中的数据既可以通过量的方法收集,也可以通过质的方法收集,或者是通过质和量相结合的方法进行收集。所有的个案研究都包括广泛的数据收集,通过不同的途径用不同的方法收集不同类型的数据,这样有助于开阔视野并对研究现象进行更全面的了解。

1994年,尹指出个案研究中广泛使用的数据收集方法包括文件回顾、归档文件、访谈法、观察法(直接观察法、参与观察法)和实物形式的人工制品。其中,直接观察法、文件回顾和访谈法三种方法被认为是个案研究最全面、可靠的方法。

1. 文件回顾

文件回顾中的文件可以是信件、备忘录、记事本、文档管理、新闻文章以及任何与调查相关的文件。例如,凯尔(Keil)在研究中翻阅的几种文件,包括设计小组备忘录、成本与效益比的分析、有关阻碍系统使用的内部报告等都属于文件回顾的范畴。文件回顾可以弥补其他方法的不足。如有时人们前后言行不一致,文件回顾就可以用交叉验证访谈和观察等其他方法收集信息。另外,文件对研究者访谈中的询问具有指导性。

2. 归档文件

归档文件可以是服务性文件、机构记录、姓名列表、调查数据和其他类似这样的记录。如帕尔(Paré)和伊拉姆(Elam)在研究中阅读的由两名参与项目实施过程的关键人物最近所发表的三篇科学论文连载,就属于归档文件。需要强调的是,调查者在使用归档文件之前需要非常小心地评估它们的准确性。

3. 访谈法

访谈法在个案研究中非常盛行,可以和其他数据收集方法一起使用。就如1994年卡普兰(Kaplan)和麦克斯韦(Maxwell)所强调的,访谈的首要目标是引导被访谈者用自己的话来陈述观点和讲述经历,而不是简单地让被访谈者在预先设定好的反应范畴中作出选择。访谈法包括结构式访谈与半结构式访谈。结构式访谈围绕谈话提纲进行,如在艾米(Amy R. McKenzie)的研究中,谈话提纲包括学生背景信息、读写初级阶段的发展、促进这一阶段发展的策略和活动以及谈话伙伴在这一阶段发展中应发挥的作用等。与结构式访谈相比,半结构式访谈能够在保证收集同样范围数据的同时,拥有足够的灵活性,并且可以以不同的方式接近不同的访谈对象。例如在上述的"某校课外活动实施的个案研究"案例中,针对教师的半结构式访谈就能够很好地获得教师关于"轮滑活动"开展的作用、特点、影响因素与场景以及实施效果等多方面较为集中、深入的信息,有利于后面对数据的分析与比较、归类。访谈录音用来精确地记录谈话,以避免损失数据,同时,可以用数字对每个磁带编码,标上被访谈者的名字以免混淆。

4. 观察法

观察法能对正在进行的事件进行详尽的描述和记录。个案研究中应用比较广泛的两种观察法为参与式观察和直接观察。

参与式观察指的是在观察中,研究者与被观察者发生互动。参与式观察有几个显著的优点,即参与观察者能从个案研究内部人物的角度来洞察事实(Yin,1994),能够更便捷地接触事件、人物和文件。如在邦尼(Bonnie)和维基(Vicky)的研究中,研究者加入家庭参与到支持小组会议中,目的就是帮助其理解家庭成员如何与其他人互动以及家庭需要什么样的支持。个案研究中的田野访问可以使用直接观察法。直接观察法可能会像随意的数据收集活动一样简单,也可能会需要制订正式的方案去测量和记录行为。直接观察法对系统的评估十分重要。如艾米在研究中,应用直接观察法来收集关于环境支持、教学测量和教室内外活动的数据,并且通过制订观察方案以及做开放式田野记录的方式来增加直接观察法的信度。"辅读学校课外活动实施的个案研究"则采用非参与式的、自然观察的手段,在不干预教学的自然的课外活动情境中观察"轮滑活动"的开展。

5. 实物形式的人工制品

实物形式的人工制品可以是工具、测量仪器以及其他在田野访问中所收集的物质证据,如相片、录像、作品等。研究者的视野会因研究发现的结果而得以拓展。例如,"某校课外活动实施的个案研究"中对该学校开展轮滑活动课程以来的记录、新闻报道、图片等进行了收集与分析,以确定该研究的背景。

四、个案研究的数据分析

(一)数据分析的过程

个案研究的数据是以解读的方式进行处理的。分析框架(概念的或理论的)的使用能对这一分析过程提供重要支持。因此,框架的建构是数据分析的第一步。研究者以循环的方式多次对材料进行浏览,直到建立一种能将各种数据都包括在内的框架,然后就开始对质的数据进行分析。首先,将有意义的单位进行编码,接着按照编码对内容进行分析和描述,然后检测编码之间的联系以及辨别"显露模式"。

在多重个案研究中,数据的处理可能会被分为"现场内分析"和"跨场地分析"。这意味着对每个个案单独进行分析(现场内分析),然后对所有的个案进行筛查以得出共同独特的要素(跨场地分析)。在跨场地分析中,需要关注能解释异同点的因素。

在数据分析的最后阶段,个案研究的结果应该和现存的理论同步考虑,以便调整和深化现存的理论。在这种意义上,个案研究可能会对科学理论的建构作出真正的贡献。

(二)常见的数据分析策略

个案研究的数据分析是整个研究过程中最困难、最难以被编码的部分。因此,研究者针对个案研究的数据分析提出了多种数据呈现形式,如联系汇总表、文件汇总表、反思的和边缘的言论、个案分析会议以及临时的个案总结等。下面将重点对常见的几种分析策略进行介绍。

1. 编码

在个案研究中,编码主要用于分析早期的数据,尤其适用于简化数据。研究者通常在附录中提供一套编码系统,以便于后来的研究者能重复本研究;同时,还能使读者看到理论模式和编码之间的逻辑联系。

建立编码系统有几种途径:一种是研究者或研究组依靠预先确定的或先前的编码。这些编码的建立主要依据对先前研究或理论思考的理解。Keil的研究就是采取这种方式。另一种是研究者对数据进行一些初步探索之后再进行编码。还有一种更折中的方式,就是先使用一些原始的编码,并在分析的过程中再加入其他的编码。

如帕尔和伊拉姆的研究就是对编码过程的一个很好诠释。为了和他们的概念框架保持一致,他们将研究中的编码系统分为三种:(1)背景条件;(2)实施策略;(3)成功实施的标准。另外,他们还建立特殊的规则来确保编码系统的信度和编码过程的整体质量。

"某校课外活动实施的个案研究"的编码系统包括四类：(1)轮滑的作用；(2)轮滑的影响因素；(3)轮滑的效果；(4)轮滑教学中的问题。他们使用编码进行研究的过程如下。首先，根据概念框架建立一套初步的编码。然后用这套编码整理和提取个案中的文本数据。在这个过程中，研究者发现需要添加一些新的编码。当所有与个案相关的文本都被编码后，选择两个编码人员来确定评估者间信度。研究者先对编码进行简单介绍，然后指导每个编码人员阅读编码说明，熟悉编码体系。随后，每个编码人员将编码分别分配给代表背景条件、实施策略和实施成功标准的一系列文本。这些文本是从同一范畴中随机选取的。完成任务后，研究者提供最初的编码，然后指导每个编码者与研究者讨论现在的编码与最初编码的差异性，根据配对原则将编码者的编码结果与研究者的编码进行比较，结果显示两者存在一定程度的一致性（表示最初编码和现在编码一致性的 Kappa 系数>0.80）。

编码系统对研究者来说是一个关键的数据管理工具，用来组织类似或相关的文本，以便于解读以及寻求证据来证实或驳斥这些解读。编码系统的细致性由研究者所处的研究阶段决定。初期研究可能需要更广泛的编码系统来获取更多的解释，而用来阐明早期研究中出现的几个特定假设的研究则需要比较具体、狭义的编码。一个好的编码系统应该包括具体的信息要素。如果一个主题特别抽象，研究者则需要提供有关主题界限的例子，甚至需要与主题紧密相关但并不包括在主题里的一些个案。

2. 模式匹配

模式匹配是个案研究数据分析中最受欢迎的策略之一。这种策略将实证模式与预测模式进行比较，当两种模式契合时，能提高研究的内部效度。尹认为，当研究中包括独立变量的时候，可以将相互匹敌的两种解释进行模式匹配。这需要有相互匹敌的两种理论命题，但是仍需要整体考虑实证模式与预测模式的匹配程度。如在马库斯（Markus）的研究中，他描述了三种潜在的模式（理论陈述），然后显示数据与哪一种模式更匹配。当这三种潜在模式是相互匹敌的命题时（如马库斯的研究），模式匹配技术就可以有效地将数据和命题联系起来。像先前提到的那样，相对于其他两种模式来说，马库斯的数据与第三种模式更匹配。但是多大程度的匹配才能形成模式匹配呢？像其他大多数个案研究一样，马库斯没有通过任何数字上的检测来进行对比。至今还没有十分合适的方式来制定解读这类发现的标准。有研究者希望不同的模式能够形成足够鲜明的对比（如马库斯的研究），这样就可以通过比较两种或两种以上相互匹敌的命题来解读研究发现。

3. 建立解释

建立解释指的是通过建立一种个案的解释来对个案研究进行分析，也被认为是模式匹配的一种形式。这意味着建立解释的策略对解释性个案研究非常有用。解释性个案研究包括对个案事实的精确再现；对这些事实不同解释的考虑；根据最符合事实的一种解释所得出的结论。建立解释没有固定的构成要素,而建立解释的过程类似于侦探工作。侦探必须建立一种对犯罪的解释。在掌握犯罪现场描述以及目击证人叙述的信息后,侦探必须针对不同数据的相关性作出决定。一些个案事实被排除,而一些有用的线索可能会被发现,然后被继续跟踪追查,最终在排除其他解释后形成一种关于犯罪事实的合理解释。需要指出的是,建立解释也可被用于探索性的个案研究中。

4. 视觉显示

视觉显示是个案研究数据分析的重要组成部分。通过显示数据可以找出被编码的各部分之间的联系。例如,帕尔和伊拉姆制作了背景图表,对研究对象及其周围人物之间的关联制作成表格,并形成关系网络图。这一背景图表除了暗示演员之间谁正式指挥谁以及扮演什么角色外,还可以告诉研究者在每个实施计划中,演员之间的工作关系质量。这些图表显示了谁是关键的演员以及每个个体扮演什么样的角色。除此之外,图形和图表也发挥其他两种关键的作用,即简化数据和呈现数据,允许将数据作为整体来考虑(Miles 和 Huberman,1994)。帕尔和伊拉姆的研究中用一览表矩阵来对实施背景和成功实施的程度进行综合整体的评估(质的和量的)。因此,对这些表格的简单浏览能使得研究者清晰地确定每个计划在实施过程中遇到的挑战以及计划成功的程度。

第三节 教育个案研究报告的撰写

写作过程是个案研究中的一个重要阶段。个案研究报告要求遵循一定的规则来充分地呈现数据和分析。写作过程自身以一种"思考"甚至"知道"的形式出现,来传播所收集的知识,因此它是一个关键的阶段。

一、个案研究报告的构成

个案研究报告的目的是简化复杂的研究发现,使读者能够得出自己的结论。个案研究报告有很多种形式,如一章一个个案,写一个故事,按时间顺序叙述,将报告分成层次性标题或章节来陈述研究问题的每个方面。然而,像其他所有的评估结果一样,个案研究报告应该呈现研究的理由和方法以及支持性的信息(如研究中使用的工具和相关的指导规则)。个案研究可能独立呈现,也可能包括在更大的评估报告中。

典型的个案研究报告是一长篇叙述性的文章,没有固定的结构,难写难读。为了避免这种情况的发生,可以将研究建立在一个清晰的概念框架上,也可以用一系列开放式问题的问答形式来取代叙述性的个案研究。这样研究报告就变得容易写,读者也可以不费吹灰之力找到所需的信息或是浏览整篇报告。如果个案间的分析是研究的主要目标,就没有必要对单个个案进行报告。在这种情况下,研究报告就包括对每个个案的总结以及个案间的分析。

个案研究报告包括如下部分中全部环节或者关键环节：研究目的和理论背景的陈述；研究主题；主要研究问题对个案的具体描述以及如何进行取样和个案选择；研究的背景和个案历史（用来告诉读者研究地点或对象是如何确定的以及研究者与研究对象之间的关系）；研究的持续时间；用来保护参与者身份和隐私的知情同意书（其内容比较理想的是能够说明参与者在某种程度上可以从参与中获益）；数据收集和分析的方法；研究发现（对数据的总结性陈述、对研究问题的清晰回答，以及围绕个案的深入讨论等）；使用引用与节选对数据进行解释，构建完整的、概念性的分析和解读；对可能影响数据解读的因素进行讨论；个案研究与更广泛的理论和实践议题之间的联系。

二、个案研究报告的规范

沙龙·梅里厄姆（Sharon Merriam）认为，"个案研究没有标准的格式"，个案研究报告呈多样化的特点，至今依然如此。

总体来说，个案研究报告仍应遵循一些基本的研究报告的写作规则。如连贯性，研究者应对观点按照一定的顺序进行陈述，报告从头到尾要体现词、概念和主题发展的持续性，这可以通过使用一些过渡性的词汇来实现，如"然后""因此""然而"等。再如表达清晰，研究者要明确在研究报告里应该呈现什么，避免俚语、词语冗长累赘等。此外，还有一些具体的写作规范，参见1994年APA（American Psychological Association，美国心理协会）写作手册。除此之外，个案研究还应该遵循两个规范：第一，研究者应该更积极地使用第一人称（如使用"我"而不是"研究者"）和主动时态（如"我采访了老师们"而不是"老师们被研究者采访了"），这样有助于研究者确立自身在研究中的地位，积极地参与研究；第二，个案研究要使用假名，要对参与者的身份及信息保密。

撰写个案研究报告时，研究者需要在写作的创新性和结构性之间寻求平衡。同时，个案研究报告还应注意以下几个问题：第一，个案要有代表性，所选取的个案应该能够反映真实的生活，也可以是过去研究所没有涉及的；第二，个案要具有理论意义（体现某一个著名的理论）或者实践意义（用于指导现实生活）；第三，个案研究报告要完整；第四，个案研究报告应该考虑多方的观点；第五，个案研究报告要有充分的事实根据。

本章要点小结

（1）个案研究是指系统地研究个人、团体、组织或事件，以获得尽可能多的相关资料、解决研究问题的过程。个案研究通常比较详尽，一方面是确认和描述现象，另一方面是促进理论的发展。

（2）个案研究有七个常见的特征：小样本、背景的细节化、自然背景、有界性、形成假设和学到教训、数据来源多样性以及可延伸性。

（3）个案研究的评价标准有信度效度论和诠释论两种。

(4)个案研究的实施步骤主要包括研究问题的提出、基本研究主题和理论的确定、个案及其背景以及感兴趣现象的确定、特定个案研究方法的确定、确定最合适的数据收集方法、选择与数据收集方法一致的数据分析方法、通过预先设定的分析过滤器对已分析的数据进行完善、使用矩阵将数据简化为可供管理的模块和概念组、得出结论并撰写个案报告。同时,研究者还提出可以通过图表的形式将整个研究过程进行呈现。

(5)个案研究报告包括研究目的和理论背景的陈述;研究主题;主要研究问题;对个案的具体描述以及如何进行取样和个案选择;研究的背景和个案历史;研究的持续时间;用来保护参与者身份和隐私的知情同意书;数据收集和分析的方法;研究发现;构建分析和解读的效度和信度;对可能影响数据解读的因素进行讨论;个案研究与更广泛的理论和实践议题之间的联系。

本章思考题

(1)个案研究的特征有哪些?

(2)分析个案研究的两种分类之间的异同。

(3)谈谈你对个案研究评价标准的看法。

第十章　课例研究

教师的学习是基于课例的学习,课例为教师创造了理论与实践碰撞的空间。

——顾泠沅

【学习目标】

(1)准确把握课例研究的内涵、视角和走向。
(2)明确化学课例研究的过程。
(3)掌握化学课例的撰写方法和优质课例标准。
(4)掌握化学课例研究报告的撰写框架。

　　李老师非常重视对教学的钻研与探讨,经常参加公开课、观摩课等教研活动。每次公开课、观摩课听下来,李老师都会感叹其完美,内心也不禁会问,这种课是怎么开发出来的? 通过初步了解,李老师发现公开课、观摩课的开发模式,在一定程度上就是课例研究的一种。以前没有听过课例研究的李老师一下子对课例研究有了兴趣,可什么是课例研究呢? 化学课例研究的过程是怎么样的呢? 他们是如何撰写化学课例的呢? 化学课例研究报告应当如何撰写?

　　李老师迫切想要了解课例研究的相关知识。本章将通过具体案例阐述课例研究的相关知识。

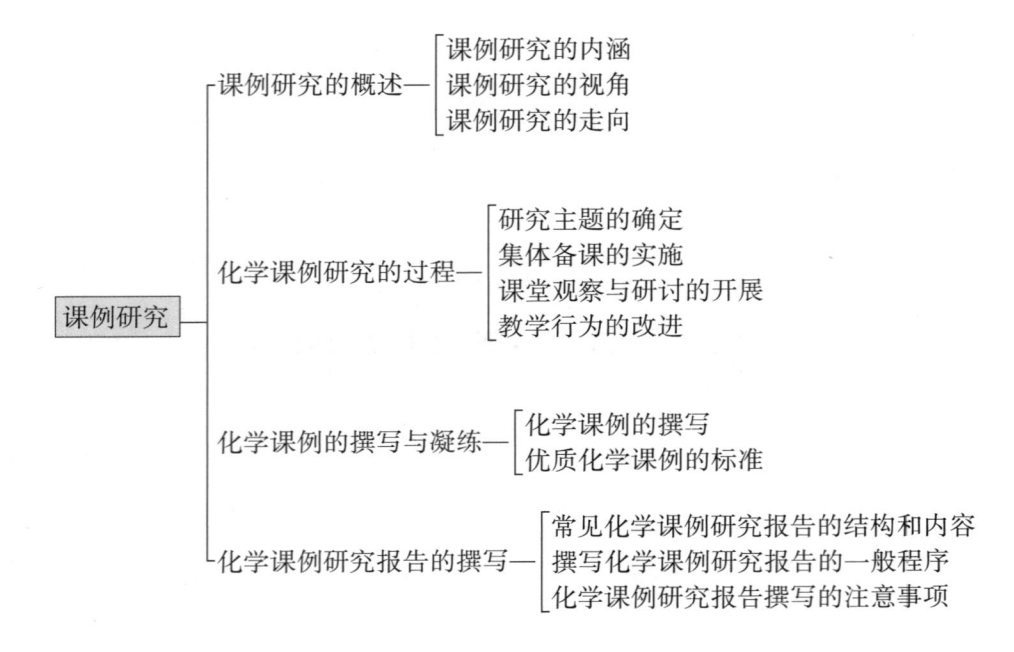

```
                    ┌ 课例研究的概述 ─┬ 课例研究的内涵
                    │                 ├ 课例研究的视角
                    │                 └ 课例研究的走向
                    │
                    │                  ┌ 研究主题的确定
                    ├ 化学课例研究的过程 ┼ 集体备课的实施
                    │                  ├ 课堂观察与研讨的开展
 课例研究 ─────────┤                  └ 教学行为的改进
                    │
                    ├ 化学课例的撰写与凝练 ┬ 化学课例的撰写
                    │                    └ 优质化学课例的标准
                    │
                    │                    ┌ 常见化学课例研究报告的结构和内容
                    └ 化学课例研究报告的撰写 ┼ 撰写化学课例研究报告的一般程序
                                         └ 化学课例研究报告撰写的注意事项
```

第一节 课例研究的概述

众多教学实践表明，课例研究是引领教师在认识课堂、研究课堂，进而提高课堂教学的效率和效益的重要方式之一，本节将从课例研究的内涵、视角、走向三方面进行介绍。

一、课例研究的内涵

何为课例研究？课例研究是指围绕一堂课的教学，在课前、课中、课后进行的种种活动，包括研究人员、上课人员与他的同伴、学生之间的沟通、交流、对话和讨论。课例研究为教师集体观课、课后相互评论、共同改进教学提供了平台，为深化教学研究提供了有效途径。课例研究一般由"教学设计""课堂观察""反馈回忆"三个环节组成，可以循环反复，不断研究改进，且在每个环节，关注的重点各有不同。课例研究具有很强的现实意义，是学科教学研究的必要手段和方式，是进一步理解、认识学科教育教学及其规律的需要。

课例研究是以发现并解决实际存在的问题为基本目的而开展的研究活动，具有以下特点。

第一，从研究人员来讲，课例研究强调组建合理的研究共同体。研究共同体基本上由三部分人组成：大学研究人员、教研员和教师。这种构成，充分发挥了三方各自的优势，打破了大学研究人员与教师之间的鸿沟，实现了个人反思、同伴互助和专业引领的有效结合，避免了教师同水平的重复。

第二，从研究文化来讲，课例研究倡导平等、民主的教研文化。在传统的教育研究中，大学研究人员是研究者，教师是被研究者。在课例研究中，教师自身参与研究，所以既是被研究者，也是研究者。研究结果的获得，不是取决于大学研究人员的水平，而是需要大学研究人员、教研员和教师互相配合,共同得出最终成果。

第三,从研究过程来讲,课例研究尊重原生态,突出体现了情境性、描述性。课例研究强调在真实自然的教学情境中观察和改进教师的教学行为,无需研究者通过人为控制教学环境来影响教师的教学行为。研究者与被研究者直接接触,不仅直接观察教师的教学行为,还要了解被研究者的日常生活状态和社会文化环境,这样就有利于研究者理解被研究者的思想和价值观念,进而理解他们对自身行为的解释。

第四,从研究方法来讲,课例研究借鉴了行动研究的方法。行动研究的特点是在行动中进行研究。课例研究从课堂教学中亟待解决的问题出发,在课堂教学中通过行动去研究,借助课堂观察和实录分析的手段,让教师自己来设计、反思和再设计、再反思,寻找课堂教学关键事件,追求教学行为的跟进。

第五,从研究内容来讲,课例研究重视对学科教学知识和个体实践知识的研究。顾泠沅教授曾提出:"迄今为止的课堂,大多以学科教学为载体,'去学科'的课堂改进至少是一种缺失,不了解、曲解学科本意的改进甚至是一种危险。"在学科教学中获取个体实践知识,是课例研究的重要任务。

二、课例研究的视角

目前,课例研究主要有两个研究视角,分别是特定内容主题的教学优化研究视角和理论应用创造的课堂教学研究视角。

(一)特定内容主题的教学优化研究

特定内容主题的教学优化研究是指围绕特定内容主题进行教学描述、分析和反思,改进或创新重要课题。这些内容主题通常是某学科知识体系中的核心点,也可以是公开课中层出不穷的教学热点。具体策略有以下几个(以化学学科为例)。

第一,创新传统的教学思路,呈现新的教学线索。例如:利用化学史进行"苯"的教学设计,将苯分子结构和性质的学习融入探索的历史过程中;以"实验测定三种盐溶液的pH引发问题→实验测定一系列盐溶液的酸碱性→探究盐溶液呈酸碱性的规律→理论推导盐溶液呈酸碱性的原因"的教学思路为突破口,进行"盐类水解"的课堂教学。

第二,优化课堂教学基本要素,促进教学质量提高。例如:通过优化课堂问题设计,采用师生交流讨论的课堂授课方式使"实验化学中的物质的分离方法"教学更高效;通过分析"影响盐类水解的因素"探究实验存在的弊端,优化改进实验后使用酸度、色度两种传感器设计三组定量实验进行教学。

第三,创设新颖教学主题,对传统教学热点进行包装教学。例如:以"补铁剂的选购与含铁量的测定"为主题进行二价和三价铁离子的性质及检验等知识的教学;以"三鹿奶粉事件"为主题进行纯净物中某元素质量分数的计算的讲授。

（二）理论应用创造的课堂教学研究

该研究是以剖析课堂教学实践过程为形式，以理解渗透其中的教育教学理论，检验或改造教学理论。具体策略有以下几个（以化学学科为例）。

第一，选择创新性教学理念的指导。通过解读或阐释课例，说明先进教学理论或主张对课例设计的指导作用，以加深对理论的理解。例如：借助杜威提出的"反省思维"的教学理念，基于学生的认知结构，对培养学生的化学学科思维和化学学科素养进行实践探索。

第二，采用新颖的课堂教学模式、教学方法和教学构想。(1)教学模式，是在一定的教育思想、教学理论、学习理论的指导下，在一定环境下展开的教学活动进程的稳定结构形式，是开展教学活动的一套方法论体系，是基于一定教学理论而建立起来的较稳定的教学活动的框架和程序。以"盐类的水解"为例，比较"支架式"与"抛锚式"教学模式的不同，详情见本节资料卡片。(2)教学方法，是教学过程中教师与学生为实现教学目的和教学任务要求，在教学活动中所采取的行为方式的总称。以"压强对化学平衡影响"教学为例，采用多种表征方法进行教学，包括借助工业实际生产所测定的数据和具体的实验现象进行宏观分析（宏观表征），让学生从宏观层面认识压强对化学平衡的影响；运用微粒观、反应变化观对化学平衡移动进行微观本质的分析（微观表征），让学生从微观层面认识压强对化学平衡影响的本质原因；借助化学反应速率理论，运用 v-t 曲线表示压强对化学平衡的影响（曲线表征），让学生认识定性和定量的区别。(3)教学构想，是教师在上课之前，在对教材结构、学生学习情况以及学生心理分析之后，逐步解决教什么、怎么教这样的问题。以九年级化学"金属的化学性质"教学为例，若教学按照教材呈现的内容及顺序进行，不利于达到预期的效果，因此，教师提出了"探究前置，教材后移"的教学构想。

第三，发展反映化学学科教学规律和本质的教学理论及其实践。对学科教育教学进行理性认识，认识其本质规律和要求，并探索教学实践方式。例如：基于化学观念建构的教学，以"镁的提取及应用"为例，提出以"观念建构"统领教学目标，以化学基本观念为线索组织教学内容，以有利于"观念建构"的问题为中心，创设以探究为核心的活动，帮助学生逐步形成化学观念。

资料卡片

"支架式"与"抛锚式"教学模式的比较研究
——以"盐类的水解"为例[①]

步骤一：确定指导教学的理论及其合理性、有效性

建构主义应用到理科教学中，已经开发出了很多的教学模式。其中就包括"支架式"教学和"抛锚式"教学。

[①] 古丽娜·沙比提，王秀红，哈丽旦."支架式"与"抛锚式"化学教学设计的比较研究——以"盐类的水解"教学为例[J].化学教育，2008,29(3):35-37.

步骤二:形成可操作的教学方案(如图10-1-1所示)

步骤三:形成研究结论,提出有待解决的问题

建构主义理论是当前支持新课程教学的主要教学理论之一。本文以"盐类的水解"的教学为例,对"支架式"与"抛锚式"化学教学设计的不同点进行了讨论。在教学实践中,同一教学内容在不同层次的班级的教学模式缺乏细致的研究,有待进一步解决。

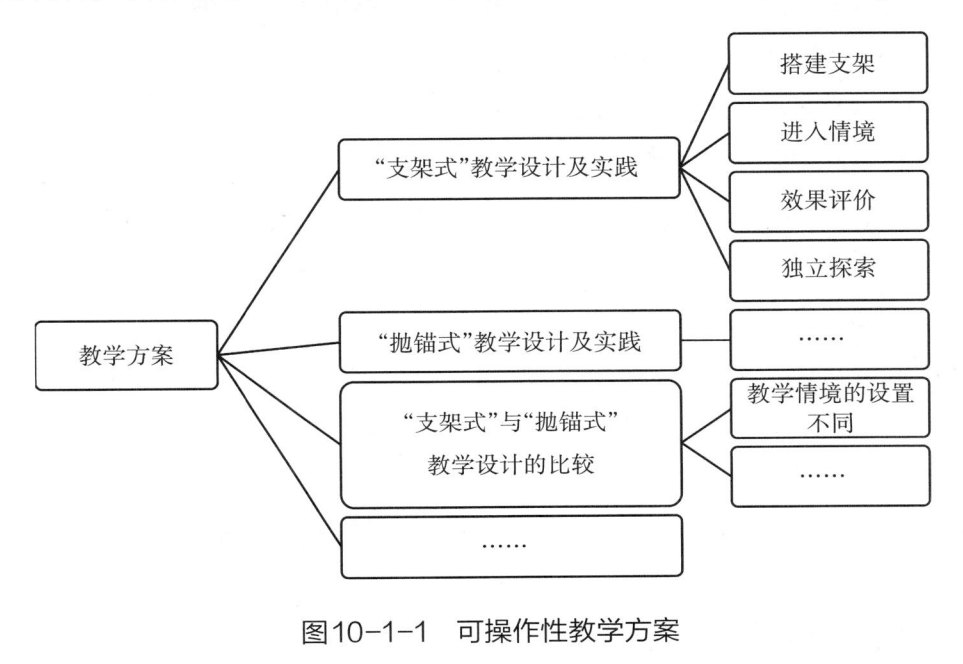

图10-1-1 可操作性教学方案

三、课例研究的走向

基于课例研究已获得的经验及尚存在的问题,为保证课例研究的常态化推进、持续性发展以及深入性实施,课例研究可在研究队伍建设、平台搭建、文化营造等方面不断改进和完善。

(一)建立研究共同体:实现从"经验型总结"向"专业型研究"突破

第一,建设具有专业引领的群体合作的学习型组织。教学问题最直接的感受者是教师,课例研究问题的确定通常都来自教师,教师的素质水平、层次结构等直接影响所确定的研究问题是否是真问题。为减少这种干扰效应,必须有专业研究者的引领。因此,课例研究必须有一个由多领域人士参与的课例研究共同体,除了学校专业教师的合作参与协商之外,还需有学科专家、课程专家、教学专家、教研员等的专业引领。

第二,建设旨在行为改善的实践共同体。学校打破单一学科教师研修的组织结构,让不同学科的教师有机会共同研讨,超越特定的学科框架和研究团队成员的同质性。教育部门重视学科专家与一线教师的合作,落实专家引领,统领专家的理论研究和教师的实践操作,保证实践共同

体理念与行动的一致，避免理论和实践"两张皮"。教师和专业研究者的共同目标是教学改进，在中小学校中建设以教研组为依托、以专家为引领的研究团队，加强课例研究主体和教学行动主体之间的联系，因为一线教师能最直接地发现教育教学中的问题，专家学者能更准确把握研究的实质，带来不同的研究视角，二者的合作促成理论知识与实践知识的转化和共享，推进问题的解决。

（二）搭建研究平台：实现从"技术型实践"向"反思型实践"跨越

第一，建立一套完整的课例研究机制，规范研究过程。首先，为教师开展课例研究提供必要的培训和指导，帮助教师理解课例研究的本质，这是确保课例研究科学性的关键。其次，确立规范的研究过程和研究制度，为反思型实践提供制度保障。建立持续的、渐进的教学改进系统，成立专门的课例研究组织机构，明确研究时间，确定清晰的研究目的和研究主题，保障研究共同体成员共同设计、实施、反思、改进研究课例，构建完整的课堂教学分析框架，制订课后研讨一般程序和方案规划，构建规范化的研究效果评价体系。

第二，保持专业对话，对课例研究实践进行系统化的行动反思。专业性的对话降低了研究中的主观性和随意性，为反思型实践提供保障。一方面，借助结构化与非结构化的研究工具，编制科学的观察工具，挖掘表面现象背后的深层次原理，进行合理的、专业的课例评价。另一方面，通过建立课例研究存储、分享交流平台，依托新媒体客户端、网络平台收集教学实录，作为课例分析的样本，保持执教者与观察者间的协商对话，或采用课例研究档案袋等方式，以教学经验为生长点，反思教学中存在的问题。

（三）营造研究文化：实现从"热潮型的奉命研究"向常态化研究发展

第一，构建教师合作研究模式，探寻日常教学持续改进的路径。传统意义上的教研活动，观察者（尤其是专业研究者）高谈阔论、执教者唯命是从的研讨情形反映的是一种单向的权力关系。缺乏民主协商过程的课例研究难以创造合作对话的研究氛围，严重影响了研究效果。课例研究要求研究者与教师亲密合作，在平等的合作中推进课例研究向深入化发展。课例研究的目的不是着眼于一节课的改进，而是建立一种持续的教学改进路径。尤其在日常的教研活动中，教师应乐于相互开放教室，相互观摩听课，接受同事评议，在同伴互助中实现教学改进。同时，聘请专家指导课例研究，注重从实践中寻找研究问题，把研究问题理论化，避免研究表面化、形式化，使课例研究成为实践者与研究者合作的教育研究，在专家引领下，为课例研究的持续推进提供理论指导。

第二，营造教研一体的研究氛围，追求教师即研究者的价值诉求。课例研究是一个系统的研究过程，一般要经历"确立研究主题→规划教学设计→授课并实施课堂观察→开展课后研讨→形成研究报告"等核心环节，并且为了更好地解决实践问题，这些环节需要循环开展，但在实际的教学中很难使每一次的研究都如此实施。因此,需要将课例的诸要素嵌入教师的日常教学中,与教师的教学行为融为一体。把课例研究发展为学校教学的一种常态模式,开展以课例研究为主要内容的校本研修,为教师的持续研究提供载体,在教学的过程中研究,实现研与教的一体化。

第二节 化学课例研究的过程

化学课例研究是通过深入反思课堂现象与总结教学经验来实现教学改进的。化学课例研究的过程具体是怎么样的呢？本节将从化学课例研究主题的确定、集体备课的实施、课堂观察与研讨的开展、教学行为的改进这四个方面予以阐述。

一、研究主题的确定

确定研究主题要依据新课程理念和总体目标,突出学科特点,密切关注课堂教学中的焦点问题,坚持"三性"原则；一是化学课例研究主题应来自课堂教学真实情景,是课堂教学亟须解决的某一类具体的真实问题,不能凭空想象,要有针对性；二是主题应是教研组教师或不同层次教师共同关注的问题,具有典型性；三是主题应与教学内容有效链接,切入口要小,忌"大"而"空",通过研究有解决的可能性。

化学课例研究是教师对真实的教学问题所开展的合作性探究,它专注于教学实际问题的解决,因此其研究的主题不是来自某种现成的理论,而是来源于教师的教学实践。也就是说,化学课例研究致力于以科学的研究手段解决教师在课堂教学中遇到的现实问题。由此,诸如"建构主义理论在高中化学实验教学中的应用研究""基于认知负荷理论的化学课堂教学研究"等从理论出发的问题是不适合作为化学课例研究的主题的。而教师日常教学中的言行举止、具体教学场景中的切身体会、教师与同伴对教学疑难问题的真诚讨论等才是化学课例研究中问题的主要来源。如师生、生生的互动问题,化学课堂提问的设计与教学,如何组织学生开展化学实验探究等。

在化学课例研究的初期,教师的选题往往过于宽泛,如"提高化学课堂教学的有效性""建设对话的化学课堂"等,这些泛化的研究主题必然无法引导教师开展深入的探究,对教师教学行为的改进收效甚微。因此,化学课例研究主题的选取必须紧密结合课堂教学的实际,从小处、细处、实处捕捉问题,选取具有较强可操作性并具备研究条件的主题加以"小题大做",如：高中化学课堂教学有效提问的研究。

资料卡片

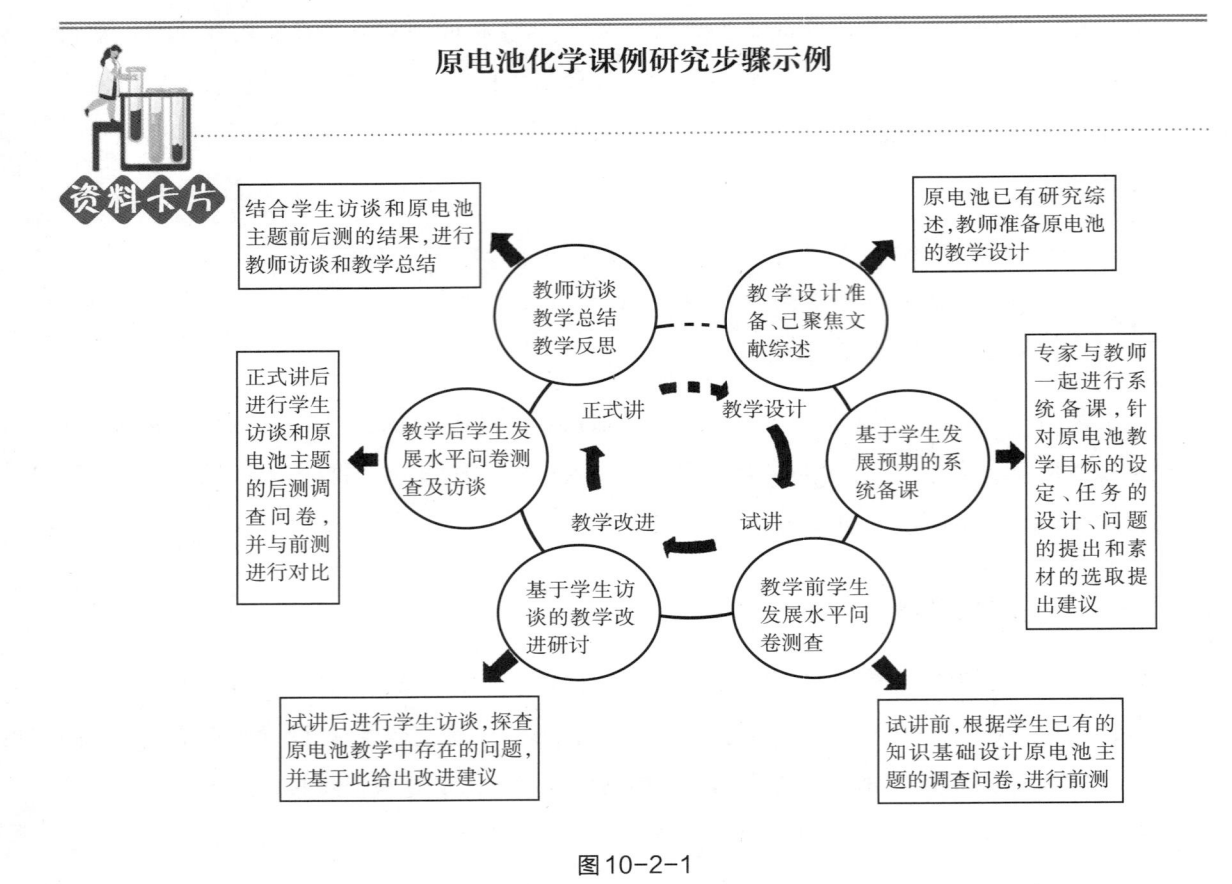

原电池化学课例研究步骤示例

结合学生访谈和原电池主题前后测的结果,进行教师访谈和教学总结

原电池已有研究综述,教师准备原电池的教学设计

正式讲后进行学生访谈和原电池主题的后测调查问卷,并与前测进行对比

专家与教师一起进行系统备课,针对原电池教学目标的设定、任务的设计、问题的提出和素材的选取提出建议

试讲后进行学生访谈,探查原电池教学中存在的问题,并基于此给出改进建议

试讲前,根据学生已有的知识基础设计原电池主题的调查问卷,进行前测

(教师访谈教学总结教学反思 → 教学设计准备、已聚焦文献综述 → 基于学生发展预期的系统备课 → 教学前学生发展水平问卷测查 → 基于学生访谈的教学改进研讨 → 教学后学生发展水平问卷测查及访谈)

正式讲 / 教学设计 / 试讲 / 教学改进

图10-2-1

二、集体备课的实施

教师集体备课是以备课组为单位,组织教师开展集体研读大纲和教材、分析学情、制定学科教学计划、分解备课任务、审定备课提纲、反馈教学实践信息等系列活动。在高中教学中,开展集体备课有很多可供选择的方法,也有很多需要注意的原则。集体备课必须根据教师各自的特长,安排任务,把握好备课的重点,统筹安排,并及时进行反思与交流。

1. 根据教师特长,安排任务

教师都有自己的特长,比如有的教师特别善于把控教学氛围;有的教师教学语言幽默;有的教师教学理念先进,有很多有趣的教学点子。在组织集体备课时,必须根据教师的特长,安排合适的备课任务,这样不仅能够提升备课效率,也能够改善备课效果。

2. 把握好备课重点,对备课进行统筹安排

集体备课时,教师应当集思广益,思考采取何种教学方式,使重点突出,难点突破;应当认真思考如何能够将新课标的精神真正地贯彻到教学活动中,并且确保教学活动达到素质教育的要求;应当结合章节中的具体教学内容,遴选教学工具;应当思考如何提高学生的学习兴趣等。通

过对这些内容的集中研讨,可以将教学活动变得更加立体、生动和有针对性。

3. 备课后交流,及时进行反思

备课组应当组织教师对前一个教学周的授课心得进行交流和讨论。同时,为了确保教师进行有效的教学总结,应当在其完成授课任务之后,将自己的教学心得及时记录,为后续的教学活动提供宝贵研讨素材。

对于集体备课这项教学活动而言,每一个参与其中的教师都应当在备课过程中贡献自己的智慧、分享自己的经验。同时,教师应当意识到一个问题,集体备课的目的在于帮助授课教师形成统一的教学理念,但同时还应鼓励教师保持自己独立的授课风格。

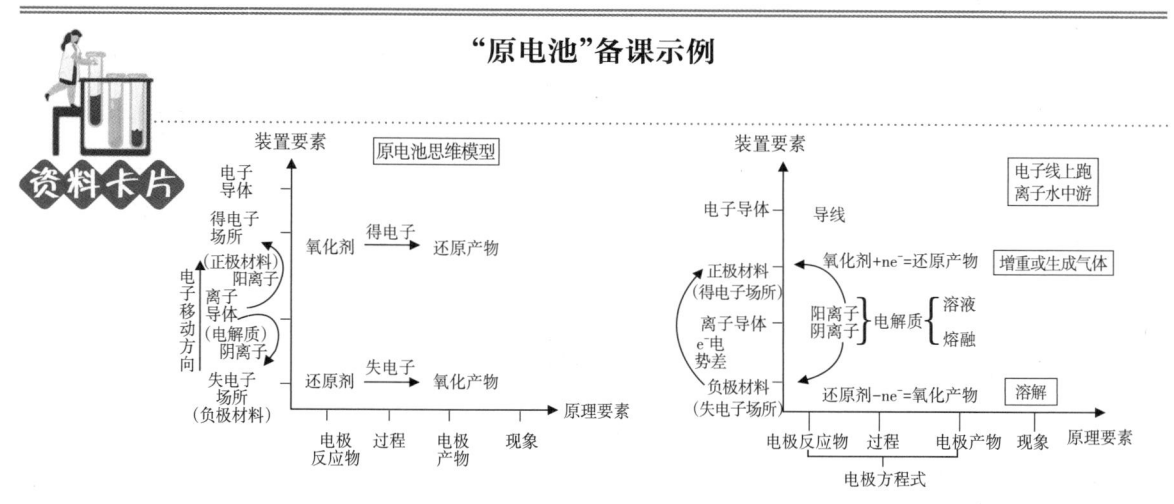

"原电池"备课示例

图10-2-2

表10-2-1

一级维度	二级维度	三级维度	具体内容
学科内容知识	学科知识的本体含义	学科概念、理论知识的本体含义以及逻辑关系	原电池装置将氧化还原反应分开在两极进行,实现化学能到电能的转化;电势差及闭合回路是电池构成的核心;电极反应物,电极材料(电极反应场所),离子导体和电子导体是电池构成的4要素;单液电池和双液电池的工作原理等
	学科知识的功能价值	学科知识对促进学生认知发展的功能,以及对学科发展、社会生产的价值	原电池模型对于能量转化和物质转化的意义;对金属腐蚀与防护的社会价值等,电池构成的核心及4要素模型对于学生判断、分析和设计电池的认识功能;电极材料和电极反应物的区分对促进学生转变迷思概念的作用,基于4要素的电化学思维模型对于学生整合原电池和电解池的认识的价值等
化学课程知识	课程目标及结构特点	课程自身的结构特点,课程目标、单元目标及课时目标对教学内容的要求	原电池内容分布在《高中化学(必修第二册)》和《高中化学(选择性必修第二册)》。必修阶段的主要目标在于促进学生认识化学反应中能量转化的基本形式,基于简单原电池了解化学能是如何转化为电能的,让学生知道常见化学电源的种类及其重要应用。选择性必修阶段的主要目标是发展学生对电池工作原理的认识,建立电化学思维模型,了解电池科技的发展

续表

一级维度	二级维度	三级维度	具体内容
化学课程知识	教材内容及编排特点	教材对特定内容的编排方式,编写特点以及具有的教学意义	必修教材以单液铜-锌原电池为主要原型,选择性必修教材以双液铜-锌原电池为主要原型,化学电源选取了干电池、铅酸蓄电池、锂离子电池、燃料电池等素材。必修阶段不要求电化学的学习上升为规律性的知识,选择性必修阶段进一步认识电池的构成和反应原理;教材通过介绍新型电池体现化学电池的改进与创新,让学生初步形成科学技术的发展观
学生学习知识	学生的认识基础	学生的认识起点,已有的认识角度和认识方式	学生对"电"有强烈的感性认识,从能量守恒的角度,化学能可以转化为热能和电能,从反应物之间电子转移的角度,原电池概念的形成是氧化还原反应本质的拓展和应用
	学生的认识障碍	学生的错误概念,迷思概念以及原有的习惯性认识	学生习惯基于"活泼性不同的两极、电解质溶液和闭合回路"三要素模型判断和分析电池,对电极材料和电极反应物不加区分,离子导体与电极反应物的关系不清。难以理解氧化剂和还原剂不接触怎么会发生反应,缺少分析和设计电池的基本角度和思路,不能系统分析溶液内部的微粒运动和变化情况等
	学生的认识发展点	学生有待于丰富和完善认识角度和认识思路	明确总体的认识发展目标,形成化学能转化为电能的基本认识;建构基于"电极材料,电极反应物,离子导体和电子导体"4要素的电化学认识模型,发展系统分析电化学问题的能力。明确必修阶段和选择性必修阶段的认识发展,重点知道不同电池模型素材的认识发展功能。例如,氢氧燃料电池模型可以帮助学生转变对电极材料和电极反应物关系的偏差认识;双液原电池模型可以促进学生对离子导体和电极反应物关系的认识,并提高系统分析电池内电路微粒行为的能力。必修阶段到选择性必修阶段,学生的认识经历了由宏观到微观,由静态到动态,由孤立到系统的过程
教学策略知识	内容组织策略	根据知识结构特点和学生认识发展规律选择合适的内容组织方式	教学的核心内容,电池的意义和价值?(化学能转化成电能);什么样的化学反应可以做成电池?(原电池与氧化还原反应的关系)如何形成电势差?为什么要将氧化还原反应分开进行?如何将反应分开进行?(电极,正/负极,电极反应物,电极材料;电极反应物在电极材料上得或失电子形成电池的正负极);如何构成闭合回路?(电子导体和离子导体;电子和离子的定向移动)
	问题任务策略	根据认识发展需要,设定不同类型的学生活动任务;判断、分析、预测、设计等	问题的设计要丰富,有梯度,有驱动性。例如,可以根据学科能力的九个维度 A学习理解(A1观察记忆 A2概况关联 A3说明论证)B实践应用(B1分析解释 B2推论预测 B3简单设计)C探究创新(C1综合复杂问题解决 C2实验探究 C3创造性思考),结合电化学教学目标,依此设计相应的问题任务,概括关联原电池的构成要素,说明论证原电池的工作原理,分析解释产生电流的原因。推论预测可以改变的原电池要素,设计简单的原电池

续表

一级维度	二级维度	三级维度	具体内容
教学策略知识	情境素材策略	围绕教学目标和任务从不同角度选用或设计情境素材、探究活动素材	电化学可用的素材很多,如单液原电池,双液原电池,碱性锌锰电池,铅酸蓄电池,氢氧燃料电池,水果电池等。选取电池原型素材实际要综合考虑不同电池模型素材对学生电化学认识发展的功能价值,也要考虑必修和选择性必修阶段认识发展的进阶。例如必修阶段多用单液原电池和趣味性的水果电池等,选择性必修阶段多用双液原电池,蓄电池,燃料电池等
	思维模型化策略	将认识角度和认识思路以模型化的方式固定下来,帮助学生建立电化学思维模型	电化学思维模型有原理维度(电极反应物,电极产物,过程和现象)、装置维度(负极材料,电子导体,离子导体和正极材料)、任务维度(分析型和设计型)和认识对象(原电池和电解池),它们是指导学生分析和解决电池问题的思维支架,是教师与学生进行深度对话的工具
	思路外显策略	采用提问和追问、小组讨论、学生表达、板书呈现等策略	追问等思路外显策略可以促进学生建立分析和设计电池的合理角度和思路,如这个电池是如何设计出来的,你先后设计了什么?依据什么选择电极材料和电极反应物?电极材料和离子导体还可以换成什么?

三、课堂观察与研讨的开展

化学课例研究中"课堂观察"能够提供真实客观的数据,通过对数据的分析处理,对教学信息的加工,能够将教学问题分解,从而得到解决策略。以下内容从课堂观察需要的工具以及课堂观察的课例来介绍中学教师如何开展课堂观察与研讨。

(一)课堂观察的工具

1. 教案观察表

教案是最直接的课堂观察工具。进行课堂观察时,教师将教案与课堂对照后可发现一些非预期行为。

表10-2-2　教案观察表

教学活动设计	预期行为		非预期行为		提升空间
	学生的反应	教师的应对	学生的反应	教师的应对	

通过教案观察法,可以清楚地看到学生的学习状况以及教师做出的应对,教学研讨的重心由关注"教师怎么教"转变为"学生的学及教师的应对"。该转变既可以丰富教师对学生的认识,也可以提升教师的教学机智和教学策略,能够更好地促进学生知识、技能、情感的培养与提升。

2. 观察量表

进行课堂观察时,需要采用观察量表记录数据。在确定观察点后,教师可以通过自己的教学经验或观察量表,进入课堂开始观察,并在试用中对量表不断修正。例如,观课教师想了解学生的合作讨论技能,就可以设计如下量表,对学生的各种课堂行为进行记录。需要注意的是,观察量表的使用要非常谨慎,没有一个观察量表是万能的。对于不同的教师,有不同的教学问题,也就有不同的观察点,那么在选择观察量表时,我们要尽可能选择与我们的观察目的关联性较大的量表。在实际运用过程中,也需要根据具体的研究对所选量表进行修正,而不是一味地照搬他人的观察量表。

表10-2-3　观察量表

姓名	组名:				
	张一	林二	王三	李四	……
角色任务					
踊跃发言					
仔细倾听他人发言					
鼓励他人					

3. 座位表

座位表也是一种重要的课堂观察工具。听课前,观课教师可以向授课教师要一份班级的座位表,通过在座位表上记录学生的理答等行为记录学生的学习情况。

表10-2-4　座位表

	讲台	
★	▲	▲
●		
		●

为方便观课教师了解不同程度学生的学情,在座位表上可以用相应的符号对班级的学优生(如表中的"★")和学困生(如表中的"▲")和中等生(如表中的"●")进行标注,观课教师在进行抽样观察时可以根据这些标注选择恰当的观察对象。

4. 姓名牌

姓名牌可适用于教师对学生就某一问题所持观点的了解。当教师呈现某一问题或现象,学生有不同观点时,教师便可以将学生观点进行大致分类,并将黑板划分为不同的观点区域,让学生将自己的姓名牌放在不同的观点区域,并说明赞同这一观点的原因。通过交流讨论后,学生还可以继续移动姓名牌,表明自己观点的变化,同时阐述理由。它可以记录学生思维变化及其学习过程。下表就是教师就学生对两种不同教学方式的态度进行的调查。

表10-2-5　姓名牌

喜欢老师讲,学生听	都可以	喜欢小组讨论
小雅　　小徐 小萌　　小胡	小波　　小晗	小杰　　小雪 小艺　　小昊 小涛　　小欣 小月

通过姓名牌可以直观地看到每个同学对这两种教学方式的态度,有助于教师选择更适合的教学方式。

5. 观察者自身作为观察工具

除了上述的课堂观察工具外,还有一种没有预先设置的分类——用语言对观察到的时间和行为进行详细描述的记录方式。观察者自身作为观察工具,将学生学习时的场景——还原出来,为化学课例研究小组提供与情景对话的机会。虽然描述不能直接产生答案或解决办法,但是通过对课堂的直观认识,可以对学生的学习情况和课堂上存在的问题进行分析,从而经过讨论得出相应的结论和方法。

(二)课堂观察案例

《课堂观察视域下的师生互动化学课例研究——以"元素周期律"(第二课时)金属性递变规律为例》[①]

该研究以"课堂师生互动"为研究主题,采用化学课例研究的方式,并具体使用课堂观察法,从"互动的量""互动的质""互动的参与度"三个维度来对化学课例中的师生互动情况进行考察。具体的课堂观察及记录情况如下。

课堂观察维度与工具的选择:

一是互动的量——课堂上的各类互动的时间分配;

二是互动的质——由问题引发的互动对学生掌握知识、发展思维等方面的价值;

三是互动的参与度——不同类型学生参与课堂互动的程度。

维度1:各类互动的时间分配

针对维度1的课堂观察,我们采用弗兰德斯互动分析系统分析法。它是对师生的言语互动进行研究,把课堂的言语活动分为10个种类,每个分类都有一个代码(如表10-2-5),其中1~7类均为记录教师对学生说话的状况;第8和第9类则是记录学生对教师说话的情形;在课上,除了教师与学生的对话外,还有第10类,是记录教室中可能出现的静止状态(我们将化学课堂上的实

---

① 夏建华.课堂观察视域下的师生互动化学课例研究——以"元素周期律(第二课时)金属性递变规律"为例[J].化学教学,2016(2):38-43.

验、活动和思考等都归为此类)如表 10-2-6。

表 10-2-6　弗兰斯德互动分类表

教师语言	间接影响	1. 接纳学生的感受	回应
		2. 表扬或鼓励学生行为	
		3. 接受学生的主张和观点	
		4. 向学生提问中立	中立
	直接影响	5. 讲解	自主
		6. 给予指导或指令	
		7. 批评或维护权威性	
学生语言		8. 学生反应(比如回答教师提问)	回应
		9. 学生主动发言或向老师提问	自主
静止		10. 沉默、怀疑或暂时停顿	中立

我们采用时间抽样的办法,每隔3秒钟,记下最能描述教师和班级言语行为的种类的相应代码(其中1、2合并统计,6、7合并统计),并按时间顺序记录下来(见表10-2-7),然后进行统计分析。

表 10-2-7　课堂上每分钟的语言互动记录表维度1的观察结果与研讨

	3	6	9	12	15	18	21	24	27	30	33	36	39	42	45	48	51	54	57	60
1.2																				
3																				
9																				
4																				
8																				
6.7																				
10																				

我们将如上表 10-2-7 的 40 张每分钟语言互动记录表进行统计,将每分钟各类语言活动的时间进行分类汇总,得到的课堂中十类互动类型的时间统计数据见表 10-2-8。为便于直观表示各类语言互动的时间分配,我们又将表中数据输入 excel 中转化为折线图(见图 10-2-3)。

表 10-2-8　各类师生语言互动时间统计表

项目	1.2	3	4	5	6.7	8	9	10
时间/秒	12	141	294	726	135	255	0	837
百分比%	0.5	5.875	12.25	30.25	5.625	10.625	0	34.875

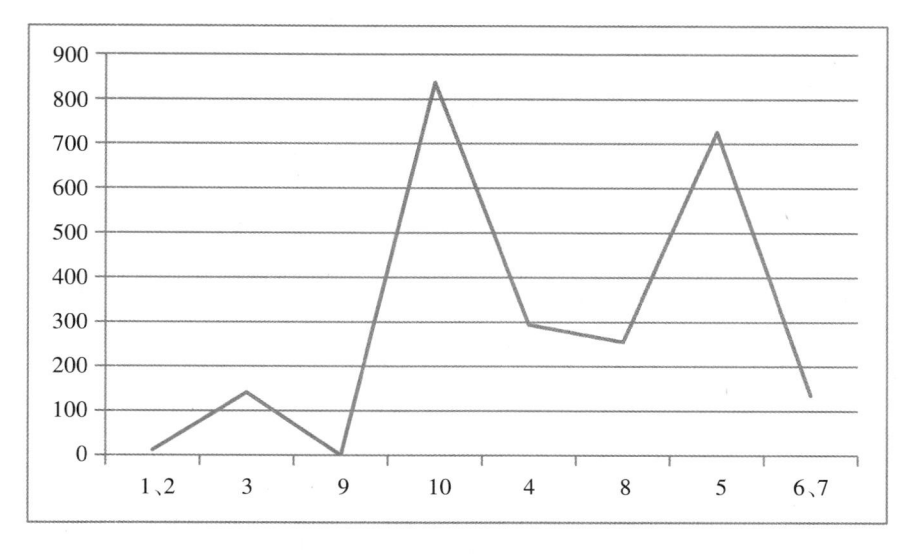

图 10-2-3 各类师生语言互动折线图

分析与建议：1、2和9几乎为零，表明教师在接纳学生的感受、表扬或鼓励学生行为和鼓励学生提问等方面有较大的提升空间。建议教学时适当鼓励学生在课堂上进行观点交锋、思维碰撞，启发学生自己发现和提出问题。

维度2：引发互动的问题目标指向

对于人们质疑的课堂互动时间是否和教学效果呈正相关，可以从问题的目标指向上来探究课堂上师生互动的质量。问题的目标指向的研究分析借助了布鲁姆的教学目标分类学理论，根据中学化学教学中常见问题的性质，将布鲁姆教育目标分类学提出的记忆、理解、应用、分析、评价、创造等6个大类教学目标，转化为课堂教学中的记忆、理解、应用和创造四个等级的问题。其中分析、评价和创造等引发高阶思维的问题，在中学化学课堂教学中相对较少，我们将其统一在"创造"之中。为了获取维度2的课堂信息，教师设计了课堂上问题的目标指向统计分析表（见表10-2-9）。

表10-2-9 本节课上教师提出的问题及目标指向汇总表

序号	问题	问答方式	问题的目标指向			
1	请同学们将1~18号元素的卡片按照自己的方式进行排列（课前布置的问题，课上展示）	提问				√
2	找一找这5种元素，它们的性质有哪些相似点，有哪些不同的地方	举手回答			√	
3	同学们回忆一下，金属钠与水反应看到什么现象	散答	√			
4	（观察钾与水反应的演示视频后）请描述钾与水反应的实验现象	散答	√			
5	请根据原子结构判断锂、铷、铯这三种金属和水反应的剧烈程度	举手回答			√	
6	IA族元素在原子结构上体现出来的递变性与元素性质的递变性有什么关系	举手回答			√	

续表

序号	问题	问答方式	问题的目标指向			
7	实验1中,镁、铝与水反应的条件和现象是什么	追问	√			
8	从反应条件的难易程度和反应的剧烈程度,能判断出钠、镁、铝哪个金属性最强	举手回答		√		
9	实验2中,镁、铝跟酸反应的实验现象是什么?实验得出的结论是什么	举手回答		√		
10	实验3中,氯化铝溶液和氢氧化钠溶液反应的现象是什么?实验得出的结论是什么	举手回答		√		
11	实验1~3得出的钠、镁、铝的金属性强弱顺序是什么?	举手回答			√	
12	从上述实验中,可以归纳出用什么方法去判断钠、镁、铝的金属性强弱呢	举手回答			√	
13	课后思考:元素非金属性强弱在周期表中,横行和纵列是如何变化的	设问				√

表10-2-10 问题的目标指向统计表

问题的目标指向	问题	
	频次	百分比
记忆	3	23%
理解	3	23%
应用	5	39%
创造	2	15%

分析与建议如下。

通过小组研讨,组员还认为课堂上有些问题对学生的思维挑战性不够,创造性问题的设计还有一定优化的空间,如可增加探究式问题:"请从已知钠、铝和水反应的现象,推测镁与水反应可能的现象,并设计实验验证你的假设";还可增设核心问题,帮助学生理解知识。如:为什么一般可从金属和水反应的难易判断金属元素的金属性强弱?请从氧化还原反应的角度谈谈你的理解。

维度3:学生参与度

本研究利用了座位表记录法开展维度3的课堂观察。该记录表中涉及了参与互动的学生在教室的不同区域的分布情况、学业水平类型(优秀、中等或后进)、回答问题的情况(正确、错误、中性或没有回答)和教师回答的情况(正强化、负强化、中性或无)等方面(见图10-2-4)。

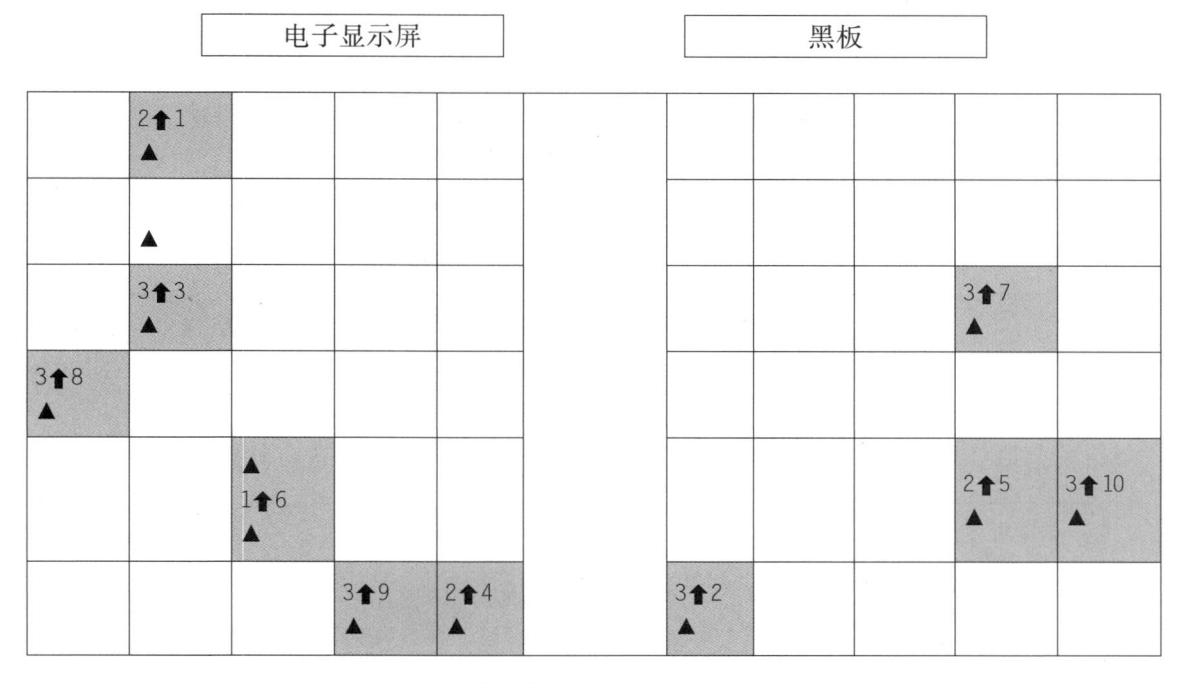

电子显示屏						黑板				
	2↑1 ▲									
	▲									
	3↑3 ▲								3↑7 ▲	
3↑8 ▲										
		1↑6 ▲ ▲							2↑5 ▲	3↑10 ▲
			3↑9 ▲	2↑4 ▲		3↑2 ▲				

图10-2-4 座位表记录法记录课堂互动的参与度

（注：↑表示学生站起来回答教师的问题；↓表示学生提出问题；↑右边的数字表示学生回答问题的顺序；↑左边的数字表示问题的目标指向，如1表示识记性问题，2表示理解性问题，3表示应用性问题，4表示创新性问题；↑下面的"▲"表示学生回答问题正确，"▼"表示错误，"-"表示中性，"空"表示没有回答；↑上面的"▲"表示教师对学生回答的问题正强化，"▼"表示负强化，"-"表示中性，"空"表示没有强化。）

分析与建议如下。

从参与互动的记录来看，本节课师生互动过程中，教师能深入到教室的相关区域和学生进行个别互动并指导学生完成实验和相关活动，基本能关注到教室不同区域的学生。

为进一步增加互动的参与度，建议教师在提问时做如下改进：一是回答问题和个别指导时要尽可能关注到不同区域的学生和不同学业水平的学生，特别是要给中等生和后进生参与互动的机会，也可采取小组合作的方式增加学生间互动的机会；二是回答问题时不能只用举手指答的一种方式，回答问题的方式可以多样化，如可让学生思考问题后根据问题的难度指定一个学生回答，或者自由答，等等。

四、教学行为的改进

课堂上教师的教学行为将直接影响课堂教学质量的高低，教师课堂教学行为的转变是课程改革能否取得胜利的关键因素。本文对化学教师课堂教学行为的界定，借鉴郑长龙教授在《化学课程与教学论》一书中的看法，即化学教师课堂教学行为是指在化学课堂教学中，可观察的教师的显性化行为。化学教学活动是化学教师为让学生顺利进行化学学习活动和完成化学学习任务，根据学生特点和学校化学教学资源的现实条件而采取的一系列措施，化学教师的教学行为就是这一系列措施的组合。

以课程观察为手段，在明确分析要点和观察点的基础上，寻找教师在课程理念、目标设计、资源开发、工具使用、活动组织、动态生成、课堂环境及学生情态这八个主要指标上的经验，以案例呈现的形式分析教学行为形成的主要原因，并提出相应的改进策略（见表10-2-11）。

表10-2-11　教学行为改进分析框架

主要指标	分析要点	观察点
课程理念	1. 体现学生中心，服务学生 2. 强调资源支撑 3. 强调对学生发展的引领 4. 朱棣文精神的浸润	教学设计要有明确的课程理念的表述 教师的教学组织行为能体现理念
目标设计	1. 把一堂课的教学目标设计放在一个学科的体系中来把握 2. 强调对人的发展	核心素养目标都有明确的设计 目标的表述可观测 目标设计有明显的学科特点 目标意识能落实到具体的教学行为中
资源开发	1. 教材的校本化实施 2. 教师个人风格融入教学资源 3. 丰富性，可选择性	1.1 重点明确，难点有突破 1.2 有校本化资源的使用 2.1 教师的语言有特色(语言自然精练，幽默优美等) 2.2 教师的教学方式有特色(以生为本，启发引导，情境教学等) 2.3 师生交往有特点(亲切、自然、幽默、激趣、互动性强等) 3.1 围绕主题，师生共同准备相关资料 3.2 资源可供不同类型的学生选择 3.3 学生获取的信息量丰富
工具使用	1. 工具使用的时机 2. 工具使用的效能	1.1 创设情境，激发兴趣 1.2 直观呈现，突破难点 1.3 与教学环节衔接自然 2.1 工具使用是否华而不实 2.2 工具使用与教学内容的相关度是否高
活动组织	1. 活动有创意 2. 组织过程有序 3. 人人都是活动主体	1.1 活动的目标指向性强 1.2 对活动本身有自己的思考 1.3 活动形式多样 1.4 特别贴合学生的年龄特点 2.1 常规训练到位，秩序井然 2.2 多种方式呈现吸引学生 2.3 活动内容便于学生操作交流 2.4 评价恰当 3.1 主动参与探索 3.2 积极交流想法 3.3 善于思考，大胆质疑 3.4 高度紧张的思维状态

续表

主要指标	分析要点	观察点
动态生成	1. 教师捕捉动态生成资源的意识强 2. 利用动态生成资源,有效调控课堂进程	1.1 经常巡视关注学生学习动态 1.2 引导学生大胆质疑 1.3 及时判断生成资源的价值加以利用 1.4 开放课堂,在交流互动中生成新资源 1.5 有效应变,使其成为有价值的资源 2.1 设计可调整的弹性教案 2.2 有序反馈学生错例,让学生在辨析中掌握新知 2.3 鼓励学生交流个性化的想法 2.4 捕捉有价值的问题进行讨论 2.5 有序组织小组交流 2.6 及时进行点拨指导
课堂环境	1. 民主和谐的课堂氛围 2. 自主学习,合作交流的时空	1.1 教师具有亲和力 1.2 教师善于倾听 1.3 师生对话顺畅 1.4 学生情感愉悦 2.1 提供自主学习的时间 2.2 小组合作中即时指导,明确要求 2.3 交流时根据差异灵活组织
学生情态	1. 学生学习的主动性 2. 学习的参与面和参与度	1.1 积极举手主动发言 1.2 积极参与探究活动 1.3 敢于质疑,善于评价 2.1 情感投入全程参与 2.2 人人参与活动

第三节 化学课例的撰写

撰写化学课例,能够促进每位化学教师研究自己的教学策略和行为,分享他人成长的经验,积累反思的素材,在实践反思中自我调整、改进自己的教学策略和行为,提高课堂教学质量。本节将从化学课例的撰写以及优质化学课例的标准两个方面对化学课例的撰写进行详细介绍。

一、化学课例的撰写

化学课例撰写的过程是对整个研究回顾和反思的过程,它要求收集、整理和分析研究过程中所有记录和生成的数据、资料和问题,并能够清晰阐述化学课堂教学情况。文本化学课例的撰写步骤主要包括典型案例研究、教学过程回顾,课例初稿的撰写与修改等。化学课例的结构包括标题、教学设计、教学实录、教学反思等。

（一）标题

化学课例的标题主要包括两方面：一是根据课程内容确定标题，例如必修一第三章第二节金属材料；二是根据课程性质确定标题，例如实验探究、模型探究、问题探究等形式。明确的标题和探究主题会给予教师清晰的研究思路和参考方向。

（二）教学设计

教学设计包括两个方面：一是分析教材，如教材内容的重、难、疑点，教材内容的地位和作用，知识类型，编排特点，呈现方式，深广度等；二是分析学习对象，针对授课对象的认知水平和学习习惯做出分析，了解学习者的起点行为、学习风格、学习能力及相互关系等方面的情况，为整堂课做出充足的准备。

（三）教学实录

如实描述课堂教学的进程，包括学生是怎样学习的、师生是如何互动的，描述应点面结合，给人以整体感，同时又要突出重点。在观察、记录和实录的基础上，开展课堂描述，突出主题与中心思想。教学实录应把真实的教育生活淋漓尽致地展现出来，力求对事实深刻分析。

（四）教学反思

教学反思是教师把化学课例研究中的理念、经验和问题提炼与内化的行为，它要求教师对教学全面反思，如反思教学设计的理念、教学方法、教学设计流程、成功与失败之处及其原因。通过教学反思，一方面可以提高教师教学理论在教学实际中的应用能力，另一方面也可以提高教师教学能力和课堂教学智慧。

案例研讨

模型认知甲烷

【教学设计】 甲烷在生活生产中有重要的用途。人们研究甲烷参与化学变化的规律，从而控制变化实现资源的有效利用。学生在日常生活中也积累了对甲烷的一些感性认识，并且有兴趣进一步了解甲烷的性质与用途，有学习甲烷的内驱力。甲烷作为高中有机化学的起始内容，学生通过对无机化合物结构与性质的学习，迁移到认识有机物分子结构并研究有机物。教师可以通过组织学生运用模型的方法，模拟微观过程，帮助学生形象化地理解并最终形成上位的认识。

【教学情境】

师：从社会热点问题——可燃冰的开发利用引出，展示甲烷的应用价值——常见燃料和化工原料。为了有效利用甲烷这种资源，人们研究甲烷的性质与反应规律，并应用规律控制变化实现有效利用。甲烷适合做燃料与它的哪些性质相关？

生：讨论分析可知甲烷适合做燃料与甲烷的可燃性、稳定性等性质有关。

师：如何用分子结构解释甲烷稳定性？

生：写出甲烷的电子式和结构式，从原子结构角度认识碳原子与氢原子的连接方式，进一步分析出甲烷分子稳定性可能与碳氢键的强弱有关。

师：引导学生思考与稳定性相关的甲烷分子结构特点。

生：进一步分析出甲烷分子稳定性可能与碳氢键的强弱有关，提出问题，甲烷分子中碳氢原子的空间排列方式是否会影响其稳定性？

师：向学生展示甲烷的球棍模型和比例模型，事先用彩色硬纸做一个正四面体的结构，其中把正四面体的一个设计为活页形式，刚好放进一个甲烷分子球棍模型。

生：观察体会甲烷的空间结构特点，拼插甲烷模型并总结出其结构特点。①碳四价规则；②碳氢键较强；③正四面体结构。

【教学反思】模型教学是突破有机教学难点的有效方法。经过这一节课的实践证明，模型是学生学习有机化学的重要方法。模型的运用比动画模拟更直观，更能够降低学生的理解难度，模型鲜艳的颜色也起到吸引学生、提高学生学习兴趣的作用。然而如何使模型的运用更有效地辅助学生的理解，这需要教师精心设计问题。模型教学是突破有机教学中很多难点的有效方法之一，只要教师在使用模型的过程中，围绕知识的难点和学生理解的误区多设计问题，让学生充分利用模型解决问题，那么抽象的有机化学就变得直观明了。

二、优质化学课例的标准

优质的化学课例可作为广大化学教师研究和学习的素材。一个优质的化学课例应当具有完整的教学过程和教学思路，能使他人从课例中"学有所获"。

（一）具有明确的研究主题

化学课例研究中主题的明确至关重要，它是优质课例的前提。只有围绕着明确的主题开展的研究，才能促使教师教学观念的转变和教学能力的提升。明确的研究主题主要体现在以下三个方面。

1. 主题的含义明确

发现和揭示有意义的问题，不仅是观察研究的重点，也是写作化学课例的关键。主题来自真实的课堂，来自教育教学过程中出现的具体问题，或是优秀教学经验的总结，或是教学实践的难点或突出问题，或是对教师教学行为的研讨，或是对学生学习方式的研究，或是从新颖的理论视角观察问题。主题的含义明确与选题是密切相关的，选题的好坏直接决定化学课例研究的导向。

因此,选题切口要小,忌大而宽,选题的内容一定是本校或本学科教师所共同关注的,探讨的问题应具有普遍性、时代性。研究主题可以从以下途径选取。

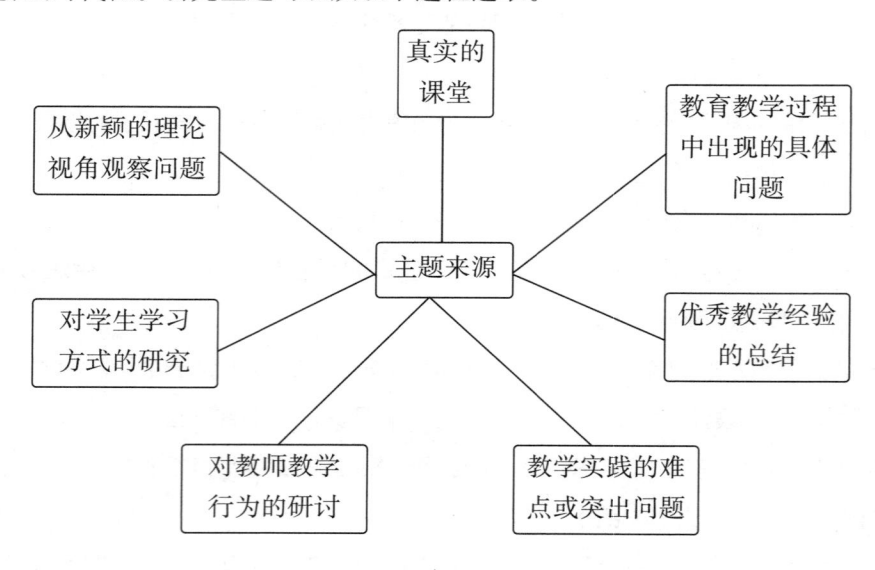

图10-3-1 研究主题的来源

2. 主题的表达聚焦

优质的化学课例一定是基于具体学科的问题,或是教师共同面临的教学难题,或是共同感兴趣的教学主题。例如,酸碱中和滴定课堂上,教师如何帮助学生建立"滴定公式模型"、自主探究搭建"水果原电池"、化学平衡移动教学的有效导入研究等,都是以化学学科为基础,以具体的研究问题为中心而提炼出来的。主题的表达要聚焦,在撰写化学课例主题之前要思考课堂上产生了哪些教学冲突,问题是如何发生的,这些问题有没有研究的价值以及是否能够连接新课程教学的理念等。

3. 主题的提炼精确

在化学课例主题的提炼过程中要根据化学课例的实际研究进展精准地进行表达,这对于化学课例的可读性和研究性具有重要作用。显然,只有围绕问题展开,才可能通过认识或解决某个问题来确定主题,使化学教学课例成为帮助自己和他人提升教学能力的"支架"。如果无法准确精练地表达研究主题,就谈不上撰写优秀的课例。

(二)具有清楚的问题线索

化学课例撰写的目的是想借助特定的内容来分析、解决教学中存在的问题。通过撰写化学课例记录解决问题的具体思路和过程,提炼和归纳研究成果。化学课例的描述语言要精练,解决问题的方法应具有可操作性,提出的问题应合理。化学课例中问题的引出、发生和处理过程等线索清晰,在内容描述中有困惑、冲突、难度等,能引起读者浓厚的兴趣,读者能更加深刻地领会课例所隐含的思想,而不是简单地模仿课堂教学的具体情节。

案例研讨

利用预测和实验的冲突促进探究学习
——"原电池的工作原理"课例分析[①]

1. 课例主题与背景

经江苏省教师培训中心联系指导,根据宁波中学高级教师"整体化、分领域、可选择"项目引领研修计划,本人有幸参加了某校驻校体验活动。该校骨干教师开设了苏教版《化学反应原理》专题一第二单元"原电池的工作原理"的公开课。

2. 课堂主线与评析

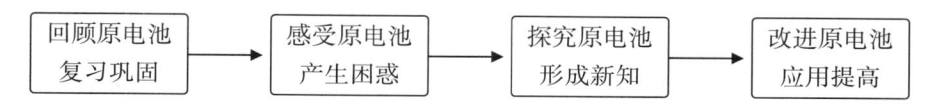

回顾原电池复习巩固 → 感受原电池产生困惑 → 探究原电池形成新知 → 改进原电池应用提高

图 10-3-2　课堂教学设计

主线①:学生认知的阶段性发展

评析:学生的学习是有意义的。首先是他学到了新的知识;其次是锻炼了他的能力;往前发展是在这个过程中有良好的、积极的情感体验,产生进一步学习的强烈要求;再发展一步,是他越来越主动地投入学习中去。胡爱彬老师巧妙设计课堂教学,组织学生进行分组实验,在实验中发现特殊现象,产生认识冲突,激发学生的求知欲,驱动学生进一步探究,引出新知识,应用新知识,感受成功的喜悦。这是一节有意义的课。

主线②:课堂实验的重要性体现

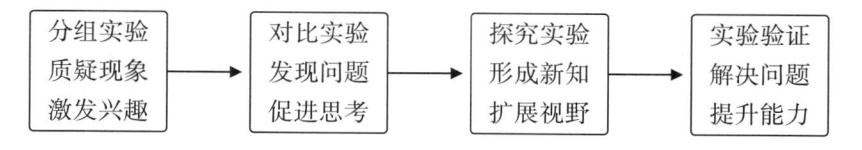

分组实验质疑现象激发兴趣 → 对比实验发现问题促进思考 → 探究实验形成新知扩展视野 → 实验验证解决问题提升能力

图 10-3-3　课堂实验的意义

评析:通过实验,培养学生的学习兴趣,激发学生的问题意识;通过实验,培养学生的观察能力,引导学生提出问题、探究问题,激发学生的思维,提高学生分析和解决问题的能力;通过实验,培养学生实事求是的学风、严肃认真的科学态度以及探讨问题的科学方法。

3. 教学环节及评析(略)

[①] 李闻霞,利用预测和实验的冲突促进探究学习——"原电池的工作原理"课例分析[J].化学教育,2012,33(6):16-18

(三)具有明晰的关键性事件

优质的化学课例一定有围绕主题、突出问题的关键性事件,它描述的是真实的教学事件,能够根据事件的描述充分揭示冲突。这一特点主要体现在以下几个方面。

(1)作者应当从教师角色的角度出发,把教师的心理感受、内心体验和内部冲突揭示出来,并且表现得淋漓尽致。

(2)作者应当注重课堂上学生学习行为的描述,且描述的语言深刻、鲜活。

(3)作者应当围绕问题的产生、解决的思路、策略的生成来组织材料和阐述内容,且描述的语言明晰,具有深刻、丰富的内容和明晰的构思。

(4)作者应当注重文字的可读性,任何课例都是为达到教师或其他学习者的特定学习目标而撰写的,因此对事件发生过程的描写应以一种有趣的、顿挫的、波折的方式来陈述,而不是"有效教学行为"的简单罗列。

(四)具有翔实的过程性资料

优质的化学课例包含着翔实的过程性资料。在化学课例写作的过程中,作者从开始就要注重对过程性资料的收集,包括课例背景的阐释、集体备课与研讨、课堂情景的描述、课例实施过程中师生互动、观察资料与记录、教师表现和学生反应等材料和数据等。翔实的过程性材料主要包括以下几方面。

(1)课堂呈现材料完整。课堂呈现材料指向课堂教学的实现,作者要对材料进行全面梳理,使其完整、清晰和详细,内容上条理化,表现形式上简明化。课堂呈现材料包括教案、课例、课堂实录、课堂片段、说课稿、教学案例等。

(2)支持性材料翔实。支持性材料要明确、具体,具有层次性,包括学生学习层面的知识情况分析、课堂呈现的学习知识来源、课堂教学内容建设的支撑性教育理论资料,以及其他有价值的文献资料等。

(3)结果评价性材料丰富。结果评价性材料是课例撰写的重要组成部分,是某一课堂实践情况的评价性记录,也是推动研究活动可持续发展的有力"杠杆"。结果评价性要丰富,具有说服力。材料包括翔实的课堂实践记录、学生作业等。

(4)反思性材料清晰。反思是通过与同伴交流研讨来检讨自己的教学行为,理解隐藏在教学行为背后的教学理念,提高教学能力的方法。反思具有把模糊问题变得清晰化的功能。教学反思是课堂实践的心得体会,整理出来的资料应当脉络分明,条理清晰。反思性材料要有成败得失的原因分析、改进设想等。

(五)揭示问题深刻透彻

一个优质的化学课例,最关键的环节是"问题分析"。化学课例反映的是教学改进的过程,因此在化学课例描述中必然包含着提出的问题,以及由问题引发的后续讨论。只有发现和揭示了课堂教学中发生的真实、有意义的问题,才有可能透过课堂发生的现象,洞察现象背后隐藏着的本质,也才有可能写出优质的化学课例。

"金属与氧气反应"课例分析[①]

1. 基于教学内容、学生情况设计教学目标(略)
2. 教学设计思路、教学方法、教学用具(略)
3. 教学流程

以"创设情境,激发兴趣→引导发现,指引导航→设案探究,巡视指导→交流合作,整合信息→迁移应用,拓宽知识→检测小结,评价升华"等环节组织教学活动。其中渗透科学方法、科学态度和科学思想的教育,以达到培养学生科学素养的目的。具体操作流程见下图。

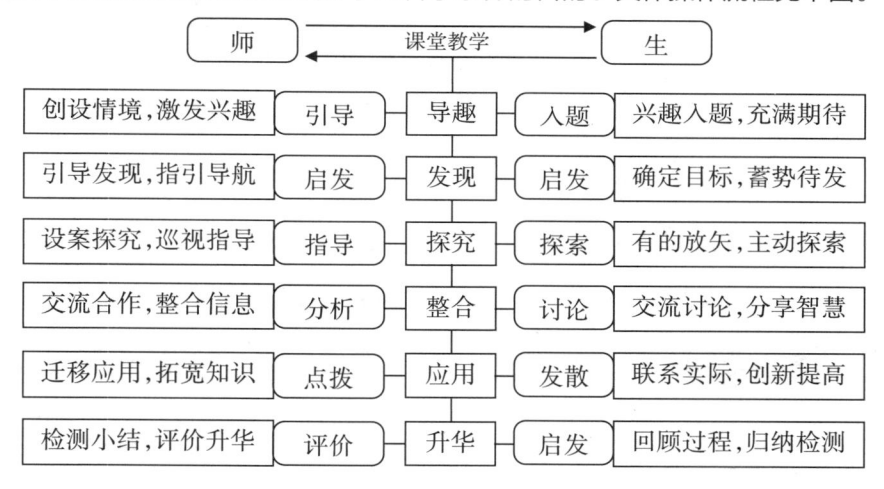

师	← 课堂教学 →	生
创设情境,激发兴趣	引导—导趣	入题	兴趣入题,充满期待
引导发现,指引导航	启发—发现	启发	确定目标,蓄势待发
设案探究,巡视指导	指导—探究	探索	有的放矢,主动探索
交流合作,整合信息	分析—整合	讨论	交流讨论,分享智慧
迁移应用,拓宽知识	点拨—应用	发散	联系实际,创新提高
检测小结,评价升华	评价—升华	启发	回顾过程,归纳检测

图10-3-4 教学流程图

4. 课堂实施(略)
5. 教学反思

此课例围绕4条主线来促成学生自主学习金属的有关性质。

一是情境线,围绕着各种金属这根线(大铁函和银质舍利塔→铜质火锅→镁条→铝箔→铝粉→钠→如何防止铁被氧化)。二是活动线,从观看视频→观察铝箔在空气中燃烧→尝试铝粉燃烧→探究钠的燃烧→总结升华。三是方法线,复习(金属活动顺序表)→寻因(结构决定性质)→探究(操控条件)→实验(钠燃烧)→交流(分享探究成果)→迁移(设计方案验证钠燃烧产物)→小结(谈收获)→检测→评价。四是问题线,创设"渐进式问题→猜想式问题→开放式问题",循序渐进地逐步诱导学生自主学习、自主探究、自主解决问题,达到促进学生"自主发展"的目的。一开始通过大铁函和银质舍利塔在历经千年之后的外观差别,让学生解释金属与氧气反应的差别的原因。后来通过回顾Na、Mg、Al的原子结构示意图,分析Na、Mg、Al与O_2

[①] 李蓉.金属与氧气反应课例分析[J].化学教育,2013,34(12):29-32.

发生反应的内在原因,并会运用归纳、类比推理等思维方法,来判断金属与O_2反应的产物,得出"物质的结构决定其性质"结论。中间环节主要探究Al、Na与O_2反应。最后由学生自己谈谈本节课的收获,学生畅所欲言,各抒己见,从方方面面(反应的现象,反应的条件,产物的颜色,氧化膜的致密性……)谈收获与感受。学生的归纳能力、口头表达能力、演说能力都得到培养。

另外,从最后5分钟课堂检测效果看,本节课的目标达成度很高。此节课因为要给学生足够的时间和空间,让学生自主探究,所以时间略为紧张。

第四节 化学课例研究报告的撰写

实践课例研究并收获课例研究成果,是每一位投身于课例研究教师的期待。而化学课例研究报告是最具典型意义的课例研究成果。本节将从常见化学课例研究报告的结构和内容、撰写化学课例研究报告的一般程序以及化学课例研究报告撰写的注意事项三方面为大家解答撰写化学课例研究报告的相关知识。

一、常见化学课例研究报告的结构和内容

表10-4-1 化学课例研究报告框架及内容

基本框架	各部分内容	呈现目的
(一)背景	(1)为什么选择该课例研究主题 (2)为什么选择该课例作为研究载体 (3)关于该研究主题或者该课,他人已经做了哪些研究 (4)本次课例研究想在哪个方面有所改进或突破	呈现此课例研究的价值和意义
(二)过程与方法	(1)研究过程中人员分工和日程安排是怎样的 (2)研究内容或分解的子问题是什么 (3)采用了哪些方法	呈现此课例研究采用的方法、具体的操作及目的
(三)结果	(1)研究结果划分为哪几个阶段 (2)每阶段在授课、改进和反思上的特点是什么?存在哪些问题?后一次比前一次在哪些问题上有明显的改进或深化	分层次地展现和分析过程性研修结果,这是研究报告的重点部分
(四)分析和讨论	(1)通过该课例获得哪些新认识或新操作 (2)可以用哪些理论来解释或进一步支持课例研究的结论	突出课例研究主题,运用恰当理论,有层次、有深度地解释研究结果。这是写好研究报告的难点,也是最能够体现研究水平的内容
(五)改进与建议	(1)存在哪些问题 (2)可以怎样改进	实事求是阐述后续研究的价值
(六)参考文献		

二、撰写化学课例研究报告的一般程序

化学课例研究报告是课例研究的成果,它有助于促进教师的专业发展。化学课例研究报告是对整个研究过程的总结与阐述,也是课例研究的成果表达形式之一,它围绕研究主题探讨,并总结课例背后所隐含的教育教学规律。本小节将介绍撰写化学课例研究报告的一般程序。

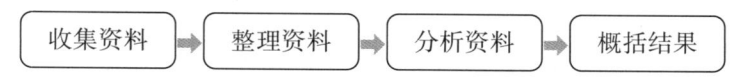

收集资料 → 整理资料 → 分析资料 → 概括结果

图10-4-1　撰写化学课例研究报告的一般程序

(一)收集资料

收集材料是课例研究的基础性工作,是验证研究方案、证明研究结论的根据。研究资料主要是通过观察、调查及文献查阅等途径来获得的。具体来说包括以下几个途径。

表10-4-2　资料收集途径

收集途径	资料类型
工作	教学后记、教学反思
听课	听课细节或教学方法记录
观察	观察记录与报告
调查	调查问卷、访谈报告
实验	实验数据
阅读	读书笔记和摘录
学术会议	学术会议记录
互联网	论文、期刊、论坛资料

在收集资料过程中要注意如下问题。

(1)注意收集资料的目的性和计划性。结合报告中的具体论点来寻找资料往往具有很好的指向性和目的性。

(2)注意收集资料的及时性。这对研究过程中资料的及时记录、保存和整理提出了很高的要求,研究人员必须在研究的每一个程序、每一个环节中及时记录收集当时的情形和重要的细节。

(3)注意收集资料的真实性和准确性。研究人员一定要以客观公正的态度收集资料,对资料的内容和表现形式不要进行人为的加工,以确保资料的真实性。

(4)注意资料的典型性和充足性。化学课例研究报告是对整个研究过程的分析和浓缩,是对关键教育事件的阐释和提升,要明确化学课例研究在不同阶段对资料的需求,研究组成员不要遗漏掉任何重要有用的资料,要注重收集有利于凸显和支撑研究主题的典型性资料。

(5)提高资料的技术性。研究人员要积极运用录音、录像、计算机等现代信息技术手段来收集和储存资料。

(二)整理资料

为使研究工作和化学课例研究报告撰写工作顺利进行,整理资料的环节尤为重要。因此要把收集到的文献、文本资料、数据资料进行加工整理,使获得的资料有序、典型。

1. 核对资料

核对资料是一项虽烦琐却重要的工作,需要由研究负责人或安排专人收集和核对。研究成员每月或每学期都要将收集到的原始资料分门别类地及时上交研究组,负责人按照上述分类对所有文本资料、图片资料、影像资料分年度进行汇总和整理。每位研究组成员要根据自己收集到的研究资料按照研究顺序或者研究主题对资料进行细致的核对,确保资料的完整性。

2. 资料汇编

资料汇编就是按照研究的目的和要求,对分类后的资料进行汇总和编辑,使之成为能反映研究对象客观情况的材料。汇编有三项工作要做。一是审核资料是否真实、准确和全面,不真实的予以淘汰,不准确的予以核实校正,不全面的补全找齐;二是根据研究目的要求和研究对象客观情况,确定合理的逻辑结构,对资料进行初次加工,例如,给各种资料加上标题,重要的部分标上各种符号,对各种资料按照一定的逻辑结构编上序号;三是汇编好的资料要层次分明,能系统完整地反映研究对象的全貌,还要用简短明了的文字说明研究对象的客观情况,并注明资料来源和出处。

3. 选择论据

在系统回顾和反思整个研究过程的基础上,要在资料中选择能够凸显研究主题和反映研究问题的各类文本、视频、音频资料,从中选择论据,进行二次加工,为研究报告的撰写提供素材和有力依据。

4. 综合加工

对二次加工的资料按照报告撰写的逻辑顺序进行综合归纳和总结,在研究者头脑中形成初步撰写思路。

(三)分析资料

分析资料的目的是揭示教育现象和事物本质间的规律性联系,说明获得研究结论的深层次原因,以保证研究结论的科学性和可靠性。对研究资料的分析,既要从质的角度进行定性分析,也要从量的角度进行定量分析。

1. 定性分析

定性分析就是对研究对象进行"质"的方面的分析,它是定量分析的基础和前提,它将自然情境作为资料的直接源泉,注重对事物的发展分析,倾向于对资料归纳性的分析,主要包括归纳演绎法、分析综合法、比较分析法等。

2. 定量分析

定量分析就是对研究对象"量"的分析，注重用数据说明问题，主要有统计分析方法和测量方法。

3. 综合分析

定性分析与定量分析相结合，理论分析与事实分析相结合，纵向比较与横向比较相结合，结果分析与过程分析相结合等。

分析资料常用的处理方法：①对于文献资料，主要用逻辑方法进行分析研究；②对于数据资料，主要用统计方法进行分析研究。

（四）概括结果

概括结果是课例研究结题的重要组成部分，是撰写化学课例研究报告的必要程序。概括结果的途径包括：一是从事物的变化过程中以及事物变化的联系和影响中，研究事物运动、发展的规律；二是从事物的全过程中，仔细考察周围环境的变化对事物的影响及作用，以及事物的发展、变化对研究对象产生的影响，从而可以看出事物和外部的关系怎样，联系的程度如何；三是根据事物在各个时期的具体情况，研究它在各个时期的不同规律；四是针对事物的某一环节、某一关键过程，研究其中变化的原因和经验，找出该环节、该过程的内在规律；五是对事物的某一侧面做深入考察，探寻其规律。

在概括结果时有以下注意事项：一是注意立论、推论和表述的科学性；二是注意论点、论据和论述的逻辑性；三是注意数据和文字表述的统一性；四是注意典型分析和一般分析的适切性。

三、化学课例研究报告撰写的注意事项

（一）准备工作的注意事项

第一，根据课例研究主题，充分利用过程性成果。在撰写化学课例研究报告前，课例研究小组成员要重新审读教学设计和教师的个人反思，重点研读课堂实录和议课实录，有选择地浏览组员个人整理的反思札记等，并根据课例研究主题，明确研究方案。

第二，根据课例研究主题，适当筛选过程性成果。尊重研究事实不等于原封不动地罗列事实。组员要依据研究中每个阶段在授课、改进和反思上的特点，筛选过程性成果中的记录。

第三，根据课例研究主题，合理提炼过程性成果。这是准备阶段中最关键的一环，一般应由执笔撰写研究报告的教师负责。在这一过程中，教师需要考虑从哪些角度提炼过程性成果、怎样表述才能够抓住课例研究的本质等诸多问题。

（二）撰写中的注意事项

第一，态度严谨，用事实说话。课例研究成果要运用可靠的事实和数据进行严密论证，不能

有半点虚假。如此才能正确地反映客观规律,提高课例研究成果的可信度。

第二,视角独特,用行为证明。创新性是衡量课例研究成果价值的重要依据之一。发现别人未曾发现的教育教学的真实问题,尝试新的教学方法,获取新的实验数据,产生与原行为不同的效果,才能使课例研究成果富有新意,产生良好的效果。

第三,行文规范,用语言表述。在表述课例研究成果时,要根据课例研究的主题、内容和逻辑结构进行通盘考虑,依据明确的计划、详细的提纲、基本的格式和步骤进行。语言表述要注意逻辑性和层次性,并把定性和定量的描述结合起来。

第四,研究完整,用材料证实。课例研究完成后,负责人应书面向总课题组提出鉴定申请,并填写《课例研修鉴定申请评审书》(一式2份)。同时提供下列材料:①课例研究方案;②最终成果主件(含化学课例研究报告、公开发表的论文、著作等);③其他主要研究成果(优秀课例集、调研报告、课堂实录和议课实录、教学课件、校本课程教材、教学资源光盘、学生优秀作品集、教学资源网站等)。

拓展阅读

课例研究案例——中学化学课堂有效提问的研究[①]

课例研究不同于原来的"磨课"与"集体教研",相对于前两者来说课例研究是一种以具体课例为载体的教研活动。课例研究的特别之处在于参加研究的团队不仅是一线教师,还有学科专家、学校管理人员等。本研究以"三课两反思"的形式为核心操作,如图10-4-2,利用课堂观察和议课反思,以达到改进教学的目的。

图10-4-2 课例研究"三课两反思"环节

1.1 团队组建

本研究团队成员包括高校学科教育专家、"硕师计划"研究生、中学教学副校长、教务主任、化学教研组长、一线化学教师。每位教师都具有丰富的教学经验以及自身的教学风格。小组团队名为"春风化雨"。

1.2 确定研究主题

本研究主题源于前期的调查结果,经过调查可知教师们普遍对课堂提问感兴趣。基于"课例研究主题的确定"的理论基础学习,"春风化雨"成员讨论自己在实际授课过程中存在的问题,经过归纳总结,拟定"课堂有效提问的教学策略研究"为本次研究的主题,经

---

① 刘晓红.基于"课例研究"的中学化学教师教学研究能力研究[D].石家庄:河北师范大学,2018.

文献研究后发现"有效提问"并不属于"教学策略"范畴,所以最终更改主题为"中学化学课堂有效提问的研究"。

1.3 本课题文献研究

文献研究是课例研究学习的起点。文献研究可以是针对教学内容的研究,帮助教师深入了解教学内容,分析研究主题的概念和内涵,使教师准确把握研究主题的切入点,并据此确定课堂观察的维度与内容。课例研究强调的是集体,因此文献研究任务由全体成员共同参与完成。

1.4 研究方案设计制定

研究方案是课例研究实施前的一项重要工作,需要提前拟定整个研究过程中的任务分工与研究计划。"春风化雨"小组在设计研究方案过程中集思广益,各抒己见,依据课例研究模式图(图10-4-3)从以下几个方面考虑,最终完成了方案设计工作。

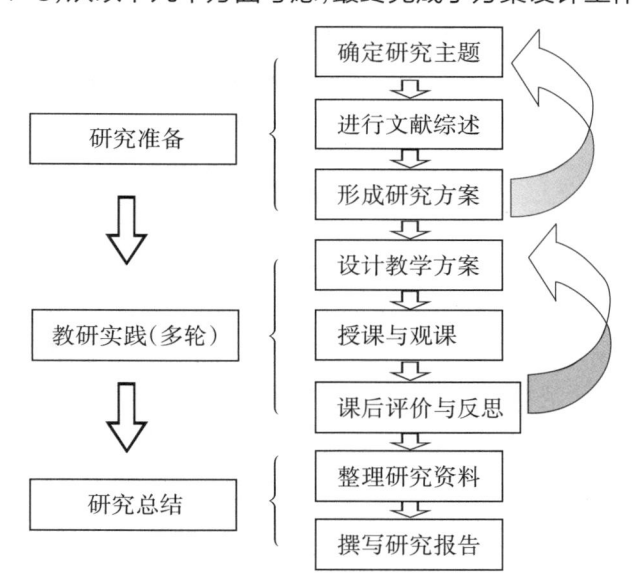

图10-4-3 课例研究模式图

(1)教师个人情况。

因参训教师都是本校教师,在时间管理方面有一定优势,但教师仍有教学计划要完成,故需要根据教师的个人情况合理分配任务。

(2)教学进度与课时安排。

由于高一学生课业负担较重,研究的课时安排上亦相对紧凑。为了保质保量完成研究任务,在充分考虑研究计划方案可行性的基础上,小组制定了课例研究实施计划表。

1.5 研究方案实施

方案的实施是课例研究的重中之重。在教学研究过程中,观察并记录教学问题,并对数据进行处理,可以有效地帮助参训教师及时调整研究方案。

1.5.1 进行课前问卷调查

小组成员针对"学生是否喜欢老师提问""学生是否喜欢回答老师的问题""学生喜欢老师什么样的提问方式""是否希望老师及时评价本节课的知识点掌握情况"等几方面制作调查问卷。问卷结果下表10-4-3。

(1)结果及分析。

本次研究共发出问卷216份,收回216份,回收率100%,其中210份有效,有效率为97.3%。初步了解了学生对"提出问题"的需求以及对生活中的铝及铝合金的认识情况。结果显示77.6%的学生喜欢回答老师提出的问题;52.8%的学生希望回答问题时老师请成绩中等或者中等偏下的学生回答;80.4%的同学认为自己知道铝及铝合金的用途;72.4%的学生能写出10种以上铝及铝合金的用途;100%的学生知道生活中使用的铝并不是纯金属,也知道铝能导电,不太了解铝能与碱反应,对金属铝的性质了解很少;调查还发现79%的学生不能准确掌握化学方程式书写。

表10-4-3 问卷调查结果

题目和选项	人数/人	所占比例/%
1. 你认为你们化学老师每节课提问的次数多吗		
A 很多	58	27.6
B 还可以	99	47.1
C 几乎不提问	53	25.2
2. 对于化学老师提出的问题,你的态度如何		
A 积极思考、主动发言	43	20.5
B 等有同学回答了再回答	59	28.1
C 等大多数同学回答的时候再回答	61	29.0
D 不回答	47	22.4
3. 你希望老师提问哪一类学生		
A 化学成绩好的	33	15.7
B 成绩一般的	62	29.5
C 基础知识较差的	49	23.3
D 都可以	66	31.4
4. 你熟悉铝以及铝合金吗		
A 非常熟悉	61	29.0
B 熟悉	58	27.6
C 一般	60	28.6
D 不熟悉	31	14.8
5. 你能写出10种以上铝和铝合金的用途吗		
A 可以	87	41.4
B 别人提醒才可以	65	31.0
C 写不出来	58	27.6

6. 你认为铝能跟哪种物质反应		
A 氯化钠溶液	9	4.3
B 氢氧化钠溶液	111	52.9
C 碳酸钠溶液	34	16.2
D 硫酸钠溶液	56	26.7
7. 你认为金属铝有哪些化学性质		
A 导电性	17	8.1
B 还原性	78	37.1
C 氧化性	86	41.0
D 延展性	29	13.8
8. 生活中常用的铝制品是纯净物吗		
A 不是	210	100%
B 是	0	0
C 不知道	0	0
9. 你认为本节课知识点最难的是什么		
A 铝的物理性质	31	14.8
B 铝的化学性质	69	32.9
C 铝及铝合金的用途	21	10.0
D 书写化学方程式	89	42.4
10. 你能默写出课本上的化学方程式吗		
A 可以	46	21.9
B 还行,想一会能写出来	69	32.9
C 别人提示才能写出来	74	35.2

(2)结论与建议。

多数学生喜欢被关注,希望赢得教师的赞同,但是怕回答错误,所以喜欢将问题抛给别的学生。大多数学生能自觉预习本节课内容,发现自己在本节课中的知识盲点。基于以上调查结果,提出如下建议。

关注学生集体,为实施有效提问奠定基础;重视教学目标落实,为问题设计找准重心;注重反馈,鼓励学生回答问题;了解学生知识储备,分阶段设置问题,保证提问的有效性;设置问题数目合理,给予学生时间思考,增强学生自信心。

1.5.2 第一次教学实践

(1)设计教学方案。

高一学生学习科目较多,课程安排比较紧,为了不影响其他科目的教学安排,按照原有教学计划,选取《铝及铝合金》为教学题目。

第一轮的实践授课由A老师承担。A老师有两年的工作经验,颇具上进心,所教班级成绩一直名列前茅。A老师依据课标和本次研究主题,结合课前问卷和已有的教学经验,对"铝及铝合金"这节课进行教学方案设计。

(2)观察设计与观察量表。

A老师进行第一轮授课,G老师、Y老师、M老师等人分别承担课堂观察和录制课堂影像的任务,本阶段F老师等人的主要任务是依据安排好的位置(见表10-4-4)对学生答题情况以及教师提问情况进行观察记录,填写整理分析观察量表,将录像转录成文字。

表10-4-4 学生作为以及教师观察点图示

			讲台												
Z老师	1组		*		★	8组			★	9组	*			★	F老师
				★			★	*				★			
	2组		*		★	7组	*			10组			★	*	
								★							
H老师	3组		*		★	6组	*		★	11组	*				S老师
				★				★				★	*		
	4组					5组			★	12组					
				★	*		★				★	*			
	Y老师、M老师					G老师(摄像)				Y老师、M老师					

①本节课"教师提问量表"数据见表10-4-5,该数据将是课后研讨的重要依据。

表10-4-5 教师提问量表

课题		铝及铝合金			
授课班级	*	授课人	X老师	观察者	*老师
	观察内容				次数
观察记录	教师提问类型	1.创造性问题			—
		2.推理性问题			2
		3.记忆性问题			4
		4.解释性问题			4
		5.常规性问题			15
	挑选回答问题	1.提问前点名			—
		2.提问后让举手者回答			1
		3.提问后改问其他同学			3
		4.提问后学生齐答			7
		5.提问后让未举手者回答			10
	教师理答方式	1.打断学生自己代答			1
		2.对学生的回答置之不理,或者消极评论			—
		3.重复自己的问题或者学生的回答			1
		4.鼓励学生再提出问题			1
		5.对学生的回答给予积极评论			3

②课堂实录节选。

课堂实录是除课堂观量表外能清晰显示教学内容的文字资料,能清晰地显示教师的课堂互动情况,也能展示教师语言的恰当程度,还能帮助其他人捕捉课堂上的细节。

> ……
> 师:请***将化学方程式写在相应横线上,其他同学将答案写在草稿本上。
> 师:这三名同学写得对不对?如有不对请上台来加以改正。
> ……
> 师:*同学,请你说出观察到的实验现象。
> *生:铝片在浓H_2SO_4中没有现象,在NaOH溶液中溶解了而且有气泡生成。
> 师:谁能解释这种现象?
> 生:课本第65页有介绍,铝与浓H_2SO_4不是不反应而是发生了钝化,铝与NaOH反应是铝的化学性质。

1.5.3 第一次课后研讨反思

(1)课后评价。

整理建议课后评价是为了找到教学过程中存在的不足。本次评课由Z老师主持,全体成员参与。在评课中各位老师给了A老师很多肯定的评论,但同时也指出其语言上的不足并给出了些好的建议。

(2)反思研讨。

更改教学设计第一轮授课后,小组成员通过评课,对问题概括如下。

①评价语言单调乏味问题。由观察量表可知,本节课共45 min,教师提问25次,平均每1.8 min一次,教师提问过于频繁,导致学生不能充分思考问题。学生回答情绪大都积极,但由于教师主要以"齐答"的方式回应,学生有时无法确定正确答案。此外,学生回答后,老师只是给出简单的如"好""很好""不错"等评语,有时甚至不给予积极反馈。小组成员给出如下改进建议:学生回答完问题后,老师可以通过眼神、肢体、口头语言等多种方式鼓励学生。

②时间分配不均。问题:预设导入、铝的物理性质、铝的化学性质、铝合金的性质与用途三部分内容分别占5 min、10 min、20 min、10 min,结果化学性质用了25 min,铝合金部分只用了几分钟,知识点处理不好。改进建设:设置时间量表深入观察,提高授课教师的时间意识。

表10-4-6　教学时间统计表

课题：				授课人：				课型：				观察员：		
教学环节	导入	新授										巩固	总结	布置作业
		铝的物理性质				铝的化学性质				铝合金的性质与用途				
		直叙讲解	问题讲解	学生讨论	学生回答	直叙讲解	问题讲解	学生讨论	学生回答	直叙讲解	问题讲解	学生讨论	学生回答	
所用时长/min														

③教学行为有待改进。问题：演示实验过多，教学时间太长，导入部分不够生动。

表10-4-7　教学改进表

序号	一轮教学行为	二轮教学行为改进
1	复习导入	昆山8月2日铝粉尘爆炸事件新闻导入
2	学生实验探究金属铝和非金属、酸、某些盐溶液反应	播放铝与非金属、酸、某些盐溶液反应的实验视频
3	教师演示铝热反应实验	播放铝热反应视频，播放前提醒学生需要观察的现象
4	把6 mol/L的HCl溶液换成H_2SO_4溶液	把6 mol/L的HCl溶液换成H_2SO_4溶液和硝酸溶液

1.6　研究结果

课例研究成果包括过程性成果和终结性成果。其中，过程性成果包括能展现教师行为跟进的教学设计、观察量表、课堂实录及议课实录等；而终结性成果则包括案例视频、教育叙事、研究报告等。

该小组成员形成的过程性成果：

研究前的调查问卷分析报告，前三轮的教学设计，前两轮的课堂观察表、课堂实录、议课实录和课后反思，第三轮的个人研究报告和小组研究报告。

本案例形成的终结性成果：

本研究形成的终结性成果为化学课例研究报告册。化学课例研究报告册由高校专家指导，参训教师执笔。研究报告则是根据上述研究过程整理而成，具体报告目录如图10-4-4所示。

目录

1. 课例研究准备阶段 ··· 1
1.1 课例研究小组成员名单 ·· 1
1.2 课例研究小组任务分工一览 ·· 2
2. 文献综述 ·· 3
3. 第一轮课 ·· 17
3.1 调查问卷分析报告 ·· 17
3.2 第一轮教学设计 ··· 23
3.3 第一轮课观察量表 ·· 19
3.4 第一轮课课堂实录 ·· 23
3.5 第一轮课议课实录 ·· 24
3.6 第一轮课课后反思 ·· 33
4. 第二轮课 ·· 43
4.1 第二轮教学设计 ··· 45
4.2 第二轮课观察量表 ·· 47
4.3 第二轮课课堂实录 ·· 49
4.4 第二轮课议课实录 ·· 60
4.5 第二轮课课后反思 ·· 66
5 第三轮课 ·· 68
5.1 第三轮课教学设计 ·· 68
6 个人研究报告 ·· 72
7 小组研究报告 ·· 92

图 10-4-4　研究成果目录

本章要点小结

（1）课例研究是指围绕一堂课的教学，在课前、课中、课后进行的种种活动，包括研究人员、上课人员与他的同伴、学生之间的沟通、交流、对话和讨论。

（2）集体备课过程中需要注意以下三点：根据教师特长，安排任务；把握好备课重点，对备课进行统筹安排；备课后交流，及时进行反思。主要的课堂观察工具有：教案观察表，观察量表，座位表，姓名牌，观察者自身作为观察工具。

（3）一份优质的化学课例具有明确的研究主题、清晰的问题线索、明晰的关键性事件、翔实的过程性资料和揭示问题深刻清晰等方面的特点。

（4）撰写化学课例研究报告前的准备工作应注意：根据课例研究主题，充分利用过程性成果；根据课例研究主题，适当筛选过程性成果；根据课例研究主题，合理提炼过程性成果。

（5）撰写化学课例研究报告中应注意：态度严谨，用事实说话；视角独特，用行为证明；行文规范，用语言表述；研究完整，用材料证实。

本章思考题

（1）什么是课例研究？

（2）化学课例研究的操作步骤包含哪些？

（3）化学课例撰写的一般方法有哪些？

（4）一份优质化学课例的标准是什么？

（5）撰写化学课例研究报告应注意哪些问题？

第十一章　课堂观察研究

要测量一个人真实的个性，只须观察他认为无人发现时的所作所为。

——麦考莱

[学习目标]

(1) 理解课堂观察法的内涵与价值。
(2) 了解课堂观察法的类型。
(3) 掌握课堂观察法的实施及注意事项。

新入职的化学教师赵老师发现自己所教授的班级课堂氛围沉闷，与理想中的课堂相差甚远。在向经验丰富的化学教师请教之后，赵老师决定通过课堂观察来研究自己的提问技巧是否恰当，但赵老师存在以下疑问：应该选择哪种类型的课堂观察呢？又该如何规范实施？在实施过程应该注意哪些方面呢？

为了解决案例中的疑问，本章将从课堂观察法的概述、课堂观察法的类型以及课堂观察法的实施和注意事项为读者全面介绍课堂观察法。

```
                    ┌─ 课堂观察法的内涵与价值 ─┬─ 课堂观察法的内涵
                    │                          └─ 课堂观察法的价值
                    │
                    │                          ┌─ 自然观察法与控制观察法
                    │                          ├─ 直接观察法与间接观察法
                    │                          ├─ 参与观察法与非参与观察法
  课堂观察研究 ─────┼─ 课堂观察法的类型 ──────┼─ 结构性观察法与非结构性观察法
                    │                          ├─ 定量观察法与定性观察法
                    │                          ├─ 正式观察法与非正式观察法
                    │                          └─ 其他观察方式
                    │
                    └─ 课堂观察法的实施及注意事项 ─┬─ 课堂观察法的实施程序
                                                    └─ 课堂观察法实施的注意事项
```

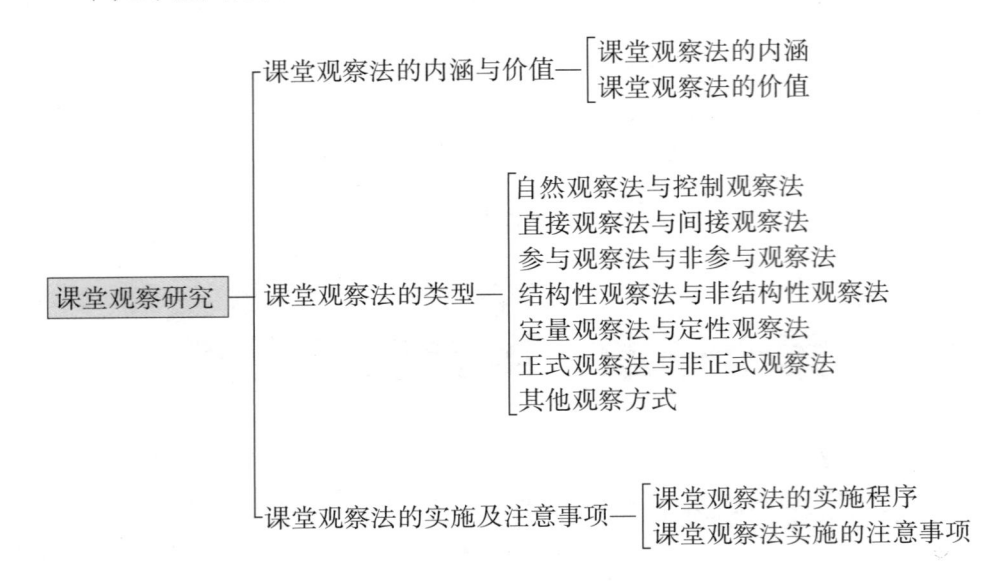

第一节　课堂观察法的内涵与价值

课堂观察法作为在职教师评估课堂以及研究者进行实证研究等的重要科学研究手段,被广泛地应用于中学化学教育教学研究中。本节将从课堂观察法的内涵以及价值两方面对其进行介绍。

一、课堂观察法的内涵

(一)什么是课堂观察法

课堂观察法就是指研究者或观察者带着明确的目的,凭借自身感官以及有关的辅助工具,直接或间接(主要是直接)从课堂情境中收集资料,并依据资料作相应研究的一种教育科学研究方法。

观察的手段不局限于肉眼观察以及耳听手记,还可以利用现代科技手段来辅助记录,比如录音机、摄像机等。课堂观察不仅重在"观"观看,通过眼睛看来获取研究对象的信息,侧重于一般的感官行为,也重在"察"(分析,仔细认真地去听,用心去看,侧重于有思维判断等认识活动伴随的感官行为)。及时、准确、具体、详尽的记录是课堂观察的重要环节,有准确详细的记录作为课堂观察的原始材料后,才能保证后续的分析研究能够建立在真实客观的基础上,从而呈现出正确可靠的研究结果。

目前实施课堂观察法的形式通常是:由观察员组成观察小组,每个观察员按照不同的分工,通过使用课前准备的课堂观察量表以及录音录像设备等,对教师在课堂中进行的教学活动、学生理解和掌握的程度以及课堂的状况进行记录、分析和研究。

(二)课堂观察法的测评维度

要对课堂进行观察,首先需要对课堂因素进行主体解构,课堂涉及的因素很多,总结而言这些课堂因素主要包括学生、教师、课程和课堂文化。因此,课堂观察主要从学生学习、教师教学、课程性质以及课堂文化这四个维度进行测评。其中学生学习是课堂的核心,教师教学、课程性质和课堂文化是影响学生学习的关键因素。

1. 学生学习维度

主要关注学生怎么学,学得怎么样,即学生的学习方法以及学习效果,学生是课堂学习的主体,学生学习是否有效直接显示课堂效果。学生学习维度的视角包括准备、倾听、互动、民主和达成。

2. 教师教学维度

主要关注教师的教学方式方法。教师是课堂教学的组织者和引导者,也是课堂学习的参与者,教师能否灵活适当地运用多种教学方法,是否熟悉各种教学资源,在很大程度上影响课堂教学的效果。教师教学维度的视角包括环节、展示、对话、指导、机智。

3. 课程性质维度

主要是指教师所教内容与学生所学内容等,例如教学内容、目标以及教学实施过程。课堂是教师与学生在课堂教学中共同面对的客体,课程的性质也极大程度地影响着教师的教与学生的学。课程性质维度的视角包括目标、内容、实施、评价、资源。

4. 课堂文化维度

课堂文化是学生、教师与课堂在互动、对话、交往过程中形成的文化,主要指教师和学生如何相处,包括教师是否对每一个学生一视同仁,学生是否认真思考且积极配合教师教学等方面。课堂文化维度的视角包括思考、民主、创新、关爱、特质。

从数量上看,课堂观察的主题可以是单一的,也可以是多个的;从重点上看,可以偏向教师教学,也可以偏向学生学习;从观察视角来看,可以设定三到五个具体的观察点,使得观察具有可操作性。通过对课堂维度的划分,老师可以将课堂观察需研究的问题具化为观察点,将课堂中连续发生的时间拆分为时间单元,将课堂中复杂的场景拆分为空间单元,透过观察点,对"点"进行观察分析,反映到所研究的问题这个"面"。

(三)课堂观察法的具体特点

1. 目的性

课堂观察是有目的的观察活动,应该指向一定的教育现象和教育问题,具有明确的观察目的。

2. 系统性

研究者应该根据自己的研究目的来选择课堂观察的策略,对观察的整个过程在课前准备中做出系统的规划。

3. 理论性

课堂观察本身和观察研究的教育现象以及教育问题都应该以一定的教育理论作为指导。在教育科学研究中,理论决定着观察者能够观察到什么,有关的知识经验越丰富,观察到的东西越多,对事物的认识理解越深刻。

4. 选择性

围绕研究目的,选择合适的观察问题、观察对象以及观察方式。在观察活动中,研究者必须根据观察需求选择观察对象,并且要从复杂多变的现象中选择典型对象、时间,以获得有代表性的材料。

5. 客观性

观察的客观性是课堂观察研究最终能指向真实问题的前提。通过观察获得的事实材料,实质上是研究者对教育现象或过程的一种反映和描述,观察的客观真实性将直接影响观察分析的正确性。

6. 能动性

课堂观察按照事先制定的计划和程序进行,同时规定了观察的时间和内容,要求观察者从大量的教育现象中选择典型对象、典型条件,力求全面地把握被观察者的各种属性并以严谨的态度、科学的理论对观察结果进行、判断和理解,故具有能动性。

(四)课堂观察法的适用范围

1. 新从业教师培训

课堂观察是一种研究活动,它在教学理论和教学实践之间架起一座桥梁,是新从业教师从教育理论迈向实践的有效途径。

2. 在职教师绩效评价

学校管理者通过课堂观察来获取关于某教师教学工作状况的信息,对教师作出评价,从而影响教师的薪酬奖金以及晋升机会,鼓励优秀教师保持先进,同时对其他教师产生激励作用。

3. 课堂研究

课堂是学校教育的基本单位,是研究者研究教与学最适当的场所,课堂蕴藏着丰富的、有价值的研究要素,课堂研究正是通过对这些要素的研究,揭示课堂的事实和规律。

(五)课堂观察法的信度和效度

1. 信度

课堂观察的信度是指观察结果的一致性程度,是判断我们观察到的行为和现象是否可靠的评价指标,包括典型行为的一致性、稳定性和普遍性。其中一致性是指不同的观察者在同一堂课的同一个观察点的观测结果基本相同;稳定性是指相同的观察者在一系列不同的课堂上对同一观察点的观测结果基本相同；普遍性则是指不同的观察者在不同的课堂观察不同的观察对象的同一观察点的结果基本相同。信度受观察指标、观察样本、观察技术、观察维度和被观察者的影响。

影响信度的因素有以下几个方面：其一，观察的内容选择不够准确，发生于许多观察者观察同一复杂事件时，每一观察者所选择的内容常有不同，因此出现误差；其二，机遇反应趋势，发生于不同观察者对观察类别定义不能肯定时，常会用观察者自己的解释来界定类别；其三，环境变迁，在不同时间进行观察，环境发生了变化；其四，人的变迁，同一个人在不同时期被观察时，亦有不同的行为表现；其四，实验设计及实施的影响，比如样本量不足、环境不利于观察、观察手段不够完善等。

可从以下几方面提高课堂观察的信度：其一，记录任务尽可能容易简单，这样就使观察者易集中注意力观察出现的行为；其二，提供清楚的完整的、具体的观察类别的操作定义，从而使不同的观察者观察时的个体倾向和选择性知觉趋于一致；其三，训练观察者，提高观察信度，理想的训练包括训练观察者的注意力、明确操作定义和不同行为的转换准则以及到现场熟悉环境；其四，获取足够多的观察样本，增加各观察指标间的区分度，熟悉观察点、观察量表和记录方法，完善观察手段（进行录像、摄像，再听录音和看摄像进行修正），创造一个良好的观察环境，观察前和师生沟通好等。

观察的信度只具备统计学的意义，针对的是一系列观测结果。单一的观察结果说不上一致性和稳定性，因此没有信度。

2. 效度

课堂观察的效度是指观察行为的准确性，它是针对观察结果，只对所观察的教学特性起作用，指的是测量的有效性程度。

影响课堂观察效度的因素有：观察指标的代表性、完整性、权重和非普适性，观察者，被观察者和观察环境。

在观察的过程中，要提高观察效度，应尽量注意以下几个方面：其一，不干预被观察者的活动，教育研究中对课堂等教学场景进行观察时，观察者应尽可能避免与被观察者直接交流经验或参与活动，同时对被观察者的表现不作赞同或否定的评价，不加以鼓励或批评，避免影响被观察者的自然行为表现；其二，保证足够的观察次数或时间，对被观察者的同一行为应观察足够的次数或时间，以保证观察的结论的可靠性，有人曾对观察次数与时间长度对观察的信度的影响做过研究，得出结论认为，观察次数越多，观察所获得的信息信度越高，信度随观察时间的延长而提高；其三，讲求记录方法，观察记录应具体、详细、系统，按照观察目的，有时应预先准备记录表格，熟悉与记住行为代码及定义，以便迅速、准确地记录所观察到的内容，有时可用速记法、录音机或录像机等实录下全部过程，然后根据需要详细整理与记录所需内容，有时在利用行为分类代号记录时，需同时记下一些伴随现象或行为背景，需要用词语描述时，应具体、客观，不加主观的释义，或将客观的描述与主观解释和评价分别标出。

二、课堂观察法的价值

课堂观察法在教育研究中有着广泛的应用价值。早在20世纪初,观察研究法就经常作为一种教育研究的方法加以应用,大约在20世纪三十年代达到巅峰。而观察研究法在课堂研究中的应用,也就是课堂观察法,是在20世纪五六十年代盛行,其典型代表为美国社会心理学家贝尔思(R. F. Bales)于1950年提出的"互动过程分析"理论和1960年美国课堂研究专家弗兰德斯(N. A. Flanders)的研究成果"互动分类系统"。近年来,课堂观察法越来越频繁地应用于教育理论和实践的研究中,它的价值主要体现在以下几个方面。

(一)实现知识共享,促进教师专业发展

对于在职教师个人而言,课堂观察的直接作用是促进教学实践能力的提高。例如:长期开展"提问有效性的观察",教师会在课堂教学中不断完善自身的提问技巧,在课前合理设计课上提问的问题,注重提问的有效性,从而逐渐变得善于提问。课堂观察改变教师的教学行为,使教师的教学进一步指向"有效",追求"有效",实现"有效",教学水平自然而然得到提升。此外教师也要借助合作的力量在实践性知识、教学反省能力等方面获得新的发展,进而促进教师的专业发展。

对于在职教师团队而言,教师的知识共享包含两个层面:一是个别教师之间的知识交流,涉及隐性知识与显性知识的相互转化;二是知识在"教师团队"之间的流动,比如开展教学研讨会等,可以使优秀经验流向整个教师团队。课堂观察有助于实现教师知识的共享,是因为:第一,教师可以运用课堂观察法,通过课前会议、课中观察、课后交流等方式不断更新自身原有的知识结构,促进新的知识生成和知识流动;第二,课堂作为教师教学教育知识的实践区域,教师之间通过课堂观察,不仅促进了教师自身的知识积累和知识转化,同时也有利于"教师团队"的知识分享。

(二)构建课堂文化,改善学生课堂学习

课堂文化是课堂教学中教师和学生思想观念和行为方式的总和,在一定程度上决定了学生生存和发展的基本方式。有效的课堂观察之所以有助于构建课堂文化,是因为教学是什么、教师怎么教与学生怎么学都可通过课堂观察法得到梳理和阐释,实现课堂观察的任务:给学生一个探究的课堂、感悟的课堂、对话的课堂和快乐的课堂。尽管在课堂观察中每一位观察者所推崇的"课堂文化"品质可能有所不同和偏好,或多向互动、对话交流,或尊重差异、彰显个性,但在优秀的"课堂文化"氛围中,可以让人感到师生之间、师生与文本和知识之间的完美融合,时刻能感受到新的东西在这里生成。课堂观察让教师教学能力不断增强,课堂氛围不断改善,为学生提供越来越良好的学习氛围,逐渐改善学生的课堂学习。并且,在真实的课堂里观察学生如何学之后,就课堂上发现的问题,教师可以与学生进行深入沟通交流,对学生的学习行为进行引导建议,从而使学生不断建构完善自己的学习方式,改变学习行为,获得新的认知与情感体验。

(三)发掘课堂研究课题

中外教育史上很多教育家都非常重视通过观察法来收集教育科研的一手资料,对于课堂教学来说,不少科研课题来源于对课堂教学现象的观察和思考。有经验的研究者往往从课堂现象和课堂情景中发现问题,受到启示,从而提出课堂研究的课题,并结合相关教育科学理论,展开质性研究。

> **拓展阅读**　社会互动过程分析(social interaction process analysis),简称"互动过程分析"。社会互动发生与发展过程分析,一般从分析群体成员之间交往的内容与过程入手,以美国心理学家贝尔斯1950年创立的小群体内成员互动行为类目分析法为代表。贝尔斯将互动行为区分为相对独立的四个领域、十二个类目,即肯定的情绪反应领域(含表示群属、紧张之消除及同意三个类目)、否定的情绪反应领域(含表示不同意、紧张及对立三个类目)、解答问题的课题领域(含给予启迪、表明意见及示明方向三个类目)、提出问题的课题领域(含要求定向、征询意见及寻求启示三个类目),并设定判别各类目行为的详细标准,作为观察和记录小群体内互动过程的依据。互动过程分析通过分析类目行为的出现顺序、频率及行为主体的分布来把握小群体乃至成员的特征。

第二节　课堂观察法的类型

课堂观察是课堂研究的重要途径,是课堂管理的重要手段,也是课堂教学专业支持的重要方法。根据不同的分类标准可将课堂观察进行不同的分类。各种观察研究方法之间是互相联系、互相补充的,一般都以交错的形式出现。了解各种观察研究方法的特征、分类及相互间的关系,可以帮助我们在制订观察计划、确定观察对象和具体实施观察时能有一个系统的思考。

一、自然观察法与控制观察法

根据观察时所处的情境条件(即有无人为干预和控制)划分,可分为自然观察法和控制观察法。

(一)自然观察法

自然观察法是指在自然情境中,对观察对象不加干预和控制、不进行任何的暗示与控制的状态下,自然而然地观察被观察者的行为而获取研究资料的一种方法。在自然观察法中,被观察者一般不知道自己正处于被观察状态,因为当被观察者知道自己正处于被观察之中,就很难观察到被观察者在完全自然状态下的真实行为。如平常一般性的听课活动就可以算是一种自然观察。

(二)控制观察法

控制观察法是指使观察对象处于一定程度控制(即一定程度人为设计)的环境中,有目的地引起被研究对象的某些心理现象,在最有利的条件下对他们进行观察,收集有关研究资料。控制观察法有利于探讨事物内外的因果关系。控制观察中的被观察者对于自己是否正处于被观察状态有可能是明白的,也有可能是不清楚的。控制观察法常用于观察在自然观察法中难以观察到的行为,观察者所想观察的行为不可能是随时随地都会发生的。这时候,观察者常常借助一定的外界刺激来诱发被观察者发生观察者所希望产生的行为。

二、直接观察法与间接观察法

根据观察时是否借助有关的仪器设备划分,可分为直接观察法与间接观察法。

(一)直接观察法

直接观察法就是指在观察的时候不借助任何仪器设备,而只是直接运用观察者的感觉器官观察被观察者活动的方法。这种观察方法的优点在于观察者能方便地获得直接、具体而且真实的第一手资料,观察者在观察的过程中,能根据观察的目的任务、观察活动中的具体情况,灵活及时地调整观察的内容,及时抓住一些事先未曾预料到的重要细节。当然,由于这种观察方法是通过人的感官直接进行的,而人的感觉器官是有局限的(主要是指人的感官的灵敏度、人的注意与短时记忆的广度以及视听距离),因而对观察的实施,尤其是对观察的实际效果具有明显的制约作用。中学化学教育研究上的观察法大多是直接观察法。

(二)间接观察法

间接观察法就是指观察者借助一定的仪器设备观察被观察者获得研究资料的一种方法。随着现代科学技术的发展,多种现代信息技术应用到中学化学教育研究中来,间接观察的使用范围越来越广,发挥的作用也越来越重要。常用的可供观察使用的仪器设备有单向观察屏(又称单向镜)、照相机、摄影机、录音机等。通过这些仪器设备的使用,研究人员能在很大程度上克服人的感觉器官的局限性,扩大观察的范围,提高观察及记录的准确性、及时性,并可把稍纵即逝的瞬间长期保留。

三、参与观察法与非参与观察法

根据观察者在观察活动中所扮演角色的不同划分,可分为参与观察法与非参与观察法。

(一)参与观察法

参与观察法是指观察者参与到被观察对象的活动中去,与观察对象共同活动,在活动中观察。观察者对观察对象来说,是他们活动的共同参与者,是被观察对象所接纳的成员,后者并不会因为观察者的存在而改变其典型的行为表现。如化学教师一边讲课,一边带着研究目的去观察课堂上学生的行为,课后将观察到的情况记录下来,就是一种参与观察法。

根据被观察者对观察者身份的识别程度,参与观察法可以进一步划分为完全参与观察法与不完全参与观察法。完全参与观察法就是观察者在不暴露自己作为研究者的真实身份的前提下,完全参与到被观察者的活动之中,在参与活动的同时获得所需要观察资料的一种方法。在这个过程中,被观察者对观察者研究者的身份是完全未知的。不完全参与观察法就是观察者虽然完全参与到被观察者的活动之中,但是,观察者作为研究者的身份对被观察者来说是已知的,观察者在被观察者的活动中处于一种"半客半主"的状态,通过这样的观察活动获得所需资料的方法就是不完全参与观察法。不完全参与观察法既有利于对所观察活动的深入理解,又保持了作为研究者的相对独立的地位,从而保证观察活动记录的及时性、准确性与客观性。事实上,完全参与或完全非参与的课堂观察并不多见,更多的观察方式是介于两者之间的。

(二)非参与观察法

非参与观察法又可以称为局外观察法,是指观察者不加入被观察者的活动,完全以一个局外人或旁观者的身份进行观察。在非参与观察法中,由于观察者与被观察者保持一定的距离,可以从不同的角度、不同的方面进行观察。因此,观察者更容易站在比较公正、客观的立场上,对被观察者进行比较客观的观察,而且,不会对被观察者的活动产生影响,能保证观察的自然性,使观察结果比较客观、公允。比如,课堂中的听课就是一种非参与观察。当然,由于观察者没有参与到被观察者的活动之中,因此,所观察到的可能只是一些表面的甚至是偶然的现象。而且在观察过程中,当观察者产生某种疑问的时候,也难以及时与被观察者进行交流。

四、结构性观察法与非结构性观察法

根据观察方式的结构程度划分,可分为结构性观察法和非结构性观察法。

(一)结构性观察法

结构性观察法是指在实施观察之前首先设计好详细、具体的观察内容与项目,制定出观察记录表,并在观察过程中严格按照观察记录表对每一个被观察者进行观察和记录以获取资料的一种观察方法。结构性观察适合需要设计详细、具体的观察项目的现象的观察。在观察之前就对准备观察的现象或行为包括它们的各种表现形式都比较了解,对具体的观察内容、观察范围都比较清楚,并且能对所要观察的现象或行为进行合理、有效、详细、周密的分类。结构性观察能收集较大样本的便于量化的资料。但是由于结构性观察要求在实施观察的过程中不要任意更改提前设计好的步骤、观察项目,因此结构性观察缺乏必要的弹性,而且比较费时。结构性观察目前在中学化学教师的教育研究中还比较缺乏,因此中学化学教育研究者在开展课题研究时可以有意识地运用这种方法。

(二)非结构性观察法

非结构性观察法是指在观察活动实施之前观察者对观察的目的与要求只有一个总的设想,

对准备观察的内容与范围也缺乏明确的认识,没有详细的观察计划和观察提纲,也没有具体的观察记录表,而是在实施观察活动的过程中根据当时的具体情况灵活地选择观察的内容。因此,与结构性观察相比更灵活、更简便、更易于实行,记录也更松散。不过,也由于非结构性观察所获取的资料比较零散,只能定性分析,难以进行定量分析,无法进行比较严格的对比研究。目前非结构性观察在中学化学教师的教育研究中运用比较多。

五、定量观察法与定性观察法

根据资料收集的方式以及资料本身的属性来划分,课堂观察可分为定量观察法和定性观察法。前者指观察者运用一套定量的、结构化的记录方式进行观察;一般有一定的分类体系或具体的观察工具,对预先设置的分类下的行为进行记录,这种观察记录的结果一般是一些规范的数据。后者指观察者依据粗线条的观察纲要,收集对课堂事件进行细节描述的信息材料,资料收集的规则是灵活的,是基于需要在观察的过程中形成的;在观察后根据回忆加以追溯性的补充和完善,并通过描述性的和评价性的文字记录现场感受和领悟。

应当强调的是,定量观察和定性观察的划分并不是绝对的。实际上,它们共同归属于课堂观察方法这样一种教育研究方法,而这种方法究竟属于定量研究方法还是定性研究方法,取决于在研究中以定量观察为主还是以定性观察为主。在课堂观察研究中,两种观察方式并不相互排斥,相反地,它们相互证明、相互补充,因而在实际的研究中往往被研究者综合运用。

六、正式观察法与非正式观察法

正式观察法即指在教育研究中的正式观察方法,观察者按预定计划,对被观察者的活动范围、条件和方法作明确选择,有目的地直接观察处于自然条件下的被观察者的言语行为等外部表现,收集事实材料加以分析研究,从而获取对问题较为深入的认识。正式观察是有明确目的、有计划安排、有一定控制、有严格记录的观察。

非正式观察法是一种广义的观察法,是指在日常生活中观察者通过亲身感受或体验获取被观察者的感性材料。非正式观察是观察者对自然存在现象的随机的、自发的感知,目的性不强,也没有严格的计划。早期教育中应用的观察法多为非正式观察法。

七、其他观察方式

(一)依据观察内容方面的不同要求分为:系统观察与局部的个别观察

系统观察即对事物或现象所作的全面而整体的了解,这种观察通常需要一个较长的观察过程和预先制订的周密的观察计划。

局部的个别观察则是对事物或现象某一方面情况的了解,只能获得对有关事物或现象的局部的认识。

(二)依据观察记录方式上能否将原始资料信息保留下来分为:封闭式观察与开放式观察

封闭式观察即使用表格进行记录的观察方式。观察时,应预先选择观察的行为或项目类别,将注意力集中于对所选内容的观察上,并依据观察时的判断在观察表格上做出相应的记号。

开放式观察即对观察状况使用实况描述的方法进行记录的观察方式。开放式观察随事件的自然进程而展开,其特点在于能保留较多的事物细节或事件行为的顺序,并可在事后通过文字记录重现所观察的事物及现象的现场情景。

(三)依据观察记录的方式及对所观察行为的选择控制程度之不同分为:叙述性观察、取样观察与观察评定

叙述性观察即描述性观察法,观察者在观察进程中,随行为或事件的发生加以详细、自然的记录,而后对观察资料进行分类与分析的观察方式。

取样观察即依据事先确定的标准,选取行为的若干方面为目标行为或观察样本,从而对这些行为或样本进行观察的方式。

观察评定即研究者在观察的基础上力图对观察的行为或事件做出自己的判断的观察方式。其包括两种类型:核对表法和等级评定量表法。

(四)依据观察的公开程度分为:隐蔽型观察与公开型观察

隐蔽型观察指观察者在被观察者不明了其观察身份的情况下对被观察者所进行的一种观察方式。其优点在于观察不影响被观察者所处的原有的社会结构及内部人际关系,能获得比较真实、自然的信息。其缺点在于未获得被观察者的同意,有违社会科学研究中自愿的伦理原则。

公开型观察即观察者在观察伊始,事先对被观察者说明自己的观察者身份以及交代自己观察任务的观察方式。该方式力求获得被观察者的同意,符合研究的伦理规范。

(五)依据观察者及观察事物的状态分为:静态观察和动态观察

静态观察即观察者固守某地点,对被观察者进行观察,观察的对象既可是静态的,亦可是动态的。

动态观察即观察者随被观察者所处地点、时间的变化而变化,并与被观察者同时移动进行观察的一种方式。观察既可是短期的观察,亦可是长期的追踪观察。

(六)依据观察的目的分为:探索型观察和验证型观察

探索型观察即对自己不了解的被观察对象进行初步的、比较全面的了解,以便为今后进一步深入研究奠定基础的一种观察方式。

验证型观察即观察者对自己已有的初步理论假设进行观察,从而对这些理论假设进行检验的一种观察方式。

（七）依据观察的时间分为：长期观察、短期观察和定期观察

长期观察即在较长时间内连续不断地对被观察对象进行观察的方式。其优点在于能够比较全面、细致地了解被研究的对象；缺点在于较费时费力，对被观察者的干扰亦较大。

短期观察即在较短的时间内对研究对象获得即时了解的观察方式。

定期观察即在某指定时段对被观察对象进行反复观察，且可以通过重复观察对初步研究结论进行验证的一种观察方式，定期的观察内容比较集中，但仅能了解到某个时间段的情况，且较难看到整个事件或被观察对象行为的连续性。

上述观察的各种类型都是相对而言的，各种类型既相互区别又相互补充。在具体的课堂教学实践中，同一个具体的观察活动往往可以归属于多种分类之下。真实的课堂观察活动并不严格考虑归属的类别，往往具有多种属性。因此，对待不同类型的课堂观察，教师和研究者们应秉持着灵活应用、取长补短的态度。

拓展阅读

基于学生课堂动作的高中化学课堂观察[①]

观察和记录学生课堂动作，根据研究结果，归纳出学生出现该学习动作的原因，帮助教师进行教学反思，探讨出解决该问题的对策，为教师提高教学技能及学生学习效果提出合理建议。

(1)观察工具：直接观察法。

(2)记录方法：对学生某些行动的频率、时间、原因等数据进行记录。

(3)记录人员：观察人员为研究者本人和学生，校教研组组长两人。

(4)观察内容：对"氧化还原反应"课堂进行教学观察。

对X班级的课堂观察过程及结果统计如下。

以下是整个记录过程。

课题：氧化还原反应（第3课时）

授课教师：M老师

教学目标：

学习氧化还原反应的规律及氧化性、还原性的强弱判断；理解氧化还原反应中的得失电子守恒，培养学生宏观辨识与微观探析的核心素养。

通过对氧化还原反应规律的学习，练习归纳推理能力，培养学生证据推理的素养。

通过对氧化还原反应规律的学习，感知事物的现象与本质的关系，建立对立统一的观点，增强科学态度和探索精神，培养学生具有科学态度与社会责任的素养。

教学重难点：氧化剂、还原剂的氧化性、还原性强弱判断；氧化还原反应的规律。

---

① 高文月.高中化学课堂观察——基于学生的动作表情分析[D].济宁：曲阜师范大学,2016.

课程类型：新授课

教学方法：实验法和谈话讨论法

(5)结果处理：观察者分别在听课时及时记录每个学生的课堂表现并填写在事先准备好的观察量表中；同时利用课间简单快速询问做有关动作表情的学生,问其做此反应的原因并简单标注,以便回来后统计分析。这样对每个同学对应的动作更有针对性,使分析结果更准确。

(6)结论。

根据对X班级的第一次观察,分析学生做出所记录动作表情的原因,建议M教师在对应的教案上进行适当的修改。例如：上课前段,学生的小动作比较多,说话、看窗外的都有,因此提前2分钟到教室,让学生安稳下来,做好上课准备,拿出相关资料复习或者预习；低头(多数有困意的)的比较多时,老师通过有趣的事例或生活实际引起学生的兴趣,让学生注意力回归到课堂；当没听明白表现出茫然或与其他同学说话时(例：根据化学方程式判断氧化性还原性强弱、价态规律时),这一部分知识学生不易理解,那么再次讲到此处时多加一个练习题,或者再重点强调一遍引起学生的注意；等等。

第三节 课堂观察法的实施及注意事项

课堂观察作为一种教育科研方法,其观察应当是一个系统而完整的过程,而非只是现场课堂观察活动本身。因此,课堂观察的实施涉及的是观察研究活动的全过程。不过,现场观察活动是整个研究过程的核心,这一点是毋庸置疑的。同时在研究的过程中,为使课堂观察真正发挥作用,研究者也要遵循一定的规范。

一、课堂观察法的实施程序

(一)课堂观察前准备

观察的准备工作包括：明确观察目的、制定观察计划、设计观察提纲、准备观察工具、确定观察途径。

1.明确观察目的

观察前必须明确观察的目的,并依据观察目的做出观察的规划,越是特定的观察越需要在事前进行细致的规划。观察计划是实施课堂观察活动的总蓝图,是观察活动有计划、有步骤、优质高效地进行的保证。

2. 制定观察计划

观察计划包括以下部分。

第一,计划观察的内容、对象、范围。我计划观察什么?我想对什么人进行观察?我打算对什么现象进行观察?观察的具体内容是什么?内容的范围有多大?为什么这些人、现象、内容值得观察?通过观察这些事情我可以回答什么问题?

第二,计划观察的地点。我打算在什么地方进行观察?观察的地理范围有多大?这些地方有什么特点?为什么这些地方对我的研究很重要?我将在什么地方进行观察?我与被观察者之间是否有距离(或有多远的距离)?这个距离对观察的结果有什么影响?

第三,计划观察的时刻、时间长度、次数。我打算在什么时间进行观察?一次观察需要多长时间?我准备对每一个人(群)或地点进行多少次观察?我为什么选择这个时间、时长和次数?

第四,计划观察的方式、手段。我打算用什么方式进行观察?是隐蔽式还是公开式?是参与式还是非参与式?观察时是否打算使用录像机、录音机等设备?使用(或不使用)这些设备有何利弊?是否准备进行现场笔录?如果不能进行笔录怎么办?

第五,计划观察的效度。观察中可能出现哪些影响效度的问题?我打算如何处理这些问题?我计划采取什么措施获得比较准确的观察资料?

第六,观察的伦理道德问题。观察中可能出现什么伦理道德问题?我打算如何处理这些问题?我如何使自己的研究尽量不影响被观察者的生活?如果需要的话,我可以如何帮助他们解决生活中的困难?这么做对我的研究会有什么影响?

3. 设计观察提纲

观察提纲是对观察对象及内容的具体化,是由观察目的和有关理论假设来确定的。

观察提纲通常要回答以下六个方面的问题。

(1)谁?(有谁在课堂上?)

(2)什么?(课上发生了什么事情?观察对象有什么行为表现?)

(3)何时?(什么时间点发生的?持续时间是多少?)

(4)何地?(上课班级在哪里?)

(5)如何?(事件是如何发生的?事情诸方面的关系如何?)

(6)为什么?(发生的原因是什么?)

在制定观察提纲的时候,应该事先查阅与研究课题有关的文献资料,弄清楚有关变量的内涵,掌握一定的理论框架,并结合实际进行分析。

在设计观察提纲时,最重要的就是要找到观察点,即研究的问题。在化学教育研究领域,一般按照"从领域到问题、从问题到观察点"的方法确定观察点。

确定观察点是一个从宏观到微观、从抽象到具体的过程。例如,我们对化学课堂中的实验探究教学感兴趣,决定对它展开研究,但是这仅仅确立了研究领域,因为探究性学习不是一个具体的研究问题。那么如何从这个研究领域找到合适的观察点呢?

首先,应该将研究领域分解成研究问题。从教学法的角度看,实验探究教学中值得关注的问题有哪些?哪些课题值得实验探究教学?哪一种方式进行实验探究教学更好?实验探究教学中应该注意什么?实验探究教学中可能出现哪些问题?实验探究教学的效果该怎么检验?……其次,将问题转化成观察点。例如,对"哪一种方式进行实验探究教学更好"这个问题,实验教学的方式又分为教师指导学生实验、教师边讲边实验、学生自主实验、教师边讲边放实验视频等。因此,这个问题就转化成"教师演示""教师指导""实验中的小组合作""实验成果的分享"等一系列问题观察点。

从领域到问题,再从问题到观察点,通过这样一个过程,观察者基本上可以找到一个合适的、科学的、有针对性的、可操作的观察点。

还可以按照"此人、此时、此课"的方向确定观察点,即要切合课堂的具体情况,如观察者、被观察者、教学背景、教学中的关键事件。另外,确立观察点还要遵循"可观察可记录、可解释"的原则。

4. 准备观察工具

设计或选择观察记录的方式或工具。研究者在观察前应根据观察的目的和背景选择一种最为合适的记录方式或现成的观察表,另外研究者也可以根据自己的需要自行设计观察表对围绕观察中心的行为和事件进行记录。从某种程度上说,不同的课堂观察方法其实就是不同的信息记录方法。选择合适的记录方法才能收集到所需要的信息。

5. 确定观察途径

课堂观察要在自然情况下进行,而且不能影响正常的教育教学。因此课堂观察的基本途径有上课、听课两种。上课就是教师亲自上课的过程,教师也是研究者,通过上课过程与学生面对面地交流、观察获取信息。通过听课,研究者可以了解教师课堂上的行为表现、教学思想和技能,也可了解学生的学习活动和心理特征,还可以在一定程度上间接了解备课情况。

(二)课堂现场观察

课堂观察的实施阶段包括进入研究情境,以及在研究情境中依照事先的计划及所选择的记录方法对所需的信息进行记录。

教师一般对进入到课堂中的观察者都存有怀疑和戒备的心理,而学生也会对观察者好奇。这些因素会使他们的表现不同于平常,不利于观察者获取真实客观的课堂信息。所以在进入研究情境时,观察者应当事先征得同意或者简单说明一下来意,并尽快在观察者和被观察者之间建立相互信任和友善的氛围,这是下一步进行课堂观察的前提条件。

观察者选择有利的观察位置,对观察的顺利开展也十分重要。一般而言,要按照观察任务确定观察位置,以确保能收集到真实的信息。如观察四个学生的课堂参与情况,观察者应选择离他们较近的位置,以便随时记录他们参与的时间等;又如观察课堂上教师目光的分配情况,观察者应尽量选择在教室的前半部分,以便较及时、全面地获取教师目光的停留位置。一般来说,一节课内,观察者所选定的位置通常是固定的,并尽量避免与上课教师的走动发生冲突,因为这样会影响教师的正常表现,也容易分散学生的注意力。

观察者在观察现场选择恰当的观察位置、观察角度后,要迅速进入观察状态。根据准备的观察工具和观察前的分工,各自采用定量或定性的记录方式,也可以借助拍照、录音、摄像等技术手段,获取真实详细的课堂观察资料。通过不同的课堂观察记录方式,观察者记录的内容大致包括行为发生的时间、出现的频率、师生言语或非言语活动的内容和形式,另外还可以是关于观察对象其他行为的文字描述以及观察者的现场感受和理解,同时还可以根据需要记录一些音像资料。研究者选择的不同记录方法就决定了他或她在这个过程中的具体观察行为。

如果采用定量方法,那么就需要对课堂事件计数;如果采用定性方法,就需要对事件做出描述。比如,"王明,你怎么回事?"从定量研究方法来看,这可能是教师在课上40个提问中的1个,在分类系统中它可能被编码为"管理的"或"对个别学生说的"类目中。如果采用定性研究方法,就需要关注意义、影响以及对事件的个体解释和群体解释:若教师是用粗暴的声音说这句话的,表明这位教师对王明非常恼怒,随之而来的可能是惩罚;如果教师是用和善的责怪的声音说的,那么接下来的反应将是不同的。而从学生方面看,如果王明认为这是老师出于对他负责而做出的行为,那么他会内疚地听从老师的教诲;如果王明是个敏感的学生,认为老师总是针对他,而忽略其他学生的不良行为,那么他就可能增强逆反心理。可见,定量方法(如对事件的计数)可能提供一些课堂上有趣的见识,但其在全面描述课堂生活方面不尽如人意,而定性方法能弥补这些不足。所以,课堂观察中定性和定量两种方法应根据观课目的适当兼用。

需要注意的是:在记录资料的过程中,研究者应当尽量克服来自观察工具、来自教育者自身,以及来自外部环境的各种影响观察信度和效度的因素。

(三)课堂观察后的工作

课堂观察结束以后,应尽快对所收集的资料加以整理和分析,以免时间长了,而难以准确地回忆和理解。若是多人合作观察同一内容,统计和整理所记录的信息应在交流讨论的基础上对各自的信息进行必要的合并。

在课后分析研讨课堂教学过程时,一定要依据观察资料,就事实讨论事实,从现象出发讨论问题,不以自己的偏见歪曲事实背后的原因,不用外来的条条框框有意无意地歪曲事实或滥用事实。讨论过程主要包括三个方面:一是上课教师进行课后反思,针对教学过程和教学效果谈授课体验和心得;二是观察者报告观察结果;观察者在报告时,要立足观察到的资料,发表自己的看法;三是形成结论和行为改进的具体建议。结论主要体现在三个方面:一是成功之处,即本节课中值得肯定的做法;二是个人的特色,即基于上课教师的实际情况,挖掘个人特色,逐步厘清该教师的教学风格;三是存在的问题。最后结合上课教师的特征和现有教学资源,提出几点明确的改进建议。

通过课堂观察所收集的资料,一般有定性和定量两种。两种资料分析的方式尽管不一样,但目的都是通过对所记录的课堂事实进行系统分析,来揭示课堂行为之间的相互联系,了解被观察行为的意义。资料分析是一项复杂而重要的工作,关系到对原始资料的有效利用和对结果的准确解释。

在对资料进行分析和整理之后,研究者就获得了从系统的资料中归纳分析出的研究结论。但有时在资料分析后,研究者预期的结果并没有出现,而在研究过程中反而发现另一个更有意义的研究问题。这样,课堂观察又从确定研究的目的和问题开始,有些课堂观察就是这样长期地周而复始地进行的。最后的研究结论可用研究报告或论文的形式呈现。但应当明确一点,课堂观察的最终目的不是为了写成研究报告或论文并发表,也不只是为了证明、填补或构建某种理论,更重要的是为了促进教学。所以一旦有了研究结果,首先应向教师及时反馈,促进其尽快改进教学。

二、课堂观察法实施的注意事项

(一)观察者要明确观察目的

课堂观察是有目的的研究活动,观察者清楚观察的目的,才能收集到更确切有效的资料,才能确保研究不偏离轨道,才能达到预期的目的。课堂情境包含着众多的要素,如果没有围绕研究目的确定的观察焦点,观察的行动便是低效的。所以课堂观察中有明确的观察目的很重要。

(二)观察者要掌握相应观察工具的使用技巧

在观察行动开始之前,研究者或观察者已经选择或设计好针对观察中心或焦点的记录体系、观察工具。观察工具可以是一份结构性的观察表,可以是一个评价等级量表,可以是一份观察纲要,也可以是一个辅助性的记录工具,比如录音录像设备等。无论是什么,观察者都要在事前学习其使用的方法或技巧,以及记录原则和标准,以保证记录的针对性和准确性。

(三)注意课堂观察的伦理问题

任何研究都必须遵循科学和伦理两条基本原则。课堂观察是一种现场研究活动,从方法本身就不可避免地对课堂情境造成干预。研究者通常要通过公开协商的途径进入研究现场,而且如果观察对象要求了解的话,其研究的目的最好不被隐蔽,当然在某些研究中,研究者可能根据研究的需要必须隐蔽研究目的。但不管怎样,都应遵循最基本的伦理原则,即研究应避免伤害到观察对象。尤其当研究针对的是正在发展中的未成年人时,特别需要遵守研究的伦理。比如说,观察对象的真实姓名必须转变为代名,所陈述的事实要避免对观察对象的隐私或权益造成伤害等。

(四)观察者要如实记录,减小对课堂教学的影响

观察者要如实地记录所看到的与听到的种种现象,在需要连续记录时,一般不宜当场花时间对现象进行分析或做出判断,以免影响记录的进程或遗漏一些重要的信息。同时在观察过程中,观察者的行为表现应不影响正常的课堂教学。如观察者的表情不能过于丰富,应保持平和;观察者不应着奇装异服,尤其是观察位置面对或靠近学生时;观察者不应进行不必要的走动;观察者

之间不应相互讨论,发出声音,因为这些行为举动在一定程度上会引起教师或学生的注意,影响教与学的进程。

(五)努力提高不同观察者之间的一致性程度

有些时候观察活动需要由若干个观察者同时进行。特别是定量观察,需要通过特定的观察体系,记录大量的数字信息。如果不经过专门的培训,不同观察者所记录的数字可能会有较大的出入,这样就很难根据数字得出结论。所以一般来说,在使用这种较为复杂的记录体系前,要对观察者进行统一的观察训练,包括帮助他们详细理解观察体系,共同讨论他们认为容易误解或混淆的地方,通过对课堂录像的观察记录来检验在正式观察开始之前他们之间的一致性程度有没有达到要求。通常情况下,一致性百分比在80%以上,就可以开始正式的观察活动。

案例研讨

通过课堂观察法比较中等生和优等生的化学课堂学习行为
——以"弱电解质的电离"为例[①]

1. 研究对象

北京市某中学高二年级理科班学生。

2. 授课内容

人教版普通高中化学选择性必修1《化学反应原理》第三章第1节"弱电解质的电离"第1课时。

3. 研究工具

采用由全国教育科学"十一五"规划2009年度教育部重点课题"高中中等生课堂学习效率提高策略研究"课题组设计的"课堂学与教行为观察记录表",观察教师的教学和学生的学习行为。具体操作如下:随堂听课式的自然观察法,每位观察者观察5~6名学生,以3分钟为一个观察单元,完成一节课40分钟的观察。为了避免由于观察者的不熟练和对学生的干扰所造成的误差,前2节课为试观察,然后再进入正式观察。主要观察学生动口、动眼、动手等外显的行为(具体表现为倾听、阅读、记录、动手做、讨论、表达等),按照学生对教师正在进行的任务或所有的课堂活动的注意程度定义3种不同的等级行为。

4. 研究步骤

(1)甄选中等生。被观察班级共有学生35人,优等生为7人,中等生26人,学困生2人。

(2)课堂观察,学生每出现一次以上行为就在相应的栏目内记下该行为的级别标号。

(3)将观察记录数据进行汇总,数据处理方式如下:计算学生不同的行为发生的频次,即行为频次=学生行为÷学生人数。

[①] 谢妲娜,董素静,许敏,等.通过课堂观察法比较中等生和优等生的化学课堂学习行为——以"弱电解质的电离"为例[J].化学教育,2011,32(05):26-28.

5. 结果与建议

中等生这个群体是最容易隐藏,被教师忽视的,但也是最具可塑性的。研究表明,中等生有学习的心向,但已有的认知结构、教师的忽视、元认知策略的缺乏以及畏难情绪等因素影响了其课堂学习的积极性和有效性。以下教学策略能为中等生的学习提供帮助:教师要善于观察和了解学生的课堂表现,理解并尊重中等生的思维特点和发展水平;通过精心设计一些能激发学生兴趣、适合学生思考的问题以提高学生的课堂参与积极性,密切关注学生的所思所感,鼓励学生自己去发现问题、提出问题,表达自己的情绪感受等;在知识难点突破上要关注到预备性知识不足的中等生,适当地进行知识铺垫,层进式前进;在课堂教学中指导中等生对自己的学习方法进行调适;多发动同伴互助学习,充分利用小组合作带动中等生积极参与课堂。若能使中等生的学习状态转变为积极的学习状态,那么,这将大大提高学生的课堂学习效率,其意义是毋庸置疑的。

本章要点小结

(1)课堂观察法就是指研究者或观察者带着明确的目的,凭借自身感官以及有关的辅助工具,直接或间接(主要是直接)从课堂情境中收集资料,并依据资料作相应研究的一种教育科学研究方法。课堂观察就主要从学生学习、教师教学、课程性质以及课堂文化这四个维度进行测评。

(2)课堂观察法的价值可以总结为三个方面:实现知识共享,促进教师专业发展;构建课堂文化,改善学生课堂学习;发掘课堂研究课题。

(3)根据不同的分类标准可将课堂观察进行不同的分类,课堂观察法主要有以下几个分类:根据观察时所处的情境条件(即有无人为干预和控制)划分,可分为自然观察法和控制观察法;根据观察时是否借助有关的仪器设备划分,可分为直接观察法与间接观察法;根据观察者在观察活动中所扮演角色的不同划分,可分为参与观察法与非参与观察法;根据观察方式的结构程度划分,可分为结构性观察法和非结构性观察法;根据资料收集的方式以及资料本身的属性来划分,可分为定量观察法和定性观察法。

(4)课堂观察法在具体的实施过程中,都有课堂观察前准备、课堂现场观察和课堂观察后的工作三个基本阶段,其中每个阶段中又包含一些具体操作程序。

本章思考题

(1)什么是课堂观察法?课堂观察法主要从哪几个维度进行?

(2)课堂观察法实施的具体程序是怎样的?有哪些注意事项?

(3)设计一个"关于化学教师课堂提问研究"的课堂观察方案,有条件的话在真实的课堂中实施,并整理分析结果。

第十二章　新兴的教育研究方法与技术

教育技术不应仅仅是教学的工具，而应是激发创新思维，促进个性化学习，提升教学效率的关键力量。

—— 约翰·库奇

[学习目标]

(1) 了解眼动追踪技术的基本原理与应用。
(2) 了解脑科学的基本原理与应用。
(3) 了解教育技术在研究中的应用。

陈老师是一名化学老师，相信"教而无研测试"，所以在执教生涯中始终坚持进行教育研究。陈老师已必须要多年的教研经验，但从未停止学习进步。查阅最新文献时，陈老师发现目前出现了从未有过的教育研究方法与技术，这激起了陈老师极大的兴趣，立志将新兴技术贯彻落实到日常的教育研中。那么新兴的教育研究方法与技术有哪些呢？陈老师将怎么将这些新兴的教育研究方法与技术和教育研究结合起来呢？

为了深入解决这一问题，本章将从眼动追踪技术在教育研究中的应用、脑科学在教育研究中的应用和教育信息技术在研究中的应用三个方面介绍新兴的教育研究方法。

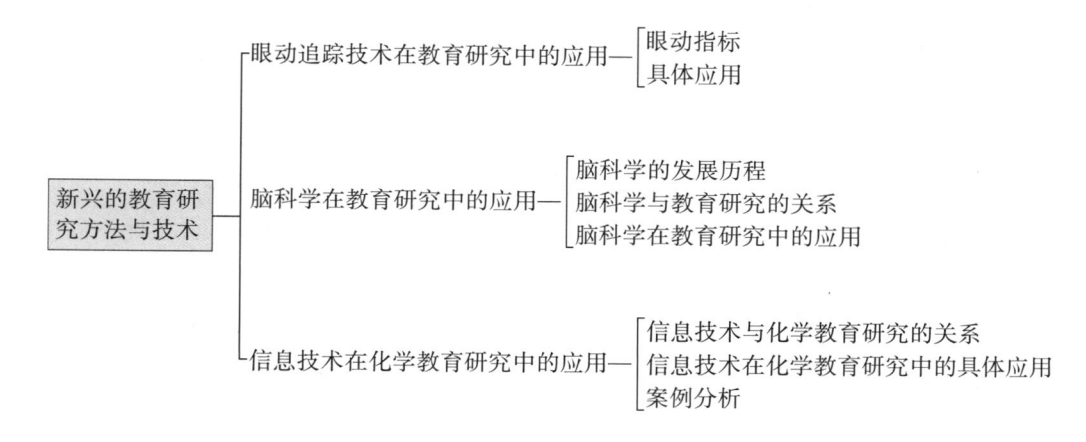

新兴的教育研究方法与技术
├─ 眼动追踪技术在教育研究中的应用──┬─ 眼动指标
│   └─ 具体应用
├─ 脑科学在教育研究中的应用──┬─ 脑科学的发展历程
│   ├─ 脑科学与教育研究的关系
│   └─ 脑科学在教育研究中的应用
└─ 信息技术在化学教育研究中的应用──┬─ 信息技术与化学教育研究的关系
                                    ├─ 信息技术在化学教育研究中的具体应用
                                    └─ 案例分析

第一节　眼动追踪技术在教育研究中的应用

眼动追踪技术,又被称为视线追踪技术,是一种利用光学和电子等先进技术实时捕捉学生当前视线位置、浏览路径和视觉转移过程的方法。该技术能够客观全面地记录学生在知识学习、问题解决等过程中的具体表现,细致而又准确地捕捉学生的感兴趣区域,深入评估其学习效果和阅读过程,量化注意力、认知过程和学习结果之间的关系,从而揭示学生的心理特征及内在认知情况。

眼动追踪技术最早可以追溯到1980年Just和Carpenter提出的"眼-心理"(Eye-Mind)假说。该假说认为可以根据眼球的运动情况动态追踪学习者的认知过程[1]。眼动追踪技术能够在不干扰被试认知处理的情况下,实时、精确且直观地提供信息,从而从时间和空间两个维度对个体的信息处理过程进行研究。现如今,眼动追踪技术已经运用在各个领域中,主要有人机交互、交通出行、医疗卫生、心理认知、教育、阅读研究、运动与健康等,在各类研究中选取的眼动指标主要有如下这些:总注视时间、首次注视时间、注视次数、瞳孔大小、眨眼次数及眼动热点图,通过最直观的眼动数据揭露学习者的潜意识行为,较传统研究方法更加客观、全面。

在化学教育领域,新时期的化学教育以发展学生的化学核心素养为目标,注重培养学生解决真实复杂问题的能力,引导学生从"宏观辨识与微观探析""变化观念与平衡思想""证据推理与模型认知"的学科观念和思维方式进行化学科学思维活动,从"科学探究与创新意识"进行化学科学实践,最终培养学生的"科学态度与社会责任"。因此,眼动追踪技术通过获取的数据,可以对化学学习过程中个体的思维进行深入分析。通过关注注视时间与注视次数等常见的显性注意指标,可以清晰地了解学生注意力的分配、加工策略的选取、关键信息的编码与表征、化学问题的解

---

[1] Just M A,Carpenter P A. A theory of reading: from eye fixations to comprehension[J]. Psychological review,1980,87(4): 329.

决等具体认知过程和情感体验。这一技术有助于揭示学习过程的内在机制,并为我们的化学教育机制提供间接的分析和评价依据。

一、眼动指标

眼动追踪技术需要用于测量眼动的指标和相应的标准。Goldberg 和 Kotval 在计算机接口的研究中展示了基于眼动定位的空间测量。Jacob 和 Karn 提出了六个常用的眼动追踪测量指标:注视次数、平均注视时间、固定速率(计数/秒)、每个兴趣区的注视次数、花费的时间比例、平均注视时间。随后,Lai 通过分析 113 项学习研究,揭示出在眼动测量中,使用最多的指标是时间测量,其次是计数和空间测量。而目前,我国眼动研究实验中主要用到的眼动指标正是时间指标(注视时间等)、量值指标(注视点个数等)以及空间指标(注视位置等)三种类型。研究者应当根据研究的需要综合选择不同类型的眼动指标,表 12-1 中所列出的一些常见眼动指标可为化学教育研究的眼动研究提供参考。

表 12-1-1　常见的眼动指标及定义

眼动指标	定义
首次注视时间	第一次注视的时间,能够反映被试早期识别过程
总注视时间	反映被试对所注视内容的认知加工情况,注视时间的长短反映其对刺激物加工的程度
平均注视时间	每个兴趣区的注视时间的平均值
回视时间	在所选兴趣区内的重新审视的注视时间的总和
注视位置	注意位置反映注意力分布情况,与注意时间共同揭示了个体阅读策略以及原有的知识和经历
眼动轨迹	注视和扫视的空间和时间序列,能够清晰、真实记录被试的整个认知加工过程
注视次数	越多的视觉注视(注视次数、总注视时长以及平均注视时间)表明学习者对概念的理解程度越高
平均注视次数	在每个兴趣区内的平均注视次数
热点图	反映学习者的视觉加工热区或兴趣区
瞳孔大小	被试所承受的认知负荷越大,其瞳孔越大,信息加工效果越差
眨眼次数	被试所承受的认知负荷越大,其眨眼次数越低

眼动追踪技术可以用来考察或探索学习者在不同主题中的认知加工过程,在不同的研究主题可能会关注不同的眼动指标。时间指标通常被视为学习主题中最频繁使用的度量标准。然而,根据研究问题的性质,量值和空间指标也可能被采用。例如,注视次数常被用作衡量注意力分配的指标,而扫描路径则被用来暗示元认知策略。因此,在化学教育研究领域,应当结合化学

学科的特质，积极探索符合不同研究主题的合理的眼动指标，揭示学生在化学学习过程中的学习模式，为化学教学的改革提供新的视角，促进学生的化学学科核心素养的培养。

二、具体应用

近年来，随着认知科学和教育信息化的推进，眼动追踪技术在教育研究领域的应用也越来越广泛，比如视频教学、数学应用题解决、中文/英文阅读、特殊教育、医疗教育、建筑安全等，但化学教育领域应用眼动仪等认知分析技术的研究略显不足。化学学科能力包括学习理解、应用实践、迁移创新的表征，既与问题本身的表述相关，又与被试的内部表征有关。而内部表征的认知加工活动可以通过记录外显的眼动指标数据（注视、眨眼、瞳孔直径、眼跳）反映出来，进而辨别学生在化学学习的过程中的学习行为，为学习者提供有效解决化学问题的个性化方案。因此，通过眼动轨迹的实时记录，可以探讨学生在化学学习过程中的认知活动从发生到结束的加工过程，为优化化学教学设计、提高化学教学质量提供有力支持。

（一）适用性研究

适用性研究是一种专注于产品设计（如电脑界面或印刷材料）中各元素设计如何影响观察者视觉注意力的学术研究方法。它是眼动追踪法在研究领域中应用最为广泛的一种。通常，适用性研究涉及人体工程学的研究，这些研究可以利用眼动仪与其他研究方法（如访谈法）相结合，以识别视觉模式。例如，研究眼动指标与注意力、认知负荷、情绪、学习表现之间的关系，通过分析技术挖掘学习者的个性特征（如学习策略、学习风格、学习偏好等）。这些研究结果可以有效地指导化学教材、化学教育网站、化学软件等的外观设计，以提高学生化学学科能力的同时关注学生的情感发展，从而提升用户体验。此外，适用性研究也可用于采集学生与化学实验仪器等的交互行为，获得基础教育中的行为数据，从而为基础教育着力发展学生科学素养的目标提供参考与指导。

（二）图像识别研究

图像是一种重要的视觉信息载体，具有形象直观、内容丰富等特点。图像识别的主要任务是完成图像分类及辨识。图像识别研究广泛应用于图像分析、计算机视觉、阅读、面部识别等领域。在化学教育领域，随着数字化时代的到来，对于图表、曲线等化学实验重要表征、微观粒子间的结构和作用的可视化变得越来越普遍。目前，模拟化学微观抽象概念的眼动研究有：形象展示有机物球棍模型，呈现静电势图双重图，呈现有机化学机理，图表题的解决过程等。因此，图像识别的眼动研究有助于探索学生对化学图像的认知情况、掌握抽象的化学知识、培养宏观辨识与宏观探析的化学核心素养。

（三）多媒体学习研究

多媒体学习是指学习者在电子学习和基于计算机的学习环境中参与文本、叙事、动画和图形信息的处理的认知过程。目前,多媒体学习主要应用于教育领域,通过将文本、声音、动画和视频等多种元素整合到多媒体学习材料中,为实际教学提供了更加生动的视觉呈现和真实的学习环境。然而,由于化学学习依赖于观察和实验作为认知基础,当学生在缺乏实验环境的情况下面对抽象且复杂的化学概念或现象时,无论是教师还是学生,都难以避免地感到枯燥乏味,从而无法达到预期的学习效果,因此探讨学生在学习化学时所运用的多媒体学习材料对学生的影响至关重要。目前有关化学多媒体学习的眼动研究包括色彩设计、程序性知识与陈述性知识的呈现方式、提示信息的影响等。

(四)问题解决研究

化学问题解决是个体面对新化学问题情景时,明确化学问题并识别提取关键信息,灵活运用头脑中已有相关知识去理解整合提示信息,形成解题思路,从而实现化学问题解决的认知过程。该过程包括问题的识别、信息的选取、信息的组合以及结果的评价等动态变化的过程,整个过程不仅仅指向知识与技能的获得,更是要求学生选择恰当的信息加工策略,具备一定的知识迁移能力、化学建模能力等。目前,化学问题解决的眼动研究包括化学计算问题、化学方程式的书写等,探讨学生在解决化学计算问题和化学方程式的书写时影响认知差异的因素。

眼动研究在化学教育领域中通过记录眼睛运动轨迹来揭示学生在化学学习过程中的潜在认知过程,提供可靠的数据进行内部表征,从而将化学学习结果和认知过程联系起来。因此,眼动研究可以帮助教师在化学教学的过程中实时监测学生的注意力分配、了解学生的学习需求、评估学生在完成化学问题解决任务时的思维过程,从而调整教学策略,为教学提供有针对性的反馈,提高化学教学效果。

随着信息技术的不断发展,信息技术与课堂教学的融合成为一个必然的趋势。眼动技术作为一种非侵入性的生物测量方法,能够实时监测和记录学生在学习任务中的视觉行为和注意力分配,在化学教学领域是非常有效的研究手段。它为课堂教学提供了一种独特的、定量化的研究手段,有助于深入理解学生的学习过程和认知策略。尽管在使用眼动仪进行研究和设计时存在一些挑战,但这种方法能够揭示个体对化学学科学习的感知,这一点具有极其重要的意义。从适用性、阅读、问题解决、图像识别、在线教学等研究领域来看,这种多用途的工具具有较大的研究潜力。结合其他研究方法(如访谈、观察、调查)使用,可以收集到更为真实和全面的学习行为与认知数据。这将有助于深入理解个体在化学学习、化学教学和化学问题解决中的认知情况,并探究其认知规律和学习特点。通过有效利用这种工具,我们可以促进学科知识结构、内容体系与学生的认知发展相适应。这将有助于优化教育资源环境,提升学生的综合素质,并促进学生关键品质和基本能力的发展。

第二节 脑科学在教育研究中的应用

脑科学是一门研究大脑和神经系统的学科,旨在理解大脑的结构、功能和运作方式,以及它们如何影响人类的思维、行为和感知。脑科学的目标是深入了解大脑和神经系统的运作机制,揭示脑部功能与人类行为、情感和认知能力之间的关系。这种理解有助于解释神经系统的异常状态(例如神经系统疾病),并为开发新的治疗方法和改进教育、心理健康和技术应用提供基础。通过脑科学的研究,我们期望能够更好地了解大脑是如何支持人类思维和行为的。因此,脑科学技术已成为推动现代教育研究发展的重要动力,使教育研究的开展不再盲目、抽象。

一、脑科学的发展历程

(一)古代和中世纪

在古代,人们对大脑和神经系统的理解主要基于哲学和观察。

亚里士多德认为大脑是思维和感知的中心。在《灵魂论》中,亚里士多德提到:"脑部和心脏就像是一个掌管感觉和思考的仪器。"在《生命的历史》中,他描述了大脑与感官功能之间的关系:"脑被认为是由肉质的东西组成的,它是热的,而且和其他感官一样也是必需的。"希波克拉底则提出了关于神经系统的一些理论。在《希波克拉底医学文集》中,有一些关于大脑和神经系统的观察和描述。希波克拉底及其学派的医学观点主张人体的疾病是由自然因素引起的,他们强调通过观察症状和患者的身体反应来了解疾病。

然而,这些理论都缺乏对解剖学和生理学的具体研究,更多是基于推理和思辨。

(二)文艺复兴至18世纪

文艺复兴和启蒙时期,解剖学和生理学的进展奠定了对大脑结构的基本了解。科学家们开始进行更深入的解剖学研究,为后来的脑科学发展提供了基础。

安德烈亚斯·维萨留斯16世纪撰写了《人体构造七书》,通过详细的解剖描绘和对尸体解剖的实验,提供了对人体结构的新认识,其中也包括了对大脑的部分描述。托马斯·威利斯被认为是神经科学的先驱之一。他的研究主要集中在大脑和神经系统上,他首次描述了很多神经解剖学上的结构,并对大脑和神经系统的功能做出了一些基础性的认识。路易斯·加隆,18世纪的法国解剖学家,曾对动物和人类大脑进行深入的解剖研究。他的工作对于后来对大脑结构和功能的理解产生了一定的影响。

这一时期的脑科学研究对教育产生了一些间接影响,尤其是启发了大家对教育观念和教学方法的重新思考。然而,脑科学与教育之间直接的、明确的联系并不像现代那样密切,因为当时对大脑的认知还不够深入,科学家们在脑与学习之间的具体联系方面的了解仍较为初级。

(三)19世纪

神经科学逐渐成为一个独立的领域。科学家们开始研究神经系统的解剖和生理特征,提出了一些与神经系统和行为相关的理论,其中两个理论特别具有里程碑意义。

颅相学认为人的大脑不同区域与特定的心理特质和能力有关,通过观察颅骨的形态可以相断出一个人的性格、能力和智力水平。

功能定位学说认为大脑的不同区域负责执行不同的功能,如语言、视觉、运动等,这一学说的代表人物包括保罗·布罗夫。

这两个理论对于理解大脑结构和功能的特定区域性质至关重要。它们的出现为后来的脑科学研究提供了关于大脑功能分区的重要概念,并在一定程度上推动了神经科学和行为科学领域的发展。

(四) 20世纪至今

20世纪以来,脑科学经历了革命性的发展。20世纪初,神经元学说的建立和发展对于脑科学是一个重大突破。神经元是神经系统的基本单位,对于理解神经信号传递和大脑功能至关重要。脑成像技术的不断进步,如磁共振成像(MRI)、脑电图(EEG)、功能性磁共振成像(fMRI)等,使科学家们能够观察和研究活跃脑区域,这对于认知神经科学的发展有着深远的影响。20世纪后半叶,人们开始意识到大脑具有可塑性,即它可以根据经验和环境的改变而改变其结构和功能。这个发现对于神经康复和学习能力的理解有重要意义。

2010年,华东师范大学成立国内首个教育神经科学研究中心;2020年,"十四五"规划将"脑科学与类脑研究"列为战略性前沿科技;2012年,科技部正式启动"科技创新2030—脑科学与类脑研究"重大项目;2023年,国家还将脑科学知识列入科学教师的培训内容。

这些成果使我们对大脑和神经系统的功能和结构有了更深入的理解,也为脑科学与教育相关的研究提供了新的方向和机会。

二、脑科学与教育研究的关系

脑科学技术与教育研究的关系是相互促进、相辅相成的。一方面,脑科学的研究成果能够促进教育形态的变化,拓宽脑科学研究成果在学校、社会以及家庭层面的科普路径。每个人学习的过程和结果都是脑神经连接的反映,脑与人的学习不是主体与客体的关系,而是密切联系,辩证统一,具有复杂的动态交互性特征。另一方面,从学科角度讲,脑科学、教育学是两个不同而独立的学科,但教育学研究对象是坐落在脑中的、发展变化着的心智,其复杂性决定了学科交叉研究的必要性。脑科学技术通过研究脑神经系统的运行机制,直观地揭示认知活动的特点与规律,使教育研究更加直观,更加深入本质,更加有利于教育实践。

三、脑科学在教育研究中的应用

目前,脑科学技术已被广泛地应用于更新教学理念、调整教学内容、改革教学方式、评价教学效果等教育研究活动之中,具体情况如下。

(一)更新教学理念

在脑科学视角下,学习本质有了不同的定义,教学本质也做出了对应的改变。施普伦格认为学习本质上是通过放电形成电化学回路以促进神经元建立连接的过程;加扎尼加等人认为学习和记忆与神经元间突触接触强度有关;杨聆等人则认为学习过程是个人经验反馈至大脑,形成新的神经网络而影响个人心智、行动,并促成新的个人经验产生的过程。与新的学习本质一致,张俊列和韦利仿提出了教学本质的定义:基于丰富情境的创设,控制与提供必要的刺激,促使学习者的大脑在刺激的影响下形成特定的神经环路,将外界知识不断内化,进而建构个体的经验知识。

(二)调整教学内容

研究者发现在大脑神经元数量确定的情况下,突触数量会在不同时期产生变化,并在某段时间达到高峰。而这个高峰就是学生发展的关键期,在关键期对学生进行教育能起到事半功倍的效果。脑科学技术就可以通过对大脑突触发生、突触修剪关联性、人脑发育顺序和成熟时间的研究,揭示出功能相应脑区的关键期定位与成因,可为确立关键期的教学内容提供更准确的指导。而且科学家还发现某些脑区,包括对学习、记忆起关键作用的海马区,是终身都能产生新的神经元的,指出了终身教育的合理性与必要性。此外,脑科学技术也能呈现出不同个体的区别,与因材施教的教育原则相呼应。

(三)改革教学方式

在脑科学技术视角下,教学方式或学习方式也会影响对大脑机制运行规律的利用程度,进而影响大脑的可塑性程度。脑科学在教育研究中的应用是指导教师针对学生的学习动机更好地调整教育教学策略,使教与学更加有效。脑科学研究进一步揭示了脑的工作机制,可以帮助教师认识学生情绪、行为背后的动机,从而促进教师教育观念和行为的转变,并指导教师针对学生的学习动机更好地调整教育教学策略,使教与学更加有效。脑科学帮助教师更加了解儿童青少年生长、学习规律,并帮助教师掌握教的科学性。

(四)评价教学效果

一直以来,人们对学习是否有用,教育是否有益的判断都是来源于主观判断与理论推测,而没能直观地把对学生身心发展的影响呈现出来。而通过应用脑科学技术,学生学习后大脑功能和结构的变化就能直观显示出来,从而更精准地量化教育的有效性,使得教育与学习对个体发展的意义,由抽象变得具体。

脑科学技术的蓬勃兴起,为教育研究提供了新的理论基础和方法指引,有利于推动教育研究的科学化进程。因此,我们需要重新审视教育科学,对其研究也应该上升到更高层面,教育科学应该是涵盖包括脑科学、心理学、行为科学、哲学、美学等在内的一个综合性、交叉型学科。

第三节 信息技术在化学教育研究中的应用

信息技术能够为教育研究者提供研究工具和手段,例如数据收集工具、在线调查平台、大数据分析工具等,使得研究者可以更方便地进行数据收集和分析,提高研究效率。同时,信息技术可以为教育研究者提供虚拟实验平台,在虚拟环境中创造真实的体验,从而研究教师的教学行为以及学生的学习行为。因此,本节主要从大数据分析、虚拟现实两个方面来阐述信息技术在化学教育领域中的应用,从而为化学教育研究提供新的研究路径。

一、信息技术与化学教育研究的关系

信息技术是指利用计算机和通信设备等技术手段,通过收集、处理、存储和传输信息,实现信息的获取、处理和交流的一种技术体系。其主要包括硬件技术和软件技术,前者指各种信息设备及其功能,如显微镜、电话机、通信卫星、多媒体电脑等,后者指有关信息获取与处理的各种知识、方法与技能,如语言文字技术、数据统计分析技术、规划决策技术、计算机软件技术等。在教育信息化背景下,教育研究者被要求全面地使用以计算机技术、多媒体技术和网络技术为基础的现代信息技术以实现教育改革。在化学教育领域中,大数据分析技术、虚拟现实技术、远程教育技术、多媒体技术等新型技术的应用具有重要现实意义。首先,利用信息技术进行大数据分析可以帮助教师快速、准确地了解化学教育现状,促进学生和教师专业发展。其次,信息技术更多地为教师和学生提供了可视化以及交互性的技术支持,使得难以观察的科学现象便于理解,建立起宏观与微观之间的联系,有利于发展学生的思维。最后,信息技术为教师和学生创设了一种教学情境,即对于现实课堂中受时间、安全等因素限制较难实现的内容,借助信息技术对其进行模拟仿真处理,在这种虚拟现实的环境中,观察和分析教师和学生的行为,从而促进教师与学生的发展。

二、信息技术在教育研究中的具体应用

随着现代信息技术在教育领域的普及,教育研究方法也逐渐展现出了信息化的特征。尤其是计算机技术和网络技术的广泛应用,改变了教育研究方法的结构,突破了地域的限制,为研究人员提供了丰富的教育资源和研究对象,显著提升了教育研究的科学性。

(一)大数据分析研究

在科学技术不发达的年代,研究者想要了解教育学某一研究领域的整体情况,只能依靠自身。也就是说,研究者必须自行检索、阅读,并在脑海中加工筛选相关文献,以找出核心文献。这种检索方式的局限在于耗时耗力,且具有较大的主观性和不可重复性。因此,当不同的研究者面对相同的文献时,他们得出的结论可能存在偏差,综述中也会带有更多的主观性和不可重复性。随着时代的发展,学术研究队伍日益壮大,文献数量激增,过去的方法已无法满足时代需求。如

何在海量文献中找出核心文献,描绘出学科发展的历史全貌,成为每位研究者都必须面对的难题。

在此背景下,科学计量学应运而生。一些致力于科学计量和文献计量的学者,经过长期的学术探索,提出了科学知识图谱。在科学知识图谱提出后不久,科学计量学界开发了许多可视化分析软件,用于绘制科学知识图谱,例如 CiteSpace、Bibexcel、WordsmithTools、Pajek、Ucinet、BICOMB、SPSS、HistCite 等。通过这些工具,研究者能够更全面地了解化学教育各个领域的实际情况,从而探寻当前的研究前沿和教育热点,并为研究者们提出更为客观的改进和优化建议。其中 CiteSpace 因为操作简单,功能强大,是近年来研究者们普遍使用的计量分析软件。目前 CiteSpace 已被广泛用于捕捉当前研究热点、预测研究发展趋势、撰写研究综述等化学教育研究活动中,具体情况如下。

1. 预测研究领域的前沿方向和趋势

CiteSpace 软件系统是由陈超美博士开发的一款信息可视化软件,主要用于计量和分析科学文献数据。由于 CiteSpace 的多元、分时、动态的引文分析可视化技术,它可以将一个知识领域的演进历程集中展现在一幅引文网络图谱上,并且能够自动标识出作为知识基础的引文节点文献和共引聚类所表征的特定研究领域中的关键文献、热点研究和前沿方向。

首先,化学教育的相关知识总是在不断发展和演进,研究热点和前沿能够帮助研究者及时了解最新的研究进展和发现,以便寻找新的研究方向和切入点,这对于推动学科的进步和实现创新非常重要。其次,化学教育研究往往是一项耗时且资源密集的工作。通过了解研究热点和前沿,研究者可以更好地规划和调配研究资源,将有限的时间和资源投入最有潜力和价值的研究领域和问题中,从而提高研究效率和研究成果的质量。张笑言等人在研究过程中意识到教师的知识是教师素质和能力的基础,也是教学的有力保证。因此,其团队以中国学术期刊库中国知网(CNKI)236篇文献为基础,利用 CiteSpace 软件分析国内关于化学教师知识的研究,探讨该领域的研究热点和方向,为学者们研究化学教师知识提供一些有益参考。

2. 指导化学教育教学

CiteSpace 可以自动处理引文索引数据库中的题录数据和引文数据,无须对数据进行引文矩阵等烦琐处理。同时,它能够生成可视化的网络图谱,并提供相关数据的视图展示。一门学科发展的历史总结和反思,是任何学科都不可缺少的基础理论研究。在化学教育研究领域,可以利用知识图谱帮助教育研究人员总览某一研究领域的现状和发展历程,进而提出建议。王晓芳等人就利用 CiteSpace 软件研究了手持技术数字化实验在我国近20年的研究进展和现状,对手持技术的应用进行了总结和反思,为推进我国化学数字化实验与 STEM 教育的融合提出了相关建议,同时也为化学数字化实验的深入研究提供了思路。

除此之外,教育研究人员可以利用 CiteSpace 来分析和可视化特定学科领域的文献,以辅助课程设计和发展。通过了解学科内的知识结构和研究动态,教育者可以更好地设计教学内容和教学方法。如在STEM教育领域,研究人员可以使用CiteSpace来分析科学、技术、工程和数学等学科之间的关系,从而指导STEM课程的设计和实施。

3. 直观展现科研人员、科研机构和国家之间的科学合作网络

随着现代科学技术的发展和经济全球化的加速,科学研究呈现出高度分化和充分整合的趋势。科学合作因为可以实现研究资源共享、降低科研难度,成为现代研究中关注的重点之一。CiteSpace可以通过分析作者的合作关系和合作频率,构建出学术合作网络图,展示不同作者之间的合作情况。研究人员可以通过这种方式,发现在教育领域内影响力较大的作者和研究团队,并了解他们之间的合作关系和研究方向,为自己的研究提供参考和借鉴。

侯海燕等人利用美国科学情报研究所的科学引文数据库SCI中的论文数据,采用CiteSpace等新兴科学计量学方法,对1978年至2007年中国科学计量学家在Scientometrics上发表的全部论文进行了分析,绘制出中国科学计量学科学合作网络知识谱。化学是一门综合性较强的科学,也是一门开放的科学。在大科学的背景下,研究者、研究机构和国家之间如何通过科学合作进行研究?最活跃的合作群体有哪些?最热门的合作研究领域是什么?形成了怎样的科学合作网络?该网络的结构和合作模式如何变迁?这些问题是化学教育计量研究的重要领域,也是制定化学教育发展战略的重要依据。

(二)虚拟现实研究

虚拟现实(Virtual Reality,VR)是一系列数字技术的集合,能够在虚拟环境中创造出真实的体验。在各种虚拟现实系统中,沉浸式VR系统(Immersive Virtual Reality,IVR)可以通过提供物理环境中几乎所有的视觉和听觉信息,为用户提供真实的情感体验。通过虚拟现实系统,研究者可以模拟复杂的教育场景,并且还能为被试提供标准化的实验场所。这种方法可以减少实验难度和成本,同时提供更真实的学习体验以保证数据的可靠性。除了创设真实的课堂环境,沉浸式VR系统还能进行连续的、多模式的数据收集,分析出课堂行为的本质。化学课堂是一个复杂的、高度动态的教学过程,应从多个角度进行研究。然而,迄今为止,大多数化学教育研究的数据仍主要依靠主体提供报告。沉浸式VR系统可以同时收集多种类型的数据,包括空间位置、眼球运动、语言和教师行为等,可以很好地弥补当前研究存在的不足。

目前,这些虚拟实验和模拟技术多应用于教育心理学或其他教育研究领域当中,如利用VR调查校园欺凌的旁观者行为和动机因素,或搭建沉浸式虚拟实验教室(IVR)研究职前教师的运动模式对教师的注意、师生互动和教学质量的影响。而在化学教育研究领域,相关虚拟实验和模拟技术还处于探索阶段,它们更多是被当成研究对象而不是研究工具。因此,本节不对VR技术在化学教育研究中的具体应用做详细介绍。

第十三章　中学化学教育科研论文的撰写

要把精力集中在有价值的东西上面。

——维尔弗雷多·帕累托

[学习目标]

(1)知道中学化学教育科研论文选题的原则、注意事项与来源。
(2)明确中学化学教育科研论文的结构。
(3)了解中学化学教育科研论文撰写的步骤。

《普通高中化学课程标准(2017版)》中明确指出化学教师在教学过程中要培养学生的高阶思维能力。某高中化学教师李老师打算就此撰写一篇教改类论文。刚开始,李老师把题目确定为"如何培养学生的高阶思维",但该校教研科主任王老师认为这个题目太大,没有切入点,建议他缩小选题范围。李老师这才意识到,原来论文选题也大有学问呀!他不禁思考起来,什么样的论文选题才是切实可行的?除了紧跟教改步伐之外,还有什么其他的选题来源呢?在查阅了大量文献之后,李老师最终将题目定为"基于化学高阶思维培养的教学设计研究——以"物质的量"为例"。可定好题目之后,论文又该如何撰写,撰写时应该注意些什么,这些问题又让李老师陷入了新的困扰。

为了解决类似李老师的这些困惑,本章将从中学化学教育科研论文的选题、中学化学教育科研论文的结构、中学化学教育科研论文撰写的步骤等方面来介绍中学化学教育科研论文的写作。

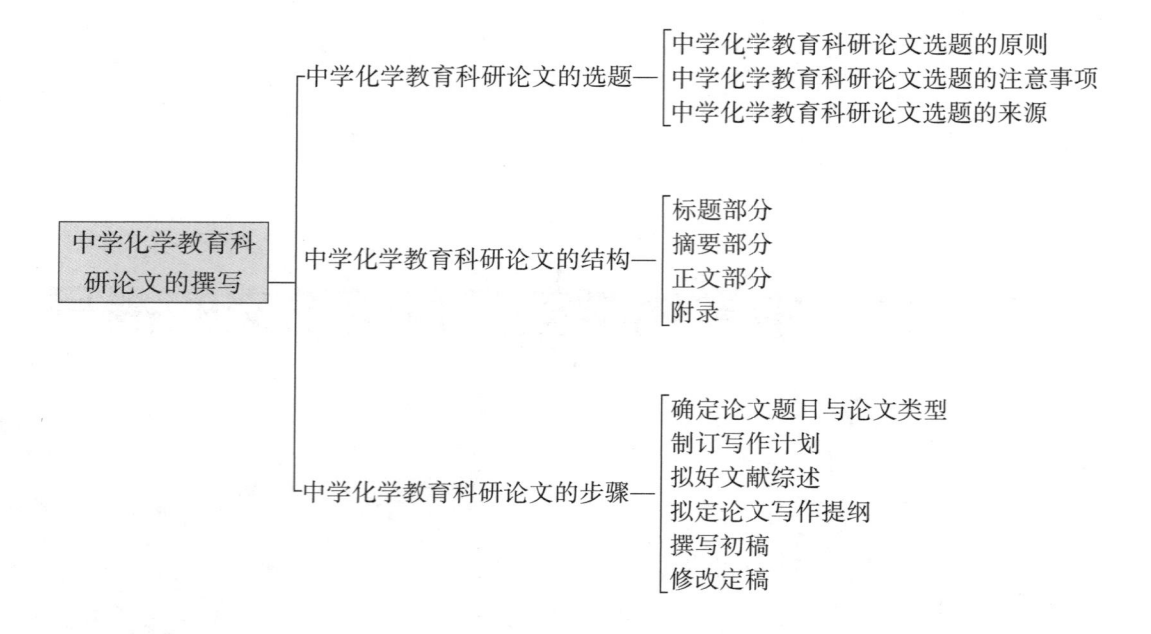

```
                                         ┌ 中学化学教育科研论文选题的原则
          ┌ 中学化学教育科研论文的选题 ─┤ 中学化学教育科研论文选题的注意事项
          │                              └ 中学化学教育科研论文选题的来源
          │
          │                              ┌ 标题部分
中学化学教育科 │                              │ 摘要部分
研研论文的撰写 ┤ 中学化学教育科研论文的结构 ─┤ 正文部分
          │                              └ 附录
          │
          │                              ┌ 确定论文题目与论文类型
          │                              │ 制订写作计划
          │                              │ 拟好文献综述
          └ 中学化学教育科研论文的步骤 ─┤ 拟定论文写作提纲
                                         │ 撰写初稿
                                         └ 修改定稿
```

第一节 中学化学教育科研论文的选题

教学是立身之本，研究是发展之路，教育科研是名师之道。当代教师应当转变观念，在向学生传授知识的同时，做一个教学的研究者。写作教育科研论文就是一个很好的进行教育研究的途径，而化学教育科研论文的重头戏便在选题上。

一、中学化学教育科研论文选题的原则

（一）新颖性原则

新颖性原则要求论文的选题具有一定的新意，它是中学化学教学科研论文选题的价值体现。要实现论文的新颖，教师应勤于学习，博采众长，在研究伊始，广泛查阅国内外与研究方向有关的资料和文献，剖析前人研究的精华与不足，反复构思和推敲，从而确定一个具有创新性的论文题目。

此外，新颖性还体现在研究者是否关注中学化学教学的前沿问题，研究主题是否反映了当下中学化学研究中的热点问题。研究者不仅要有严谨的治学作风，还要善于捕捉那些突发意外中所蕴藏着的规律性的因素，有的研究者可能会在这些突发情况中发现问题，经过思考后总结成一个新问题，因此选题常常是来自研究者的细心、敏锐、充分的想象和大胆的猜测，在对机遇的捕捉中体现出化学教学研究者的创新性。例如："现代媒体与化学教育的整合""中学生化学学习障碍因素的调查与对策研究""化学教育中拔尖创新人才的培养""高中化学教师核心素养测评模型构建与应用研究"等，都是十分新颖的选题。

(二)价值性原则

中学化学教育科研论文的价值性体现在研究结果对化学学科的发展会产生影响,具体表现为,它要求选题在理论或实践上,或在二者的结合上具有一定的价值。既要有一定的理论意义,也有一定的实践意义,其中关于实践的部分,可为别人所仿效、借鉴。在选题时要重点选择中学化学教师普遍比较关注、极具代表性并且有利于中学化学教学效果的提升和教师的专业发展的问题。

在中学化学教学的研究中,对于研究的需求是多层面的。在短期内可以解决的或者解决之后能产生重大经济效益和应用价值的问题应该作为首选。选题的实用价值既要考虑目前的发展状况又要兼顾长远的考虑;尤其对于一些理论研究,虽然在短期内其价值和效果并不显著,但是从长远来看,它的研究意义是无法估量的。此外,研究必须建立在科学理论之上,以客观事实为依据并且建立在科学世界观和方法论的基础上,运用科学的思维方法,揭示中学化学学科发展的内在本质和发展变化的一般规律。例如:"试论化学教学中的教育史""中美化学教材的比较"等,因其选题陈旧,研究的意义和价值均不高。又如有的题目与当前化学教育改革的大方向不一致或选题过于细微,仅局限于"浅谈化学应试策略""化学计算中的几个万能公式"等。上面提到的这两类选题价值性均不高,确定选题时要慎重选择。

(三)可行性原则

可行性原则要求我们在选题时,不仅要考虑必要性,还要考虑可行性。尤其是初学者,不妨把题目定得小一些,篇幅也尽量短一些,选题要尽可能贴近自身的教学实际,容易拥有比较翔实的一手资料,这样写起来也比较得心应手,也更有助于促进教学工作的完善。可行性原则主要体现在以下两个方面。

1. 主客观因素

在选题中,要充分考虑现有的研究条件能否帮助其实现研究目的从而完成论文,不脱离现实,防止达不到预期效果甚至无法开展实际研究。从主观和客观条件这两个方面去考虑选题的可行性。比如,包括所处的社会发展水平、科技水平、研究的环境条件、文献基础等客观因素;自身的能力、研究专长、知识储备、兴趣等主观因素。

2. 深浅适度,量力而行

研究涉及范围大的论文的研究价值高且社会影响力也大,但是对于研究的条件要求也同样高,研究过程烦琐且难得到研究结果;相对来说聚焦在小问题上的论文涉及范围小,任务简单且目标集中在校内研究,所以更容易开展,在短时间内也许就能出成果。研究者不能一味地追求涉及范围大的论文题目,研究中学化学教学的论文也许更适合处在教学一线的老师们,在学校中也具有更大的实践意义。例如:"化学学科核心素养的研究",对于中学一线老师来讲,就是个过于宏观的选题。

(四)发展性原则

选题秉持着以严谨的科学理论和鲜明的客观事实作为依据,选题必须符合科学理论和发展规律。既尊重事实也不拘泥于事实,既要接受已有理论的指导在前人成果的基础上深入研究,又要敢于突破传统观点的束缚。科学发展的过程就是在积累、发展、传承和延伸中进行的。

在撰写化学论文时,选择的题目应该是具有长远发展潜力的。研究者可以在此基础上逐步开拓新的方向。

例如:教师学习力是教师重要的成长力。一位学者以《化学教师学习力研究》为选题并撰写了论文,该篇论文虽然构建了具有较强操作性的"化学教师学习力结构模型",但是还有很多问题需要更进一步展开深入的研究,如:处于不同职业发展阶段的教师,其应该具备的学习力是否相同?不同教龄、不同学科、不同文化背景的教师,其学习力结构要素是否完全一样?各要素之间相互作用的机理究竟是怎么样的?其发展的特征与规律有哪些?教师学习力究竟应该如何测度?这位学者在以后的科研选题中就可以从上述问题入手,进行"教师学习力"的系列写作。

二、中学化学教育科研论文选题的注意事项

选题是论文写作的第一步,也是基石。选题得当,论文就成功一半,可见选题的重要性与先导性。

(一)论文选题方向要明晰

有学者曾对化学教育科研论文类型进行了简要划分,在此基础上稍加规整,主要划为五类,如表13-1-1所示。

表13-1-1 化学教研论文的5种类型

类型	类型名称	主要构成题材
1	反思成长	注重教师专业化发展,包含教学感悟、论文写作心得、职前教育总结、疑点商榷等
2	辅助教学	教学工具(手机App等新应用,化学模型)、教学模式、教学方法以及对教学效果进行测评
3	试题编制	试题评析及命制
4	理论观点	构建新理论、阐释新概念、提出新观点
5	教学课例	个体或同课异构的教学设计

大部分教师写得比较多的是教学设计。平时用的教学设计,与发表见刊的课例类教学设计(实质是论文)有什么差别,或者如何修改才能达到发表见刊的水平?教学用的教学设计其实只能算教案,或者更简单一些,仅为知识清单的罗列——追求知识结构的完备、细致与透彻;有些案例、图表缺失。而课例类论文具有:①时代性——适应教改发展的趋势,如现阶段以探究落实化学核心素养为导向和目的(知识是必要的,但更为关键的是应以化学知识为基础,培养必备品质与关键能力);②借鉴性——教学设计结构完整、条理清晰,能够运用一定的理论指导教学并做出示范,有助于其他教师借鉴应用;③新颖性——图、表、文字材料精挑细选,具有一定创新性,能够

巧妙地辅助教学、服务教学,如有助于创建探究情境、激发学生学习兴趣等。

(二)时刻进行论文题目的打磨

想法不是坐在电脑前想出来的,也可以先有内容后有选题。有了想法以后,要及时记录下来。要习惯把想法写在白纸上,有什么写什么,就像"头脑风暴"一样,打开思路,自由自在地思考。平时做其他事情的时候,可以在头脑里把想法不断进行完善、打磨。就像雕刻一样,过一段时间,思路就会慢慢变得清晰,选题也就确定了。

(三)避免老套、重复、浅薄的选题

在思路框架初步形成后,再去中国知网输入关键词进行搜索,看一些相近的文献,看看前人做了什么,做到了什么地步?老生常谈的,不做;浅尝辄止的,继续深化。这有助于筛选、淘汰过时的、浅薄的想法,提高质量,从而保证研究的创新性与深刻性。例如,某教师在正式动笔写"从'三维目标'走向'核心素养'"之前,笔者以"化学核心素养"+"教学设计"为关键词进行了检索,发现很多穿着"化学核心素养""新衣"却依旧走"三维目标"老路的教学设计,内容缺乏实质性的突破和创新。这一现状意味着"机会"(可大胆构想和设计)与"挑战"(参考文献少、难度大)并存。当时,确立了两大研究任务——既要明明白白地告诉一线教师基于"核心素养"的教学设计该怎么写(方法论指导),又要用具体的教学课例做出示范。因本学科这一部分的研究较为薄弱,所以要跳出束缚,从更高层面的教育学领域,寻求理论构建的支撑材料。经过筛选,主要采用了余文森教授对于从"三维目标"走向"核心素养"的见解,促使从宏观尺度把握教学导向的嬗变。同时,在微观细节上,借鉴了陈佑清教授对教学设计"顶层设计"的思考,如"教学目标"要照顾学情的差异性则必然进行分层处理等。两位专家的智慧,让该教师在理论构建方面逐渐变得明朗,从而顺利勾勒出理论的"轮廓"。

(四)合理调控选题的大小

有些文章题目很大,单从题目看,就知道不是我们一般教育工作者所能完成的,因为它们大多涉及教育的指导思想和教育立法等,我们只能学习领会,在具体工作中落实;而有些文章的题目又太小,其研究的意义和价值又十分有限。针对这一问题,可以用副标题来灵活把握,以点带面、以小见大。例如,中学化学CPS教学模式探究——以"可逆反应"的教学为例;新课改视野下的化学实践力培养——以"喷泉实验"的探究性学习为例。

三、中学化学教育科研论文选题的来源

(一)在教学实践中选题

1. 研究为解决现实之需

教师在教学实践过程中总会遇到各种各样的问题,这些问题就是很好的教育科研论文的选

题来源。例如:在教授学生有关"摩尔"这一概念时,发现学生很难懂,不容易学会,教师讲解起来也十分困难。这个教学难题一直困扰着广大的化学教师。为了解决这一现实难题,我们就可以从"摩尔教学法"这一方面进行教育研究。从教学实践过程中遇到的难题来确定教育科研论文的选题,不仅能有效解决现实之需,更能提升教师解决问题的能力。

2. 研究源于教学反思

教学反思是每一位教师都应当进行的课后工作,只有每次课后都对自己的课堂进行反思,教师才能在教学方面不断取得进步。教师在进行教学反思时,也能发现教学科研论文的选题。例如:某高中一年级的化学老师王老师在课后进行教学反思时发现,老师讲授知识点时学生积极性不高,交头接耳,心思不在课堂上。只有在老师演示化学实验时才能全神贯注。该怎么解决这个问题呢?王老师就这个现象,从"如何增强化学知识点讲授的趣味性"这一方面入手,开始了教育科研论文的写作。由此可见,在进行教学反思时,只要善于发现问题,就能很快发现有现实意义的教育科研论文选题。

3. 研究为解决学生之惑

教师在教授学生时,会对教材进行深入研究。同样,学生在学习时,也会研究教材,也会遇到一些自己难以解答的问题。当学生对教材有疑惑时,便会向教师寻求帮助。此时,教师就能从学生的提问中发现教育科研论文的选题。例如:在学习"化学反应原理"这一模块知识时,有的学生提出课本上给出的普通锌锰电池、碱性锌锰电池、氢氧燃料电池等化学电源的电极反应式与其他版本课本或教辅资料上给出的不一样。学生的这一问题便是一个非常好的教育科研论文选题,教师可以从电极反应式入手进行研究,研究所得便能写成一篇具有实用价值的教育科研论文。

4. 研究源于教学经验

在教学岗位多年的教师,在多年的教学经历之中定能总结出大量有用的经验。这些经验可能是关于某个知识点的更有效的讲解方法,可能是关于管理学生纪律行之有效的方法等。这些有价值的经验便是很好的教育科研论文写作素材来源,教师只要将之梳理,整合,深入探讨,便能写出优秀的科研论文。例如:《学习"真"化学 引思"真"生活——"硬水和软水再探究"课堂教学的实践和思考》一文便是一位高中化学老师根据其教学经验所撰写出来的。该老师在讲解"软水和硬水"的知识点时,改变了原来将教学重点放在知识回忆和试题训练上的复习模式,决定淡化知识点的简单再现,引导学生走进真实的生活,将"探究真问题""解决真问题"引入课堂,展示化学学科魅力,引导学生认识到"化学就在身边,探究人人可行"的研究真谛。

每一位教师丰富的教学经验都是教育科研论文的素材库,只要善于总结,发现其中值得深入探讨的问题,便能成功找到教育科研论文选题。

(二)在时代热点中选题

1. 紧跟社会热点

作为一名教师,不能局限于书本上的知识。除了熟练掌握专业书上的知识之外,还应当时刻关注社会热点。发现社会热点当中存在的化学教育科研论文选题资源。新闻媒体报道的环境污染事件、重大疫情发生或突发化学品泄漏事故等,都有可以挖掘的化学教育科研论文素材,只要留心,并善于发现其中的化学问题,就有题可选,也就有文章可做。

2. 追寻时代亮点

我们的生活离不开时代大背景,教学也是一样的。生活中的一切总是与这个时代大背景息息相关。因此不断追寻时代的亮点,也是写作教育科研论文的重要素材来源。例如:2019年是元素周期表诞生的150周年,因此2019年也被定为"国际化学元素周期表年",以彰显化学元素周期表的重要性。于是在那一年,以元素周期表为主题的论文不断涌现,如《元素的奇妙之旅——记化学元素周期表150周岁》《从草图到杰作:化学元素周期表演化史》等,都是这一热点背景下的优秀研究成果。

(三)在理论研究中选题

1. 深究理论成果

阅读中,在已有理论成果的基础上,继续深究,深入挖掘其中所包含的深意。所谓"温故而知新",再次阅读,再深究,可能就会有新的感悟,新的想法。由此,教师就可以在已有理论成果的基础上再深入,撰写出优秀的教育科研论文。例如:钱老师是一名高中化学教师,当他给学生讲授完"实验室氢氧化铜制取"这一部分内容后,自己又查阅了大量资料,他在这些文献的基础上继续深入探究,又有了不同的想法和感悟,于是据此撰写了《实验室制取氢氧化铜再研究》。

2. 探索理论的"荒凉地带"

在阅读中,教师们可能会发现,一些理论看似简单,但其实研究还不充分,还有许多"荒凉地带"。再深入研究,还能得到更多东西。这些"荒凉地带"便是很好的教育科研论文素材来源。从理论的"荒凉地带"入手,探究前人未深入探究过的领域,由此撰写出的教育科研论文将极具创新性。当然,探究理论的"荒凉地带"对教师的科研能力要求非常高,需要教师善于发现问题,有能力深究问题,有创新思维。例如:一位中学化学教师在给学生讲授氢氧化铜理化性质时,发现课本上仅仅陈述了"氢氧化铜可以溶于过量浓碱"。这位老师就在想,氢氧化铜到底能溶于多大浓度的碱呢?这便是一个看似简单,实则还能继续深探的理论"荒凉地带"。于是,这位老师做了大量相关研究并撰写了《氢氧化铜能溶于多大浓度强碱》这一教育科研论文。

3. 聚焦理论争议

教师在阅读文献过程中,还会发现一些理论仍然存在争议,研究者还未能给出确切说法。那么,这些有争议的理论就是很好的教育科研论文选题来源。真理越辩越明,此时教师若能在这些存有争议的理论上深入探究,寻找到突破口,便能写出与这一理论点相关,具有重要意义的教育科研论文。例如：人们对于为什么镁条表面通常呈现灰黑色这一现象争论不休，据此，一位化学教师通过镁条在不同的气体环境中的反应进行了大量实验，最终撰写出《从镁条表面的"灰黑色"物质说起》的优秀论文。

（四）在重要会议中选题

教师在教学之余还需要参加各种会议、讲座，不断提高自己。参加会议的目的更多的是观摩、交流、学习，会议中专家、教授和优秀教师的演讲报告总会给人以启迪，教师在与会的过程中能不断汲取新的思想，改变自己原本的教学观念，保持教学思想与时俱进。新思想与旧观念可能会碰撞出灵感的火花，教师便能在此过程中发现很多教育科研论文的选题。

（五）在课程改革中选题

2019年6月，国务院办公厅印发《关于新时代推进普通高中育人方式改革的指导意见》，要求深化课程改革，努力建设体现时代要求、富有生机活力的新课程，卓有成效地推进普通高中育人方式改革。文件提出六方面重点任务：一是构建全面培养体系，二是优化课程实施，三是创新教学组织管理，四是加强学生发展指导，五是完善考试和招生制度，六是强化师资和条件保障。修订后的普通高中新课标，自觉发挥学科育人功能，促进育人方式转变，把培育学生全面发展的目标任务更加清晰有效地落实到各学科的教学之中。在突出强调深化课堂教学改革、优化教学管理的同时，对拓宽综合实践渠道、加强学生发展指导、完善综合素质评价、完善考试和招生制度进行了系统的设计和部署，关注影响课程实施的关键问题，补齐长期以来制约课程实施的短板，增强改革的综合性，增强课程的生机与活力。中学教师在课程改革中，若仔细思考，便能发现很多方面大有文章可做，可以从"新课程改革背景下高考化学考察方向""新课程改革背景下化学教学创新方法""新课程改革背景下信息技术在化学教学中的应用"等方面入手研究，撰写教育科研论文。

（六）在阅读收获中选题

阅读，不仅能提高自身修养，而且能开阔眼界，拓宽知识面。教师在课余时间阅读教育名著、杂志等，还能更新自己的知识体系。阅读所得到的启迪也是很好的教育科研论文选题的来源。教师在阅读时细细品味书中观点再加以思考，善于寻找书中与化学教育联系紧密且值得深入探究的地方，再继续深入挖掘后，梳理整合便可以将阅读所获写成科研论文。例如：某化学老师在阅读《自然辩证法》时，发现恩格斯在化学方面有很多研究成果，且恩格斯留下了诸多关于化学的经典言论，于是该化学老师耗时半年，参考查阅了数个版本的《恩格斯传》，经过一系列的努力，确定"恩格斯与化学"这一选题并撰写了相关论文，该论文最终发表在了《化学教育》期刊上。

案例研讨

　　杨老师是一名高中化学教师，他在为学生讲授氨气氧化制硝酸时，课本上有这样一段文字："从氧化炉出来的一氧化氮经过冷却氧化，再被空气中的氧，氧化成二氧化氮"。在课堂教学中有学生对杨老师发问："在氧化炉中高温约 800 ℃时，一氧化氮为什么不能被氧化而非要冷却时才能被氧化呢？"这个问题让杨老师陷入了尴尬。课后，杨老师和同事对该问题进行了讨论，意识到还有很多的化学老师并没有注意到这个问题。他认为这是化学实验改进类论文选题的一个很好的方向。

　　思考一下杨老师究竟是如何发现论文素材的呢？如果你是他，你将会从哪些方面完善这一研究选题呢？

第二节　中学化学教育科研论文的结构

　　随着人类社会的进步，学术活动研究日益增多，论文作为学术研究成果最常见、最重要的载体，被广泛用于各领域科技工作者和学者的观点发表和学术交流中。而随着国际化进程的不断深入，论文这一常用表达形式就需要有能够被普遍接受的规范及格式，规范化撰写论文的重要性不言而喻。

一、标题部分

（一）题目

　　题目是论文内容的高度概括，往往是论文精髓的集中体现。作者应力图以最简洁、最鲜明的语言来概括论文的内容，拟定好题目。

1. 题目的要求

直接——要求直接揭示论点或论题，使读者一看就能了解论述内容。
具体——使读者能准确地把握论文的基本论点或论题。
精练——题目不宜过长，尽可能删去可有可无的字、词，长的标题可以用副标题来加以调整。
醒目——题目要鲜明，能一目了然，引起读者注目。

2. 题目的类型

　　教育论文标题的类型大体有两种。一是揭示论点的标题，即把论点概括出来拟定标题。如《"同课同构"：创新化学教研的有效途径》等。二是揭示论题的标题，即不是揭示论点而是揭示研究的是什么问题的标题。如《谈中学化学中学习迁移能力的培养》。

(二)署名

作者署名是文责自负和拥有著作权的标志。撰写科研论文,特别是供发表、评奖的论文,必须加上作者的姓名及其工作单位。论文署名的目的从理论的原始意义上说是表示对研究成果的负责,是作者辛勤劳动的见证。署名问题,不只是荣誉问题,从根本上体现道德问题。一篇论文的署名,要根据谁付出了劳动谁署名的诚信原则进行,至于署名先后的问题,则要以贡献大小为标准。

二、摘要部分

(一)摘要

摘要是论文的有机组成部分,它不仅是为编辑或读者提供与文章同等量的主要信息,也为计算机检索提供方便。摘要应具有独立性和自含性,是文章观点的概括,其内容应包含与论文同等量的信息,即不阅读全文就能获得主要的信息。摘要重在描述结果和结论,不应出现图表、公式和非共知的符号、缩略语。摘要应做到:短,200~300字为宜;精,内容准确、精练,把论文主要内容概括出来,不多写一个可有可无的字;完整,摘要是一篇独立的短文,结构严谨,逻辑性强,不加评论,只对论文内容作忠实介绍。这里介绍几篇论文的"摘要",各有其特色,仅供参考。

如论文:《新课程背景下中学化学教学中的美育》

内容摘要:自20世纪90年代以来,核心素养已成为全球范围内教育政策、教育实践、教育研究领域的重要议题,国际组织与许多国家或地区已相继构建了学生核心素养的框架。我国教育部印发的《教育部关于全面深化课程改革落实立德树人根本任务的意见》(下称"意见")中首次提出核心素养的概念,以培养全面发展的人为核心,明确将培养学生的审美情趣作为十八项基本要点之一。化学作为一门自然学科,本身就蕴含着无穷的美。

又如论文:《顺应性作业评价对高一学生化学成绩影响的研究》

内容摘要:文章研究了顺应性作业评价对高一学生化学成绩的影响。该研究采用了实验组与对照组前后测对照实验设计模式,利用SPSS统计软件进行数据统计,表明了实验组与对照组之间存在明显差异,实验组学生的化学问题解决能力和化学学习能力都有所提高,而且实验组学生的化学科总成绩也高于对照组,证明了顺应性作业评价对高一学生的成绩有正面的影响。

有些学术性强的理论期刊、学生毕业论文,还要求有英文摘要。除了英文摘要外,还包括论文题目、关键词以及作者姓名、单位名称、所在城市名及邮政编码,均须用英文书写。

(二)关键词

关键词又称主题词,是反映文章主题和最主要内容的术语,它是标引论文内容特征的词语,便于信息系统汇集,以供读者检索。关键词不能随意选择,因为关键词选择是否恰当,关系到该文被检索和该成果的利用率。关键词是从题名、层次标题和正文内容选取出来的,是反映论文主题概念、对表述论文的中心内容有实质意义的名词性术语。一般每篇论文可选3~5个关键词,几个关键词具有共同反映主题内容的逻辑关系。在排列上，通常依概念的大小或论述问题的先后确定顺序。关键词之间应以分号分开，以便于计算机自动切分。此外，关键词要使用规范性的词或术语。

三、正文部分

（一）序言

序言或作前言、绪言、引言、绪论、导语、问题的提出等，是论文正文的开头部分，主要内容包括以下几方面。

（1）论文的研究目的；（2）课题的历史回顾及研究现状、发展趋势等背景状况；（3）选题的依据、研究的价值及意义；（4）提出本研究要解决的问题及假设；（5）研究方法、研究手段、研究设计、研究对象（人数、性别、年龄、单位等，必要时可列出图表）、研究时间（写明研究全过程的起迄时间）、研究地点、研究人员（资格及专业）、研究工具（如使用仪器设备，要写明型号、制造单位、制造时间等；使用测试工具，要写明编制单位、版本等；使用计算机软件，要写明版本及研制单位等）、研究过程等。需要注意的是，概念、术语的解释序言部分要求条理清晰、文字简洁明了、图表规范，切忌浮夸空言、含糊其词，缺乏实质性内容和虚假内容。

（二）正文

正文是论文的主体部分，主要内容包括：通过对研究过程中所获取的资料进行整理处理，比如图表、统计结果及有关文献资料，或以纵（研究对象的发展过程）、或以横（按类别进行研究）地提出论点，分析论据，进行论证。正文的写作必须坚持以事实为依据，通过概念判断推理的逻辑方法来得出科学的观点、验证假设。必须做到论点新、条理清、论据足，方能结论令人信服。正文必须做到科学和规范。

（三）结论与讨论

结论是论文正文经过论证后得出的结语与概括，讨论则是对研究结果进行分析、评价，最后提出建议。结论的得出是论证的结果，揭示出研究所得到的事物的规律，因此一定要逻辑严密、精简鲜明，不能再在结论部分又作论证，显得条理不清。讨论是对研究结果产生原因的分析，旨在指出本研究的价值及不足，尚需进一步研究的可能性，以使对课题取得更完善的结果。

需要指出的是，"结论与讨论"部分的最后，一般均需提出建议，以使研究所取得的结论能付诸实践。

四、附录

（一）引文注释、参考文献目录

须注明完整准确的出处，如书籍类：著者、书名、其他责任者（如译者、校订者）版本、出版地、出版者、出版年、起止页码。例如：洪燕芬．基于高中化学实验的科学素养的实践与研究[M]．上海:华东师范大学出版社,2016:14-15.

期刊类:著者题名、刊名、出版者、出版年、卷号(期号)、起止页码。例如:耿春玲. 生活化教学在高中化学教学中的开展[J]. 中学生数理化(教与学),2020,3(1):46-47.

(二)协作人员名录

收录为研究做过工作的人员名录,也可在题目后加"*",在页下加脚注说明。

(三)原始材料

包括原始数据、记录、图表、测试材料(如问卷、调查表)等,也有将专家对本课题的鉴定收录在附录中的。

(四)在论文中未能全文引用、但又有必要供参考说明的文献资料

参考文献格式一般包括:专著[M]、论文集[C]、报纸文章[N]、期刊文章[J]、学位论文[D]、报告[R]、标准[S]、专利[P]、论文集中的析出文献[A]。具体的参考文献格式应该根据文章种类而决定。

(五)致谢

对协助本课题完成的人员应致以谢意,以表示尊重他们的劳动和帮助。

以上是教育科研论文写作的一般体例,但应视论文的类型、长短、性质等,在体例上也可做适当调整,如有的论文可省略摘要、关键词,有的论文无图、表,有的论文无附录,在结论部分也有不写"建议"的,均可根据实际情况进行写作,不必完全拘泥于以上体例,文无定式,过分强调格式,反致模式化、呆板化。

资料卡片

题目:数字化实验在化学核心素养
"宏观辨识与微观探析"维度的教学应用
——以弱电解质的教学①为例

摘要 依托人教版《化学反应原理(选修4)》教材,利用数字化实验测定无限稀释冰醋酸过程中的电导率和pH的变化,通过宏观现象观察和图像辨识,从微观上深入解析弱电解质的电离特征,突破越稀越电离的认识边界。在激发学生学习兴趣和学习动力的同时,从"宏观辨识与微观探析"维度帮助学生形成整合的弱电解质结构性知识,探索化学平衡的思维规律。

正文

《普通高中化学课程标准(2017年版)》中明确提出"普通高中的培养目标是进一步

---

① 邓玉华,杜丽君. 数字化实验在化学核心素养"宏观辨识与微观探析"维度的教学应用——以弱电解质的教学为例[J]. 化学教育(中英文),2019,40(21):77-81.

提升学生综合素质,着力发展核心素养"。从这一目标出发,在人教版《化学反应原理(选修4)》的教学中,可以借助数字化实验补足更多宏观的事实性材料,帮助学生更好地从微观上理解和探究抽象的概念原理。通过实践发现,数字化实验的研究和应用,极大拓展了传统概念原理教学的局限,可在"宏观辨识与微观探析""变化观念与平衡思想""证据推理与模型认知"等多个维度发展学生的核心素养。

1. 教学背景分析

……

参考文献

第三节 中学化学教育科研论文撰写的步骤

撰写论文必须以正确思想为指导,按照拟定的提纲来进行,对写作过程中新获取的材料或想法,可随时加以适当调整、修正,充实到论文中去。写作过程中要运用到的各种原始材料及参考资料,要分门别类排放,便于检索使用,对存在疑问或需另行查找的资料要记录下来,及时查询解决。

一、确定论文题目及论文类型

一般说来,在开始研究之时就已经确定了课题研究的题目,但课题题目和论文题目并不是完全等同的,尤其是一些周期较长、范围较广的学校教育科研课题,其研究成果往往需要通过几篇论文才能表示出来。因此,论文撰写的第一步就是要确定题目。它可以和课题研究题目相一致,也可以不一致。

标题的主题词应由两个方面构成,一是研究方向,二是研究内容的具体范围。如果论文标题模糊笼统,过于抽象,没有反映研究内容范围的主题词,或者其主题词不能完全反映文章研究内容的范围,读者看了标题不知道文章要论述什么,就抓不住中心和要领。编辑也往往从标题的主题词去判断研究内容。此外,论文不像文学作品,标题不能用夸张、比拟等词句,主题词必须准确地反映出文章研究的具体内容,让人一目了然。标题不模糊,力求确切明了,是撰写论文的基本要求。

二、制订写作计划

如前所述,撰写论文是一项复杂的科研活动。为了使这项工作顺利进行,在开始写作之前,应该研究写作论文的有关因素和要求,制定切实可行的计划。

写作(研究)计划的内容,包括选题、收集、筛选资料,阅读资料,拟写文献综述,写好开题报告,拟写提纲、调研或实验(如果需要的话),撰写初稿,修改定稿。步骤与方法是指对计划的项目做一个具体的安排,明确哪一项先做,哪一项后做,以及采用何种方式、何种方法做;时间安排则是根据实际情况以及写作论文各局部工作的步骤与顺序确定。写作(研究)计划一经制订,就应严格执行,按计划进行文献综述和开题,为撰写初稿做准备。

三、拟好文献综述

文献综述是作者在对文献进行阅读、选择、比较、分类、分析和综合的基础上,用自己的语言对某一问题的研究状况进行综合叙述的情报研究成果。文献的收集、整理、分析都为文献综述的撰写奠定了基础。文献综述的目的是反映某一课题的新水平、新动态、新技术和新发现。从其历史到现状,存在问题以及发展趋势等,都要进行全面的介绍和评论。在此基础上提出自己的见解,预测技术的发展趋势,为确定研究方向和选题以及下一步的开题奠定良好的基础。

四、拟定论文写作提纲

拟定论文写作提纲是进入写作(研究)计划的一个重要的环节,它标志着一切准备工作就绪,正式进入论文写作阶段。确定了论文选题,并充分地做了资料收集和阅读等准备工作,并形成了论证角度和基本论点之后,便可开始拟定写作提纲。编制写作提纲的总体考虑如下。

(1)立论:教育论文的论点是作者对研究课题的新见解。确立论点,首先要确立全文的中心论点,然后再确立阐述中心论点的分论点,并考虑用何种方式、从何种角度提出。论点最好用一句言简意赅的话呈现出来。

(2)选材:为了证明文章提出的论点,将收集的材料进行整理选用。选用那些有新意、有典型性、有魅力的、能证明观点的材料。

(3)布段:为了阐述和证明论点,需设置哪几个部分,每个部分负有什么样的任务,每一部分下又需设哪些段落。

(4)谋篇:如何开头,怎样收尾,何处提领,哪里分述,上下如何衔接,前后怎么呼应。

(5)协调:论文的若干组成部分如何做到匀称,文字如何做到疏密恰当。

五、撰写初稿

撰写初稿是论文写作的核心工作。一切基础工作都是围绕这项核心工作开展的。正式开始撰写初稿之前,有必要认真检查基础工作和由此产生的工作条件,并且对执笔顺序和写作方法做出选择。无论采用何种写作方式,撰写初稿时都有一些技术性的事项需要注意。

(1)尽量把想到的内容写出来。宁愿多余的内容在修改定稿时加以删减,也不要等到修改定稿时由于初稿过于简略,而遗漏某些内容。

(2)尽量保持各章、条、款、项、段落的均衡。撰写初稿时,各部分要做到长短适宜,轻重得当,通体均衡,以保证论文逻辑上和形式上的质量。除非因撰稿内容需要,否则不要随意扩张或压缩文章的某些部分。

(3) 注意根据写作进展的需求，适当调整提纲。写作过程中常常会产生新的观点和新的认识角度，这时有必要调整、修改提纲，改变写作的方向。当然，涉及结构性的调整时，一定要慎重，要有充足的依据。

(4) 边写边加注。引用参考资料，要随引随加注，以避免过后用更多的时间来查出处。参考文献还应按国家规定的标准格式著录齐全。

(5) 遇有疑难时，及时记录在卡片上，留待集中查检工具书解决。

六、修改定稿

初稿写成后，并不意味着论文完成了。初稿还需要修改。"文章不厌百回改"，修改的次数越多，论文的质量越有保证。经过多次修改，最后方成为合格的定稿。

(一) 修改初稿的必要性

一方面，研究对象的复杂性和多样性决定了我们必须反复多次探索，它才能被全面深刻地认识。同时，人的认识是有局限的，要通过"实践—认识—再实践—再认识"的过程，才能得到升华，达到一个较高的程度。撰写论文也是这样，需要通过较多次数的反复修改，不断加深对研究对象的认识，才能使立论和结论趋于完善。另一方面，撰写论文是一门艺术，包含语言、修辞、逻辑等多种因素的把握。因此掌握撰写论文的艺术既涉及技能训练，也与作者的综合修养和素质有关。初稿写好后，要使论文在语言修辞、结构和论述方式上达到一定水准，有必要从技艺的角度反复推敲、打磨。

(二) 修改的内容

论文初稿的修改，无非包括对论文内容和形式两方面的修改。对论文内容的修改，主要是指对论文的观点、方法和材料的修改；对论文形式的修改，主要是指对论文结构、语言及其表达方式的修改。通过修改，尽可能使论文达到内容和形式的完美统一。

1. 订正观点

修改初稿，一般要先通读全文，检查有无大的遗漏、大的差错。论文的观点是需要特别确认、订正的。论文的观点是贯穿全文的主线和灵魂。最初确立的观点经过论证，由于材料和方法的运用，论证角度的转换，它是否经得住检验，要再三推敲。通常论文观点不会出大的差错，否则整篇文章都得推倒重来，但是通过适当的订正，使观点更鲜明、正确，却是完全有必要的。

2. 验证方法

观点的订正和研究方法联系甚紧，对观点的订正实际上也是对方法的检验。例如，立论的逻辑是否严谨，论证角度是否恰当，论述内容是否充分，与两者都有密切关系。

3. 增删材料

材料是产生和论证观点的依据。材料是否真实，使用是否得当，是否适合文章内容的需求，在初稿中很难一次就做得恰到好处。修改初稿时，有必要对材料做变动、调整、增加和删减，以期材料使用合理，和观点的论证有一个完美的结合。材料的增删改动，包括对图表、引用参考文献，以及注释的核对、修改等。

4. 调整结构

调整结构包括论文整体篇幅的控制和论文各部分之间长短比例与平衡的控制。在对论文各部分的调整中，章、条、款、项乃至段落都属于调整的范围。一篇论文的结构合理，应具备以下三个条件：①每一部分都符合论题的需求，对说明、论证论文的观点有帮助；②有逻辑顺序，层次清楚；③有主次之分，详略得当。不符合这几点，文章的结构就应该加以调整。

5. 润色语言

润色语言不仅仅是为了增添论文的文采，而是首先要关注语言的正确使用，检查有无语法错误，有无病句，有无用词有歧义、含混不清、空洞无意义，或修辞不当的地方，如果有这些现象，就要立即改正；然后要注意语言的表达功能，尽量要求文句简短、准确、易懂；最后再考虑统一语言风格，文字要生动，词语要丰富，文章要出彩。

6. 确定标题

初稿改好后，最后确定标题。标题，从总标题到子目标题和细目标题，撰写初稿时已经拟定，但那不一定是最后确定的标题，需要反复斟酌、推敲，直到找到最切题、最具概括性、最适合表达所述内容的标题。

资料卡片

《基于发展高中生核心素养的化学实验教学研究》[①] 论文撰写示例

确定题目：一位高中化学老师在认真研读了《普通高中化学课程标准（2017版）》之后，发现"化学学科素养"是一个非常好的研究选题，于是在查阅了大量文献和相关资料之后，确定了一个研究课题"在化学实验教学中如何渗透化学核心素养的培养"。经过对该课题的研讨探索，决定以具体的实验案例呈现，初步探讨教材实验问题设计的一些共性和策略，并确定了论文题目为"基于发展高中生核心素养的化学实验教学研究"。

制定计划：在写作之前，胡老师研究了论文的结构和要求，制定了一个切合实际的写作计划，包括查阅文献资料，阅读资料，写好文献综述，写好开题报告，拟写提纲，撰写初稿，修改定稿。

---

① 徐潇潇. 基于发展高中生核心素养的化学实验教学研究以高中化学必修1为例[D]. 桂林：广西师范大学，2018.

拟好综述：胡老师在对相关文献进行阅读、选择、比较、分类、分析和综合的基础上，对核心素养下的化学实验教学的研究状况进行了述评。

拟订提纲：胡老师在充分做好收集参考资料和阅读资料的准备工作后，初步构思出论证角度和基本论点，并拟定了论文写作的提纲。

撰写初稿：一切工作准备就绪后，胡老师开始撰写论文初稿。撰写时，胡老师首先根据大纲填充内容。在撰写初稿时胡老师又产生了新的观点，有了新的认识角度，于是对提纲进行了适当的调整。

修改定稿：初稿写成后，胡老师开始对论文的内容和形式进行修改。首先对论文的观点进行检验和推敲后，再进行适当的订正。然后对研究方法进行检验，再对材料做适当的调整、增加和删减，使其和观点的论证完美结合。接着对论文的结论进行适当的调整，使得每一部分都符合论题的需求，对说明、论证论文的观点有帮助；并且有逻辑顺序，层次清楚；同时有主次之分，详略得当。然后对语言进行润色，看语言是否使用正确，表达是否简短、准确、易懂，使语言风格统一。最后单独斟酌、推敲标题，包括总标题、子目标题和细目标题。最后修改定稿，尽可能使论文达到内容和形式的完美统一。

本章要点小结

(1)中学化学教育科研论文选题的原则是新颖性、价值性、量力性和发展性。

(2)中学化学教育科研论文选题的来源是从现实、理论、热点问题等中来。

(3)中学化学教育科研论文选题的注意事项包括论文选题方向的确定要明晰，时刻进行论文题目的打磨，避免老套、重复、浅薄的选题以及合理调控选题的大小。

(4)一篇完整的中学化学教育科研论文一般分为标题、摘要、正文、附录四部分。

(5)撰写一篇中学化学教育科研论文一般要经历确定论文题目及论文类型、制订写作计划、拟好文献综述、拟定论文写作提纲、撰写初稿、修改定稿六个步骤。

本章思考题

(1)以"可逆反应"的教学内容为本，请自行设计一个化学教育科研题目。

(2)除了本文介绍的几种教育科研论文来源之外，你还能从哪些地方找到写作教育科研论文的素材？

(3)在进行教育科研论文选题时需要注意哪些问题，才能确定一个科学且有新意的教育科研论文题目？

(4)研究报告和论文中参考文献的书写格式不是一成不变的，不同的刊物可能有不同的格式和要求，请找出至少三份教育类核心期刊的最新征稿启事，比较文献书写格式要求的异同。

(5)如果你是一位中学化学杂志的编辑，要根据当前教育热点撰写一份征稿启事，你将会对来稿进行哪些方面的要求？

第十四章　实证研究报告的撰写

决定结果的正是我们在处理表面上微不足道、枯燥乏味,而且不用麻烦的细枝末节时所采取的谨慎小心的态度。

——贝弗里奇

[学习目标]

(1)认识开题报告的内涵与作用,知道如何撰写完整的开题报告,了解撰写开题报告的常见问题。

(2)认识结项报告的内涵与核心,知道如何撰写完整的结项报告,掌握撰写结项报告的原则及注意事项。

　　李老师是一名中学化学新手教师,平时比较关注教学研究,也积极参加学校教育科研的课题研究。在某次教学研讨中,李老师认为赵老师提出的中学化学课堂的有效性项目非常有意义,李老师为了锻炼自己的能力,尝试撰写这个课题的开题与结项报告。

　　为完成开题与结项报告,需要明确诸多问题,如何撰写开题报告?撰写开题报告有什么技巧?如何撰写结项报告?撰写结项报告有什么原则和注意事项呢?本章将从开题报告的撰写及结项报告的撰写两个方面帮助李老师完成实证研究报告的撰写。

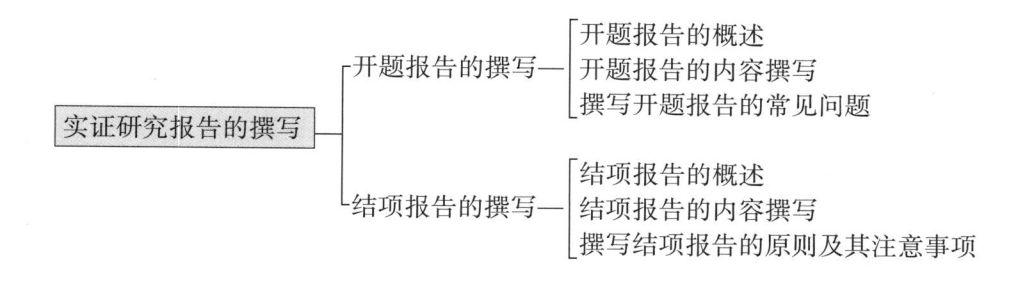

```
                    ┌ 开题报告的撰写 ┬ 开题报告的概述
                    │               ├ 开题报告的内容撰写
实证研究报告的撰写 ─┤               └ 撰写开题报告的常见问题
                    │
                    └ 结项报告的撰写 ┬ 结项报告的概述
                                    ├ 结项报告的内容撰写
                                    └ 撰写结项报告的原则及其注意事项
```

第一节 开题报告的撰写

开题报告是一种新的应用文体,这种文体是随着现代科学研究活动计划性的增强和科研选题程序化管理的需要应运而生的。无论是攻读学位的学生还是专业的研究者,都需要用开题报告来证明自己将要做的研究是有意义并且是可行的。本小节将从开题报告的概述、开题报告的撰写以及撰写开题报告的技巧及其注意事项阐述开题报告的撰写。

一、开题报告的概述

(一)开题报告的内涵

开题报告也被称为"研究计划"或"研究方案",它是指课题经申报批准立项之后,课题负责人在继续深入调查研究和充分掌握资料的基础上为课题研究的具体实施而修订的报请专家论证的课题研究方案。开题报告具有针对性和实用性这两个特点。所谓针对性,是指对确定的对象采取具体措施。开题报告所面向的读者是确定的,为上级主管部门或科研管理部门的管理人员,即开题报告针对的是专家群体,需要科学、严谨。所谓实用性,是指课题的研究内容对科学施教、提升教育质量、教师专业发展和学校发展具有重要的价值和意义。

(二)开题报告的作用

开题报告是日后课题研究工作的准绳,既可以作为课题研究工作的一种指导,也可以作为课题修正的重要依据。具体来说,开题报告有三个方面的作用。

1. 澄清研究思路

通过开题报告,课题研究者可以把自己对课题的认识与理解加以整理、概括和表达,使研究目标、内容、步骤、方法、条件等清晰化,为下一步课题研究的具体开展提供科学规划。

2. 促进与专家的沟通

研究者通过开题报告可以直接向上级主管部门陈述自己的规划。课题一经上级部门批准,开题报告就成了课题任务书,教育科研管理部门通过它实施课题管理,按照其内容和进度进行检查和监督。此外,它还是科研课题结束时验收和鉴定成果的标准。

3. 发挥协约作用

开题报告在一定程度上也发挥着协约作用。基金委员会或资助机构需要按照开题报告的要求提供资金和其他支持,研究者也需要按照开题报告开展研究,并向基金委员会或机构提交自己的研究进度报告以及相关研究成果。

二、开题报告的内容撰写

(一)开题报告的写作准备

开题报告是在课题申报的基础上进行的,因此表面上看起来与申报书的内容差不多,但它实际上需要在申报书的基础上进一步深化和具体化,更加注重如何论述扎扎实实地完成课题的。

1. 研究背景的明确

要明确课题是针对哪些迫切需要解决的问题提出来的;前人是否进行过同类研究及取得了哪些突出成果;研究的依据、目标、范围、对象、方法等是否科学;分析研究问题的理论和实践前沿,以确定课题研究的切入点和新的突破点,以开拓研究的视野,提高研究的起点。

2. 继续收集最新资料

开题报告应在申报课题的基础上,进一步提高对课题研究目的和意义的认识,力争使该课题能立足于研究的最前沿,并根据原有的理论进一步提出创见,作为自己的理论假设。一个课题的理论假设的深度关系到将来课题成果达到的层次,因此在写作开题报告时,应特别重视。

3. 研究者的写作要求

在写作开题报告时,应该满足最基本的但也最重要的要求:把研究问题说清楚。这就要求研究者有一定的写作功底。首先,写作开题报告不仅要能用精练,简洁的语句将研究问题叙述清楚,同时还要能够把专业词汇用于其中且不让读者觉得晦涩难懂。其次,开题报告要条理清晰,这就需要研究者有非常强的逻辑性。从整体上来说,研究者需按照严密的思维逻辑一步一步往下,将研究叙述清楚。

(二)开题报告的内容

开题报告主要研讨课题研究的可行性,重在聚焦和分工。开题报告的格式大同小异,一般而言,完整的开题报告主要包括8个要素。

1. 课题名称

课题名称就是所要研究课题的名字。课题名称是他人接触这个研究的第一步,有些课题在申报时,课题名称写得不准确、不恰当,从而影响整个课题的形象与质量,需要在开题报告中做出适当调整。

2. 研究目的和意义

研究目的是在向他人展示为什么要研究,以及这个研究究竟能为理论和实践带来什么。研究目的的作用是指导整个研究,后续所有的研究设计都必须围绕研究目的进行。写作研究目的时也需要做到准确、规范、简洁、精练。例如:"本研究的目的在于……""本研究力图通过深入研究,达到……的目的"。研究意义一般会和研究目的结合在一起。一般来说,研究意义分为理论意义和实践意义。实践意义指向操作层面,即课题研究对学校、教师、学生的可持续发展促进作用及其在具体的教育教学实践中将产生的实践效果。理论意义是指课题研究对某一相关理论的细化和补充,或通过课题研究产生具有全新内涵的理论。但并非每一个研究都必须既有理论意义又有实践意义,具有什么样的意义,需要视选题情况而定。

3. 研究内容

明确课题研究目的之后,应该根据研究目的进行课题研究内容的确定。相较于研究目的而言,研究内容应当更加具体、明确。因为一个研究目的需要通过多方面的研究验证,它们不一定是一一对应的关系。而研究者在写作时往往会出现这样的问题:只有课题而无具体研究内容,研究内容与课题不吻合;课题很大而研究内容却很少;把研究的目的、意义当作研究内容等。这对我们课题研究十分不利。因此,要将研究内容细化为若干小问题,研究范围较大的课题应列出各子课题的内容。

4. 研究方法

研究方法主要反映课题的研究是通过什么方法来验证假设,为什么要采用这个方法,以及要"做什么""怎么做"。教育研究的研究方法有很多,不同类型的研究需要采取不同的研究方法。最为常见的几种是实验研究法、调查研究法和比较研究法等。在选取研究方法的时候,需要考虑多方面的因素。如:研究对象的性质、研究条件、研究预算、研究目的等。

5. 研究程序

研究程序就是课题研究在时间和顺序上的安排。研究程序要充分考虑研究内容的相互关系和难易程度,一般情况下,都是从基础性问题开始,分阶段进行。研究程序一般分为三个阶段:前期准备阶段、中期实施阶段、后期总结阶段。每个阶段都要有确定的时间,并相对应地有详尽的研究内容安排、具体目标的落实,从而保证研究过程的有条不紊、循序渐进。

6. 研究预期成果形式

研究成果就是研究预期达到的目标呈现的方式。研究成果的形式多种多样,最常见的成果形式是学术论文。一般来说,课题的类型不同,最终得到的研究成果形式也会不同。但无论以什么样的形式呈现,课题研究都必须有成果。否则,这个课题就没有完成。在开题报告中设计出成果表现形式,可以使研究者明确方向,以便从开始就努力积累材料、构思框架、进行分工,也有利于课题管理者据此对课题进行检查和验收。

7. 研究的组织机构和成员分工

开题报告中,一定要明确课题的主要负责人以及其他成员的分工,如要确定课题组长、副组长、课题组成员,并且对每一个成员都做出合理且明确的分工,确保每个人都清楚自己的工作和职责。在分工的基础上，要注重成员之间的相互合作，共同协商，克服研究过程中的各种困难。同时，还要注意课题组成员的整体素质和水平，尤其是课题负责人的水平。如果课题组负责人既没有理论水平也没有实践经验，这个课题就无法很好地完成。

8. 参考文献

参考文献是开题报告的必写内容之一，研究者要想做有意义的研究，势必要翻阅大量的文献，因为它是研究者开展研究的科学依据。有经验的专家能通过参考文献判断研究者的研究是否有价值和意义。若引用了他人的数据、论点等，应当在论文的恰当位置标注出来。这不仅能体现研究者严谨的科学态度，更是对他人劳动成果的尊重。

总之，科研课题开题报告是研究人员科研知识和能力的"缩影"。只有重视并认真、科学地做好研究课题方案的设计，制定好开题报告，才能为获取教育科研优秀成果打开成功之门。

三、撰写开题报告的常见问题

在撰写开题报告时，研究者只注意开题报告结构的完整性，反而忽略了内容之间紧密的联系。在部分内容的写作上，容易出现混淆的情况。

（一）开题报告残缺不全

开题报告也许可以没有"研究的效度与信度"等方面的说明，但至少要具备"研究的主题"等核心内容。实证研究的开题报告也许可以不呈现"研究提纲"，但历史研究和哲学研究的开题报告必须呈现"研究提纲"。

（二）研究的标题（或主题）表述不完整或不规范

完整的标题包括中文标题和英文标题。实证研究和哲学研究的标题虽有差异，但依然存在一些共同的规范。标题的规范主要包括标题的要素及其结构。英文标题的规范则需要考虑字母的大小写问题。

（三）对容易引起歧义或含义模糊的关键概念没有界定或界定不清晰

一般而言，开题报告应该专门设置"概念的界定"。如果该研究涉及多个关键概念，则需要对多个关键概念界定。但是，开题报告只需要对核心概念或关键变量提供界定，并不需要对那些不那么重要的相关概念提供烦琐的界定。

（四）没有问题意识或研究假设

哲学研究的开题报告需要明确表明自己赞成什么和反对什么。实验研究或调查研究的开题报告需要明确提出所要研究的各种变量及其相互关系，并以此形成自己的研究假设。历史研究的开题报告则要么标明该研究更正了哪些有关历史文本或历史事件的误解，或者，从文本的表面绕到文本的背后去指证那些隐藏在文本背后的原作者的真实意图。

案例研讨

以下是某高校老师《重庆市初中学业水平考试公平监测体系建构及实施研究》开题报告的节选。

1. 拟创新点

(1)在研究维度上:重点研究如何从初中学业水平考试层面保障教育公平和推动社会公平发展的制度建设,研究初中学业水平考试在实现教育公平、控制社会冲突、保障人才选拔质量和促进社会和谐方面的基本准则和条件。

(2)在研究内容上:对重庆市初中学业水平考试公平的内容进行定性和定量分析,整体上把握初中学业水平考试公平监测体系及其对促进重庆教育公平发展的实践意义与理论价值,研究影响重庆市初中学业水平考试公平性的复杂因素与作用机理。

(3)在研究方法上:利用多学科交叉的相关理论,研究开发重庆市初中学业水平考试公平监测体系,多维度、宽视域地对重庆市初中学业水平考试及其运行的公平程度进行监测、评价、判别与矫正。

2. 实施步骤

本课题计划实施的时间为2018年6月—2020年12月底,计划两年半时间完成,从总体上看,本课题的实施步骤分为六个阶段。

文献整理阶段(2018.6—2018.12):课题开题及相关文献分析与比较研究。收集发达国家和地区学业水平考试公平的相关资料及最新文献进行分析研究。运用历史视角和国际视野研究学业水平考试控制社会冲突功能。

调查访谈阶段(2019.1—2019.5):问卷调查与专家访谈。问卷调查采用专为本研究设计的"初中学业水平考试公平性评价调查问卷",获得第一手研究资料。

实证分析阶段(2019.6—2019.12):个案实证分析。研究初中学业水平考试公平差异,运用定性与定量分析相结合方法,开发初中学业水平考试公平标准及评价体系。形成中期成果。

中期汇总阶段(2020.1—2020.6):对部分中期成果进行实证研究。在应用中通过反馈矫正来完善相关公平监测评价体系,形成科学的重庆市初中学业水平考试公平评价标准和保障预警制度。

结项准备阶段(2020.7—2020.10):课题结题准备工作。开展结题工作前期研讨会,梳理、总结相关研究报告和系列研究论文,打印、校对、印刷。

课题结项阶段(2020.11—2020.12):课题结题。

表14-1-1　本课题的预期研究成果

序号	研究阶段	阶段成果名称	成果形式
1	2018.06—2018.10	重庆市"两考合一"模式下 中考公平状况的调查研究	调查报告
2	2018.11—2019.03	初中学业水平考试公平的主要特点和基本经验	研究论文
3	2019.04—2019.08	初中学业水平考试公平监测体系的价值取向：质量、公平与卓越	研究论文

通过对开题报告内容撰写的学习，你认为这份开题报告有哪些亮点？有哪些值得我们借鉴的地方？

该开题报告从不同维度对课题研究的创新点进行了叙述，充分体现了整个课题研究的意义和价值。"实施步骤"不仅明确了课题研究在时间和顺序上的安排，而且真实反映了课题研究的过程和轨迹，有利于研究者进行进一步的反思和提升，并为同类研究提供了操作性较强的做法和经验。以表格形式，明确了不同阶段的预期研究成果形式，对研究成果的总结提升，做到了规范、科学。

第二节　结项报告的撰写

课题结项即结束课题研究，完成课题研究任务，形成研究成果。结项是相对于课题立项而言的，它是一项课题必须完成的终结性工作，也是课题研究非常重要的一个环节。结项的主要工作是研究成果的验收鉴定，研究成果是对研究实践和理论思考的反映。本小节将从结项报告的概述、结项报告的内容撰写以及撰写结项报告的原则及注意事项阐述结项报告的撰写。

一、结项报告的概述

（一）结项报告的内涵

结项报告是一种专门用于科研课题结题验收的实用性报告类文体。它是课题研究结束时，研究者客观、概括地介绍整个研究过程，总结、解释研究成果并向有关部门（机构）申请结项验收的一种书面材料。结项报告的种类有很多，例如理论综述、调查报告、工作报告、学术论文等。

（二）结项报告的核心

中小学教师的课题研究工作，基本上都是基于具体问题的研究，其目的主要就是解决日常教育教学过程中遇到的实际问题,这就是课题研究的实践过程。课题的实践过程是课题最核心、最重要的部分,同样也是结项报告的核心部分。这部分亦叫做"研究成果"或"研究成效",是一项课题不可缺少的重要内容。它是一项课题研究过程中花费时间最长、使用精力最多的阶段,因此需要课题组成员能够俯下身来,真正解决一些实际的问题。

一项课题缺乏实践过程可能基于这样几种情况:(1)对课题本身的认识局限,即认为课题只要有调查和数据分析,提出一些合理化的建议,一项课题研究工作也就结束了,因此结项报告不需要实践过程的总结;(2)缺少实践的经验,不知道怎样进行研究、不善于解决实际问题,因此课题没有实践过程,结项报告也就体现不了;(3)选题之后,没有时间和精力进行实践的过程,那么课题就只能匆匆结项,应付差事;(4)选题本身有问题,即课题组没有基于教育教学过程中的实际问题进行选题,没有问题,因此也就不会有实践过程,即缺少问题的解决过程,等等。

二、结项报告的内容撰写

(一)结项报告的写作准备

一篇规范、合格的结项报告,需要回答好三个问题:一是为什么要选择这项课题进行研究,即这项课题是在怎样的背景下提出来的,研究这项课题有什么理论意义和现实意义;二是这项课题是怎样进行研究的,要着重讲清研究的理论依据、内容及方法等;三是课题研究取得了哪些研究成果,存在哪些问题,今后的设想是什么。在此基础上,研究者在撰写结项报告前应做好如下准备。

1. 分析结项条件

要对课题的研究情况予以详细周密的审查,客观地分析是否具备结项条件,应审查的内容有:课题研究的目的是否达到;课题研究各阶段的工作、活动是否落实;课题研究的质量和水平如何,是否达到预期目标;课题研究的各项资料是否齐全。在全面分析这些条件之后,对课题的完成情况就可以作出综合判断。

2. 整理研究资料

结项工作一般是从整理资料开始的,基本要求是真实、可靠、全面。主要方法有以下几种。(1)鉴别:材料繁杂,要区别鉴定,剔除不可靠或者不必要的材料。(2)分类:对研究材料要归纳、整理、分类。结项材料大体可分为四类:一是成果材料,如主件、附件、文字的、非文字的。包括研究报告、论文、光盘等。二是原始材料,如在研究过程中通过观察、调查等方式采集的所有与本课题研究相关的有保存价值的材料。三是课题工作材料,如课题立项申报书、批复件、课题实施方案、小结等。四是有关成果效益与影响的材料,如使用研究成果的人数,推广程度等。(3)编目:对各种研究材料经鉴别、分类后,填写材料类别、编号、名称、来源等项目,编写材料目录,便于查阅。

3. 列出报告提纲

此外,在正式撰写结项报告前,研究者还必须对课题研究的相关资料进行认真的整理,精心设计报告的篇章结构,并且对每一部分叙述什么内容等,做出缜密的思考,列出详细的提纲。

(二)结项报告的内容结构

结项报告的写法没有固定的格式,但有固定的框架结构。课题结项报告可以分为标题、前言、正文、结尾和附件等5个部分。

1. 标题

标题是结项报告内容的高度概括,直接向读者说明研究的主题、问题、对象、方法或创新之处。标题是文章的"旗帜"和"眼睛",其表达应简练概括,便于分类。标题是确立研究范围与水平的首个重要信息,"好的标题是文章成功的一半"。

2. 前言

前言又称引言,是结项报告的开头部分,主要向读者提供有关课题研究的背景信息,包括课题来源及级别、历时,对课题成果的总体评价及意义。通过阅读前言,读者可以迅速理解和评价研究的意义和价值,即回答"为什么"的问题。一般来说,前言部分文字不宜过多,篇幅控制在全文的五分之一以内。

3. 正文

正文是研究者表达研究成果和研究过程的主体部分,结项报告中绝大部分的篇幅都在于此。在撰写正文时,应详细阐述本课题所采用的研究方法、研究过程,并说明产生结果的条件及相关因素,对一些不易理解的地方要给予明确的注释。正文主要包括课题的情况介绍、研究方法与过程,研究成果和评价意见等四个部分。

4. 结尾

结尾的写作应视情况而定,一般包括:(1)对与本课题相关的问题,指出进一步探索的方向;(2)对本课题的后续研究工作、应用推广等问题,表明课题组需作出的努力。

5. 附件

这部分内容包括:(1)课题组成员名单;(2)课题研究过程中已发表的论文篇目;(3)研究成果已被采纳或开始应用的佐证材料;(4)参考文献、致谢等其他材料。

附件中的材料既可表示对他人劳动成果的尊重,又可向读者提供资料来源,反映该研究是在什么水平上进行的。需要注意的是参考文献的引用规范。一般来说,参考文献须引用正规期刊和正式的出版物,未经出版的资料、网上资料和报纸不宜引用。如果参考的资料较多,应对参考资料进行排序时,一般采用作者姓氏的第一个字母,按照英文26个字母的顺序排序,也可按结项报告所提到或引用的顺序或按文献发表(或出版)的时间顺序。

表14-2-1 资料来源

期刊资料	作者姓名	文章标题	刊名	刊号	
书籍资料	作者姓名	书名	出版社名	出版时间	页码
3种排序方式	(1)按结项报告所提到或引用的顺序				
	(2)按文献发表(或出版)的时间顺序				
	(3)按姓氏笔画排序				

三、撰写结项报告的原则及注意事项

（一）撰写结项报告的原则

1. 科学性原则

报告的表述必须观点正确、材料可靠，论证以事实为依据，无论是阐述因果关系、实用性和可行性必须从事实出发，推理合乎逻辑。

2. 创造性原则

创造性是研究报告质量水平的依据。别人没有提出过的理论、概念、教育教学新方案，新的研究方法，别人没有观察到的现象等都是创造性的研究成果。

3. 规范性原则

要根据研究的结构特点和逻辑顺序，研究课题的任务和内容，考虑表达的形式和表述的方式。

4. 可读性原则

语言阐述精确、通俗，在规范的前提下，尽可能使用简洁的语言。使用专门名词术语不故弄玄虚，文字切忌带个人色彩，一般不采用比喻、拟人、夸张等修辞手法，不宜采用工作经验总结式的文字。

5. 适度性原则

适度性是指的文字的多少要适度，不能太少，也不宜太多。研究单位的总报告8000字左右，个人的结项报告4000字左右为宜。

（二）撰写结项报告的注意事项

1. 结项报告撰写要注意科学性、真实性、完整性和新颖性

科学性是指题目与结论的合理程度，要做到书写规范、叙述明确以及逻辑严谨。真实性是指原始材料是否完整，结项报告是否符合学生的年龄特征和认知水平。完整性是指有原始记录（应由学生本人填写），并附有必要的证明材料，而不能仅凭自己的主观意愿，任意修改数据或素材，为自己的观点服务。新颖性即独创性，结项报告中结果与有关数据通过实验或调查获得，是他人所没有的。因此，研究必须重视对原始材料的收集和积累。

2. 善用图表来说明问题

研究结果的呈现若完全使用文字表述，不但烦琐，有时还不容易表达清楚，此时，恰当地运用图表便能够起到事半功倍的效果。这是因为，图表可以对零乱的原始数据初步加工整理，从而直观地反映数据的规律和特征。

3. 篇幅不宜过长

结项报告字数与学术价值并无必然关联。要做到行文流畅，不说空话、大话，对于一些谦虚和自夸之词、一般公式及推导、一般常规的实验方法等等都可省略。凡能用表格说明的问题，就

不必用文字描述；能用图像表达的，就不必列表格。总之，要做到删繁就简，字无废言。

4. 紧扣研究的关键词

在撰写结项报告时，要紧扣研究的关键词。因为它是研究对象的集中体现，亦是课题研究所要表达的重中之重。如果在撰写结项报告的时候，没有紧扣研究的关键词，就会导致阅读结项报告的人看不懂研究所要表达的内容，搞不清楚课题研究的内涵，例如：在撰写《高中生化学计算能力的提升研究》的结项报告时，研究者没有抓准研究的核心关键词，用了大段篇幅来阐述如何提升学生的计算能力，忽略了"化学"这个限定条件，这样写出来的结项报告不仅会给人留下偏离重心、泛泛而谈、不够具体的印象，甚至还会导致结项报告中出现与研究成果不符的结论。因此，围绕科研课题题目，尤其是紧扣研究的关键词来撰写结项报告，是写出一篇优质结项报告的基本要求，也是研究者在撰写时必须具备的意识。

案例研讨

如何撰写结项报告的研究成果？

研究成果是课题研究水到渠成的结果，也是结项报告的重要组成部分。课题的研究成果一般包括显性和隐性两类。显性的成果如获得的奖项或荣誉、发表的论文、出版的书刊、录制的课例、成绩的提高等外显的成绩，隐性的成果如课堂效率的提高、学生精神状态的变化、校园环境的改善等隐性的成绩。

课题的获奖情况、发表的论文、出版的成果集、获得的荣誉、分数的提高等有形成果作为研究成果是很好的，但同时也应注意到课题研究工作对学校、教师或学生内在发展的促进作用，同样也要在研究成果中表述出来。

那么研究者应该如何撰写结项报告的研究成果呢？不妨先来看看一个案例。

案例1：结项报告《高中化学课堂竞争机制创设方式研究》的研究成果

（一）实践成果

1. 这种新型的竞争机制在我校开展后，受到教师和学生的好评。

2. 通过一年的实践研究，这种新型的竞争机制推动了我校化学学科的发展，学生的化学成绩也有了显著的提升。

3. 2020年疫情期间，新型的竞争机制得到了充分的应用，展现出了喜人的效果。

（二）理论成果

1. 新的竞争机制让自媒体更快地融入平时的教学中，加快了教育与科技结合的步伐。

2. 这种竞争机制的存在，让教师也更乐于向研究型教师的方向去发展，促进教师在专业知识和科技发展上的提升。

3. 辩证地探究了课堂教学中教师角色的正确定位。确认了以学生为主体、教师为辅助的教学方式，让教师能及时并灵活地变换自己的角色。

上述案例的研究成果分为两部分,即实践成果和理论成果,这一点是值得肯定的。但是从具体内容而言,整个研究成果的表述十分随意,空洞且不具体,多为比较笼统的套话,不具有针对性和适切性。那么一个结项报告的研究成果怎样表述才算合格呢?我们再来看一个案例。

案例2:结项报告《高中生化学计算能力的提升研究》的研究成效

通过对高中生化学计算能力的提升研究,课题组教师加深了对化学教学的认识,意识到思维培养在提升计算能力中的重要性,增强了学生对化学学习尤其是通过数学计算解决化学问题的信心,同时在实际教学中摸索出了一系列行之有效的教学方式;学生在经过教师具有针对性的指导教学后,化学学科基础更加牢固,不仅能从学科视角看待化学中的数学问题,其计算能力也有了大幅度提升。

(一)学生对化学计算题的畏难情绪消减,自信心得到很大提升

研究开展以来,学生对化学中计算问题的畏难情绪消减了不少,不愿算、不想算、怕算错等情况有了很大改善。课堂上,涉及计算部分的问题不再鸦雀无声,相较之前,已经有超过半数的学生愿意主动上黑板来书写自己的计算过程;课后作业中,涉及计算部分的题目不再是一片空白,以自己数学不好为由拒绝写计算题的学生人数大幅下降,面对解决不了的计算题,学生也更愿意与同伴讨论,共同寻找解决计算问题的答案。

表14-2-2 学生成绩统计

	满分人数/满分率	优秀人数/优秀率	合格人数/合格率	不合格人数/不合格率
2019下	5/7.5%	28/42.4%	51/77.3%	15/22.7%
2020上	15/22.7%	38/57.6%	56/84.8%	10/15.2%

(二)学生的计算准确率大幅提升,化学方程式记得更牢、更准确,计算题的得分率有很大提高

研究开展以来,学生不仅敢写、敢算了,而且化学作业的质量也有所提高。这主要体现在:(1)除了计算准确率外,课后作业的整体准确率也有提高;(2)计算过程更规范,书写更工整,版面更整洁;(3)化学方程式记得更牢,书写更规范。

除此之外,学生的计算题的得分率也有了很大提高。通过对比本届高一学生2019年下学期期末考试化学学科计算题的得分情况和2020年上学期期末考试化学学科计算题的得分情况,我们得此结论。这里以高一(1)班为例,该班总人数为66人,计算题满分为10分,大于或等于8分为优秀,大于或等于6分为合格,小于6分为不合格。

从上表数据我们可以看出,班级整体计算题的得分率有所提高,不合格人数减少,优秀人数较之前增多。数据说明一切,这是学生计算能力提升的一个重要依据。

案例2与案例1相比而言,具有这样几个显著特征:(1)研究成果更加具体,甚至使用了具体的调查数据等进行表述,可信度比较高;(2)具有较强的层次性,每一个内容都能够围绕一个主题阐述,清晰、明了;(3)语言表达清晰、简洁,通俗易懂,朴实无华的话语中能够感受到课题组成员通过研究真正的收获和成长。

本章要点

（1）开题报告就是当课题经申报批准立项之后，课题负责人在继续深入调查研究和充分掌握资料的基础上为课题研究的具体实施而修订的报请专家论证的课题研究方案，具有针对性和实用性这两个特点。

（2）开题报告主要包括：课题名称、研究目的和意义、研究内容、研究方法、研究程序、研究预期成果形式、研究的组织机构和成员分工、参考文献。不同类型的研究开题报告顺序可能会有所不同，但一定要满足听报告者心理需求，要把研究问题说清楚。

（3）结项报告是一种专门用于科研课题结题验收的实用性报告类文体。撰写结项报告，有利于课题研究成果的转化与推广，帮助研究人员发现问题、开拓思路，进行学术交流。

（4）结项报告一般由标题、前言、正文、结尾和附件等5个部分构成。注意结项报告与论文的结构区别，不要将结项报告写成经验总结或泛泛而谈的工作汇报。

（5）结项报告的撰写须遵循科学性、创新性、规范性、可读性、适度性等5个原则，在撰写正式的结项报告前，研究者必须对课题研究的相关资料进行认真的整理，精心设计报告的篇章结构，并且对每一部分叙述什么内容等，做出缜密的思考，列出详细的提纲。

本章思考题

（1）开题报告的主要作用是什么？
（2）开题报告主要包括哪几部分内容？
（3）写作开题报告时有什么注意事项？
（4）什么是结项报告？
（5）撰写结项报告的一般流程是什么？
（6）撰写结项报告有哪些注意事项？

第十五章 学术规范与学术失范

科学家的活动受到在其他任何领域的活动所无法比拟的严格管制,科学史上根本不存在作弊。

—— 默顿

[学习目标]

(1)了解引用的基本规范。
(2)掌握注释与参考文献的规范。
(3)知道学术失范行为。

王老师是一名在职教育硕士,最近正忙着毕业论文的写作。王老师认为自己的论文完成得差不多了,就将论文发给了导师,请教导师有没有还需要修改的地方。导师问他,论文的数据是自己做实验记录的吗?论文引用的参考文献怎么没标注出来?引用的参考文献具有权威性吗?现在需要做的就是规范自己的论文,避免在不知情的情况下出现学术失范的情况。

那么,王老师应该从哪些方面规范自己的论文呢?哪些行为又会造成学术失范呢?本章将从引用的规范、参考文献和注释的规范以及学术不端和学术失范行为三个方面为大家阐述学术规范与学术失范的相关内容。

```
                        ┌ 直接引用的规范
            ┌ 引用的规范 ┤ 间接引用的规范
            │           │ 转引
            │           └ 引用不规范的危害
            │
学术规范与  │              ┌ 论文的注释与参考文献规范
学术失范   ─┤ 注释与参考文献的规范 ┤ 图书的注释与参考文献规范
            │              └ APA格式和MLA格式
            │
            └ 学术失范 ┌ 学术失范的表现
                      └ 学术失范行为的原因及应对策略
```

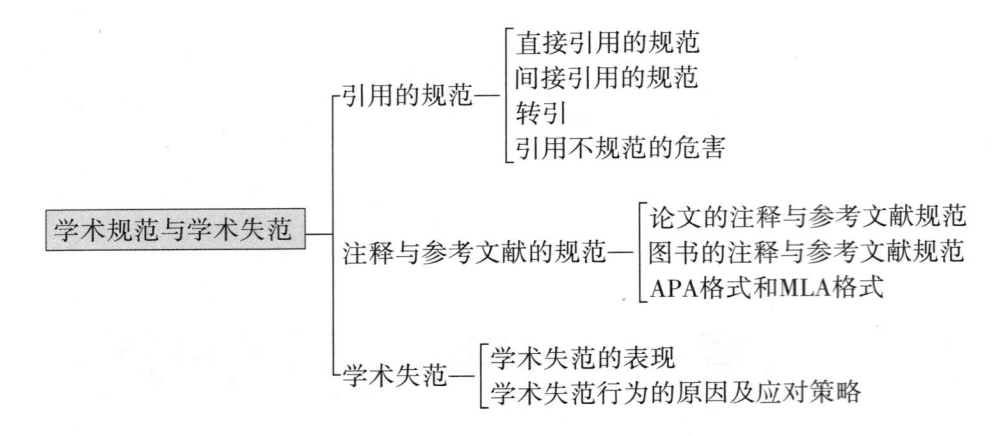

第一节　引用的规范

引用是学术研究写作中必不可少的,因为学术研究需要立足于前人的研究成果,引用包括直接引用、间接引用和转引。

一、直接引用的规范

直接引用是逐字逐句,一字不漏地引用。引文应以原始文献和第一手资料为原则。直接引用可以证明观点的权威性或者原文的文字生动有趣,转述后达不到原文的效果。引用时,引文尽可能要简短。直接引用有如下要求。

第一,引用的地方加引号,并用脚注、尾注或夹注的方式注明出处。

第二,完整地引用原始文献的观点,既不能断章取义,也不能过度引用。若有增删,必须注明。

第三,直接引用时,若正文中连续出现两个以上的引号,则需要用自己的话使之连贯、流畅。

第四,引用未成文的口语实录或尚未公开发表的学位论文或信件时,需要征求作者的同意。最好有原作者的书面同意书。

第五,若某文献出现过多个版本,尽可能引用学术界公认的比较权威的版本。

第六,应谨慎引用网络电子文献,尽可能追溯其原始文献。

第七,注意过度引用的情况。若在脚注中出现大量引用同一份文献的现象,就需要警惕有"过度引用"嫌疑了。

为了学术的严谨与科学,引用特别是直接引用时必须反复核对原始文献的原文,若出现了修订版,尽可能引用最新的版本。另外在直接引用中,一般需要考虑文献被引用的次数,即引用频率,文献被引用的频率越大,就说明文献的影响面越广,权威性更大,用于直接引用更合适。

二、间接引用的规范

间接引用又称"变引",是用自己的话表达他人的观点或内容,而不是直接复制原文。间接引用的目的是用更简洁的语言传达原文的意思。当原文过于啰嗦或模糊时,或者逻辑顺序比较混乱时,就可以采用间接引用。间接引用需要格外的小心谨慎,因为大量的不规范或抄袭主要来自间接引用,间接引用有如下要求。

第一,尽可能直接引用,只有当引用原文过于啰嗦或模糊时,才选择间接引用。

第二,必须用自己的话概括原文。如果仅仅是在原文的字句上有个别的改写,那应该采用直接引用的格式,并注明"对原文略有调整"。

第三,若间接引用跨越两个以上的页码,需要在注释中显示完整的首尾页码。若引用的页码跨度太大,可以分多次引用注明出处。

第四,以脚注、尾注或夹注的方式注明间接引用的出处。

第五,间接引用复述时需要准确概述原文的观点,不能歪曲原文的观点。

第六,在开始间接引用时,使用一些引用提示语,例如:"据说""有人认为"或者"某某认为"。引用提示语可以有利于读者很好地将作者的观点与引文的观点分开。

三、转引

转引是指作者没有亲自查阅引文对应的原始文献,而是直接从其他参考文献中转录这些文献的行为。除非原始文献难以找到,一般情况下不会使用转引。因为转引体现了作者对待学术敷衍的态度以及对自己的著作不负责任。

转引会带来一系列不良的后果。作者没有查阅原始文献,对原始文献没有深入的了解,对其成果也只是一知半解,将其引用在自己的文章中,不仅会影响自己论文的质量,还可能因为断章取义导致引文误差。在这种情况下,如果自己的文章再被传阅,断章取义的观点被一传十,十传百,其影响是巨大的。此外,还可能因为被转引文献的印刷错误,导致出现以上的情况。因此,除非原始文献真的难以找到,通常不推荐使用转引。

与以前相比,在信息时代,如果对某些引用的参考文献存疑,最有效的办法就是进行通过电子资源进行文献查阅,以此来确定原始文献的出处。核对原始文献成为核对引用是否失范的基本途径。

综上,在学术论文、研究报告、科技文献等中,引用他人的观点、数据、研究成果等内容时,需要遵循一定的引用规范,以保证学术诚信和知识产权的尊重。总的来讲,包括以下几方面。

1. 引用格式

引用格式一般包括作者、出版年份、文章标题、出版物名称、出版地点、出版单位等元素。不同的学科领域和出版机构可能有不同的引用格式要求,需要根据具体情况进行选择。

2. 引用方式

引用方式一般包括直接引用和间接引用两种。直接引用是将他人的原话或文字直接引用到自己的文章中,需要标注引用来源和页码等信息;间接引用是对他人的观点或研究成果进行概括或解释,需要标注出处和作者等信息。

3. 引用标注

引用标注是对引用内容进行标注的方式，一般包括作者、出版年份、文章标题、出版物名称、出版地点、出版单位等元素。不同的引用规范可能有不同的标注要求，需要根据具体情况进行选择。

4. 参考文献

参考文献是对引用内容进行全面记录的方式，一般包括作者、出版年份、文章标题、出版物名称、出版地点、出版单位等元素。参考文献需要按照一定的格式进行排版，并在文末列出。

总之，引用规范是学术交流和知识传承的基础，需要严格遵守相关规范和要求。

四、引用不规范的危害

（一）影响文章学术价值

在学术论文中科学合理地引用参考文献能够有效提升论文的学术价值，但是如果论文作者的引用是在没有对引文的原始文献进行全面透彻理解的基础上进行的，无法最大限度地还原引文原有的学术价值，甚至会因为过分追求经典文献而出现引用的文献学术意义贬值的现象。引用不规范会降低文章的学术价值，使文章失去其应有的学术性和权威性，这会影响文章的传播和应用价值，甚至会影响其在学术界的地位和声誉。

（二）影响读者阅读效果

参考文献作为学术论文的重要组成部分，也属于读者阅读论文时的阅读内容，如果盲目追求引用不必要的文献内容。舍弃引用的合理性，不仅会扰乱作者的创作思路，还会扰乱文章内容的整体性，无法充分表述作者所要表达的核心内容与思想，破坏文章可读性。引用不规范可能会影响读者的阅读效果，具体表现如下。

1. 理解困难

如果文章中引用的文献没有标注清楚出处，读者可能会很难找到这些文献，从而导致理解困难。

2. 信息不全

如果文章中引用的文献没有标注清楚，读者可能会错过一些重要的信息，从而影响对文章的理解。

3. 误导读者

如果文章中引用的文献没有经过筛选，可能会包含一些不准确或不相关的信息，从而误导读者。

因此，为了保证读者能够准确、完整地理解文章内容，作者应该注重引用的规范性，标注清楚出处,避免使用不规范的引用方式。

(三)影响文献计量学可靠性

文献计量学一般都是建立在对期刊引文分析基础上的,通过引文分析能够快速了解读者的阅读偏好以及期刊所具备的社会效益与信息价值,甚至影响到图书相关部门决策的制定。如果在学术论文中出现参考文献引用不当,将会造成文献计量学的开展建立在虚假的数据资料基础上,得到的结论也是不准确的,影响文献情报工作的正常开展①。

第二节 注释与参考文献的规范

一、论文的注释与参考文献的规范

这里的论文主要指学位论文,期刊论文,论文集中的析出文献,报纸文章。

(一)学位论文

[序号]主要责任者. 文献题名[文献类型标识]. 出版地:出版者,出版年:起止页码.

例:[1]刘国钧,陈绍业. 图书馆目录[M]. 北京:高等教育出版社,1957:15-18.

[2]马愿愿. 高中化学新手型和专家型教师教学反思水平及影响因素研究[D]. 武汉:华中师范大学,2022.

(二)期刊论文

[序号]主要责任者. 文献题名[J]. 刊名,年,卷(期):起止页码.

例:[1]Delorme, A. EEGLAB: an open source toolbox for analysis of single-trial EEG dynamics including independent component analysis[J]. Neurosci Methods, 2004, 134 (1): 9-21.

如果期刊论文只有期号,不分卷号,则只标明期数。

例:[1]何龄修. 读南明史[J]. 中国史研究,1998,(3):167-173.

(三)论文集中的析出文献

[序号]析出文献主要责任者. 析出文献题名[A]. 原始文献主要责任者. 原始文献题名[C]. 出版地:出版者,出版年. 起止页码.

例:[1]钟文发. 非线性规划在可燃毒物配置中的应用[A]. 赵炜. 运筹学的理论与应用——中国运筹学会第五届大会论文集[C]. 西安:西安电子科技大学出版社,1996.468-469.

---

① 杨彧. 学术论文参考文献引用不当造成的后果及防范[J]. 新闻前哨,2019,(1):75-76.

(四)报纸文章

[序号]主要责任者. 文献题名[N]. 报纸名:出版日期(版次).

例:[1]谢希德. 创造学习的新思路[N]. 人民日报:1998-12-25(10).

[2]吴净. 化学教育应提高学生的科学素养[N]. 学知报:2010-02-02(07).

二、图书的注释与参考文献的规范

(一)专著的注释与参考文献的规范

序号 主要著者. 书名. 版次(第一版不标注). 出版地:出版者,出版年:引用页码.

例:[1]王络平. 图书情报词典. 上海:汉语大辞典出版社,1990.

(二)连续出版物的注释与参考文献的规范

题名. 主要责任者. 版本. 年. 月,卷(期)~年. 月,卷(期). 出版地:出版者,出版年. 丛编项. 附注项. 文献标准编号

例:[1]地质论评. 中国地质学会. 1936,1(1)~. 北京:地质出版社,1936~.

[2] Communications equipment manufacturers. Manufacturing and Primary Industries Division, Statistics Canada. Preliminary ed. 1970~. Ottawa:Statistics Canada,1970~. Annual census of manufacturers. Text in English and French. ISSN 0700~0758

三、APA格式和MLA格式

两种格式出现的时间上相差不大,它们的差别主要在于适用范围,MLA格式适用于人文科学论文,APA格式适用于社会科学论文。APA和MLA格式对参考书目的称呼是不同的,APA格式中称为参考书目,MLA格式中将其称为引用书目。

(一)一位作者的著作

MLA:作者的名,作者的姓. 著作名. 出版的城市:出版社名,出版日期.

APA:作者. (出版年份). 著作名:副标题. 出版社城市:出版社名.

(二)两位作者的著作

APA:Smith,J. A. ,& Johnson,B. L. (2003). 书名或文章标题. 期刊名. 卷号(期号),页码.

MLA:Smith,John A. ,and Beth L. Johnson. 书名或文章标题. 出版社,出版年份.

两种格式都应将两位作者的姓名按字母顺序排列,并列出完整的出版信息。

(三)三位或三位以上作者的著作

MLA:Malone,Kemp,and Robert Chambers. Principles of American Ecology. New York: Barnes,

1988.

Walker, Stephen A. , et al. Phonetics. New Jersey: Princeton UP, 1967.

APA: Festinger, L, Riecken, H, & Schachter, S(1956). When prophery fails Minneapolis: University of Minnesota Press.

在 MLA 格式中,作者为一到三位时,需要将所有作者的姓名都写出来,超过四位时,就只需写出前两位作者的姓名,然后用"et al."表示省略其余的作者,而在 APA 格式中,当作者为一到六位时,要将所有作者的姓名都列举出来,超过六位作者时,才将前六位作者列举出来,然后用"et al."表示省略;作者为三个或三个以上时,MLA 中用"and"来连接,而 APA 中用"&"连接;在 MLA 格式中,期刊、书籍、文章和其他的资料的标题都采用标题大写,即主要词汇、第一个和长于四个字母的单词都要首字母大写,而在 APA 格式中,期刊的名称要采用标题大写,书籍、文章和其他的资料的标题都采用句子大写,即标题的首字母大写(如果既有主标题又有副标题,两者分别句子大写,中间以冒号隔开);出版社名 MLA 格式中可以简写,如 University Press 简写成 UP 或 U 和 P,但在 APA 格式中不能使用简写。[①]

(三)期刊文章

MLA: Miller, Jerome. A. "Horror and the Deconstruction of the Self." Philosophy Today 32 (1988):286-298.

格式为:文章作者、文章标题、期刊名(斜体)、卷期号(不用斜体)、发表日期(年)、页码。

APA: Karcher, Carolyn A. (1986). Censorship, American style: The case of Lydia Maria Child. Studies in the American Renaissance, 9, 283- 303.

格式为:文章作者、发表日期(年)、文章标题、期刊名(斜体)、卷期号(斜体)、页码(注:如果期刊标有卷号,页码前就不用"p."或者"pp.",如果没有标卷号,则需要在页码前用"p."或者"pp."表明数字是页码)。

(四)杂志文章

MLA: Cooper, Gail "Song of Love" Life 31 Sept 1989:58-63.

APA: Chandler-Crisp, S (1988, May). "Aerobic writing": a writing practice model. Writing Lab Newsletter, pp. 9-11.

杂志文章与期刊文章的格式是相似的。需要注意的是,在杂志文章中,MLA 格式是月份在年份的前面,APA 格式是月份在年份的后面.

---

① 罗海艳. 英语论文 MLA 与 APA 格式中参考书目格式的异同比较[J]. 怀化学院报,2008(5):31-33.

第三节 学术失范

一、学术失范的表现

随着研究者对学术领域的不断探索以及学术竞争的日益激烈,学术失范行为屡见不鲜。提高学者的学术道德水平,营造健康的学术行为,是预防学术失范行为的基本措施。

(一)论文剽窃

正是由于对论文发表和完成的重视,引起了少数学者在撰写论文的时候盗用他人成果,使用他人数据,甚至直接在原文的基础上稍微改动而转变成为自己的论文。另外一种现象是盗用他人实验数据的同时还对别人的数据随意修改,甚至有的学者在做论文的时候直接将前人的论文拿过来成为自己论文的一部分,这样既能增加论文的字数,又能花很少的精力达到最终的结果。另外,最为严重的现象是学者在撰写论文的时候引用他人的论文内容而不加标记,直接造成学术道德失范和侵犯他人知识产权。参考文献作为论文中很重要的一部分也往往被忽视,有人参考他人论文而不提及和列出。这种现象也应当受到广泛的关注。[①]

因此论文剽窃的危害主要体现在以下几个方面:

(1)损害学术声誉:论文剽窃会导致学术不端行为,破坏学术道德和学术规范,损害个人和团队的学术声誉,甚至会被撤销学位或学术称号。

(2)阻碍学术进步:论文剽窃会导致研究成果的重复和缺乏创新性,阻碍学术进步和科学发展。

(3)浪费研究资源:论文剽窃不仅会剽窃他人的研究成果,还会剽窃他人的研究思路和方法,导致研究资源的浪费。

(4)损害社会利益:论文剽窃会导致虚假的学术成果,误导学术和社会,对社会造成不良影响。

(5)法律风险:论文剽窃是一种侵犯知识产权的行为,涉及法律问题,可能会面临法律诉讼和惩罚。

因此,论文剽窃是一种不道德、不负责任的行为,必须严格打击和制止。

(二)过度引用

过度引用一般包括三方面的含义:一是从引文的字数出发来讲,自己进行论证的文字远少于引用他人的文字;二是从引用的次数来讲,连续引用某个文献;三是从研究者的理解深度出发,在尚未理解原文时就大量引用他人的话语,导致歪曲引文的含义。过度引用时导致的学术危害是比较大的,因为可以打着有注释的借口,光明正大地进行学术失范行为。对于过度引用,可能存

---

① 王一帆.大学生学术道德规范与失范的思考[J].佳木斯职业学院学报,2015(2):79.

在以下问题。

（1）以引用数量为唯一评价指标。有些文章可能会过分关注论文的引用数量，而忽略了论文的质量和创新性。这种情况下，作者可能会通过过度引用其他文献来提高自己的引用数量，从而提高自己的学术声誉。

（2）以引用知名学者的文章为目的。有些文章可能会过度引用知名学者的文章，而忽略了其他同行的研究成果。这种情况下，作者可能会通过引用知名学者的文章来提高自己的学术声誉，而不是基于自己的研究成果。

（3）引用不恰当的文献。有些文章可能会引用与自己研究内容不相关的文献，或者引用已经过时的文献，从而误导读者。这种情况下，作者可能会通过过度引用文献来掩盖自己的研究不足，或者误导读者。

为了避免过度评价引文的文章，作者应该注重论文的质量和创新性，避免过度依赖引文数量，注重引用质量而非数量，同时要注意引用文献的质量和相关性。此外，作者还应该注重学术诚信，避免抄袭和其他学术不端行为。

（三）引用不足

引用过度的对立面就是引用不足。引用不足是指对引文的内容断章取义，引文的意思未被完全展示出来，导致其被误解。引用不足是指在学术研究、学术交流、学术评价等方面，没有充分引用前人的研究成果或者没有在文章中给出充分的参考文献。这种行为可能会误导读者。如果文章中没有充分引用前人的研究成果或者没有在文章中给出充分的参考文献，读者可能会认为作者的研究成果是自己的原创性成果，而不是基于前人的研究成果。这会误导读者，影响其对文章的理解和评价。例如，在某篇文章中，作者声称提出了一种新的方法，但是没有给出任何前人研究成果的引用，这会让读者产生怀疑，认为这篇文章可能是作者自己臆想出来的。

（四）对引文进行过度的主观评价

本来学术评价应该是学术进步的"催化剂"。但是对引文过度评价，评判过于苛刻或者赞美倾向溜须拍马都会偏离学术评价原本的作用。中肯的学术评价应当是实事求是，求同存异，可以据理力争但不能莫须有进行攻击构陷，更不能进行学术报复。对引文进行过度评价也存在一些问题，主要包括以下几点。

1. 主观性

主观评价往往受到评价者个人的经验、偏见和价值观的影响，因此评价结果可能存在一定的主观性。

2. 缺乏客观标准

引文评价缺乏统一的客观标准，评价结果可能会受到评价者个人的认知水平和专业背景的影响。

3. 无法全面评价

引文评价只能评价引文的一部分内容,无法全面评价论文的学术水平,因此需要结合其他评价方法进行综合评价。

为了克服引文评价的这些问题,评价者应该尽可能客观、公正,并结合论文的整体情况进行评价。此外,评价者还应该具备一定的学术素养和专业背景,以确保评价结果的准确性和可信度。

二、学术失范行为的原因及应对策略

(一)学术失范行为出现的原因

1. 学者缺乏个人修养

学术失范行为发生的首要原因是学术人员自身学术道德的缺失。学者的个人名誉和物质奖励都将受到学术研究的影响,在这种压力下,学者为了取得较理想的学术效果,可能不顾学术道德要求,放弃基本的学术道德修养,学术失范行为由此而生。此外,在普及教育的同时忽视了学术道德素养的培养,再加上学术研究过程充满曲折和复杂,导致学术研究人员不愿坚定实事求是的科学精神和不愿提高创新性。

2. 缺乏良好的学术氛围

由于学术竞争激烈,为了追求学术成果,某些学者急功近利甚至采用一些不正当的竞争手段。这种学者的学术失范行为败坏了学术界的风气。另外,高校对教师在学术方面的要求推着高校教师进行学术研究,导致他们对学术研究缺乏主观能动性,这将进一步滋长学术失范行为。

3. 学术制度不够完善

学术失范行为的内涵和表现形式太丰富,边界不够清晰,导致学术制度在学术失范行为方面存在一定的缺陷。学术制度方面对学术失范行为的惩治力度不够,相关的规定不够详细,学术人员不重视学术道德。而且随着网络的发展,某些学术失范行为具有一定的隐蔽性,学术制度亟待改善。

(二)学术失范行为的应对策略

1. 加强学术道德建设,提升学者学术道德水平

学术失范行为的根本原因出在学术研究人员身上,因此预防学术失范行为的根本措施是提高学者的学术道德水平。

2. 营造健康学术氛围

首先,高校应该积极构建学术诚信体系,有关部门也应该积极开展学术道德宣传活动。努力营造良好的学术研究氛围,才能让学者能安心科研,踏实研究,不投机取巧。其次,坚持德育教育,将规范管理与德育教育结合起来,双管齐下,建立问责机制。坚定严谨做学问的学者的信心,带动良好学术研究氛围的发展。最后,还应鼓励宣传学术道德高尚的学者,将榜样的力量发扬光

大。学术成果的诞生,离不开科研人员在背后的呕心沥血以及辛勤付出,公平的学术环境,是对他们最大的鼓励。

3. 加强学术制度建设

法律制度的强制要求是应对学术失范行为最有效的手段。首先应通过相关法律法规将学术失范行为的内涵具体化;然后应根据不同程度的学术失范行为划分等级,明确什么是违规,什么是违法;最后根据不同标准制定惩罚制度。只有加强法律制度建设,才能让真正有能力的人有机会发展,最后促进社会的进步。

本章要点小结

(1)引用的规范主要包括直接引用的规范和间接引用的规范。在引用过程中,要特别警惕过度引用行为的发生。

(2)不同类型的论文以及图书有不同的注释和参考文献的规范,一定要根据要求进行注释;APA格式和MLA格式存在一定的区别,在进行论文写作时一定要按照所投期刊或出版社要求的格式进行注释。

(3)学术失范行为主要包括论文剽窃、过度引用、引用不足和对引文进行过度的主观评价;应对学术失范行为的对策包括:加强学者的学术道德建设,营造健康的学术氛围、加强学术制度的建设。

本章思考题

(1)对于中学化学教师来说,在直接引用的七条要求中,哪三条是相对来说比较重要的?

(2)学术失范行为中,哪种现象是比较严重的抄袭行为?

(3)应该怎样治理学术失范行为?

部分参考文献

1. 丁伟,王祖浩.高中化学概念学习的认知研究[J].上海教育科研,2007(4):88-90,169.
2. 乌荣其其格,其米克.论教育研究问题确定与第二语言教学中研究视角的选择[J].科教导刊(中旬刊),2012(10):106,110.
3. 赵正新.关于研究性学习中的"课题"问题[J].教育发展研究,2003(6):30-33.
4. 李克东.电化教育科学研究的任务和方法[J].电化教育研究,1985(2):28-35.
5. 宁顺德,罗超,李思盛.核心素养视角下2020年全国理科综合化学实验试题分析及教学启示[J].教育科学论坛,2021(11):61-64.
6. 巴林.数字化实验系统在中学化学教学中的应用——字化实验使用的反思[J].知识文库,2021(2):136-137.
7. 刘慧芳,张晨,沈甸.新高考背景下高中课堂环境变化的研究——以上海市高中化学课堂为例[J].化学教学,2020(9):28-30+40.
8. 张弛.化学文化观照下的核心素养培养——以"沉淀溶解平衡"为例[J].化学教育(中英文),2019,40(17):65-69.
9. 陶保平.学前教育科研方法[M].上海:华东师范大学出版社,1999.
10. 裴娣娜.教育研究方法导论[M].合肥:安徽教育出版社,2000.
11. 岳亮萍.中小学教师怎样进行课题研究(三)——教育科研方法之教育研究法[J].教育理论与实践,2008(08):46-48.
12. 钟海青.教育科学研究方法[M].桂林:广西师范大学出版社,2002.
13. 陈向明.教育研究方法[M].北京:教育科学出版社,2013.
14. 裴娣娜.教育研究方法导论[M].合肥:安徽教育出版社,2002.
15. 么青.教育科研常用的几种方法[J].天津教育,2015(1):17-19.
16. 贾霞萍.中小学教师怎样进行课题研究(四)——教育科研方法之教育实验研究法[J].教

育理论与实践,2008(11):44-46.

17. 白世国,鄂菊芬. 小学教师教育科研方法的选择[J]. 中小学教师培训,1998,(X5):44-46.

18. 宋玥,王磊. 促进学生认识发展的化学平衡教学设计研究[J]. 化学教育,2016,37(15):23-32.

19. 范晓玲. 教育统计学与SPSS[M]. 长沙:湖南师范大学出版社,2005.

20. 李慧敏,鲁静,张文华,毛建明. 概念图在化学教学中应用的中外研究对比——基于CiteSpace的知识图谱可视化分析[J]. 化学教育(中英文),2021,42(05):97-103.

21. 张光彦,安俊建,王鹏. 基于平台统计数据的课程教学改革探索——以《计算机在化学中的应用》为例[J]. 教学研究学院,2019.

22. 康纳利·克莱丁宁,丁钢. 叙事探究[J]. 全球教育展望,2003,(04):6-10.

23. 华国栋. 教育研究方法[M]. 2版. 南京:南京大学出版社,2013.

24. 王凯. 教育叙事:从教育研究方法到教师专业发展方式[J]. 比较教育研究,2005(06):29-33.

25. 夏建华. 课堂观察视域下的师生互动化学课例研究——以"元素周期律(第二课时)金属性递变规律"为例[J]. 化学教学,2016(2):38-43.

26. 李闻霞,利用预测和实验的冲突促进探究学习——"原电池的工作原理"课例分析[J],化学教育,2012,33(6):16-18.

27. 李蓉,金属与氧气反应课例分析[J],化学教育,2013,34(12):29-32.

28. 刘晓红,基于"课例研修"的中学化学教师教学研究能力研究[D]. 石家庄:河北师范大学,2018.

29. 谢妲娜,董素静,许敏,原雁翔,刘丹. 通过课堂观察法比较中等生和优等生的化学课堂学习行为——以"弱电解质的电离"为例[J]. 化学教育,2011,32(5):26-28.

30. 高文月. 高中化学课堂观察——基于学生的动作表情分析[D]. 曲阜:曲阜师范大学,2016.

31. 张笑言,郑长龙. 化学教师知识研究的热点与趋势——基于CiteSpace可视化分析[J]. 化学教育(中英文),2021,42(11):65-70.

32. 王晓芳,鹿钰锋,夏建华. 手持技术数字化实验在我国近20年的研究进展及现状——基于CiteSpace可视化分析[J]. 化学教学,2021(4):32-37.

33. 侯海燕. 基于知识图谱的科学计量学进展研究[D]. 大连:大连理工大学,2006.

34. 钱胜. 中学化学教研论文选题与撰写的经验[J]. 化学教育(中英文),2018,39(01):71.

35. 陈军. 撰写教育论文的实践与认识[J]. 现代中小学教育,2002,18(01):60-62.

36. 杨明生. 浅谈化学教研论文的选题[J]. 化学教育,2009,30(01):78-79.

37. 王国芳. 浅谈教研论文选题应遵循的三条原则[J]. 思想政治课教学, 2008(04): 73-75.

38. 沈正东. 新课程背景下中学化学教学中的美育[J]. 中学化学教学参考, 2017(6):5-7.

39. 谭凤娇, 吴鑫德. 顺应性作业评价对高一学生化学成绩影响的研究[J]. 化学教与学, 2013(06):68-69+81.

40. 刘良华. 教育研究方法[M]. 上海:华东师范大学出版社, 2014.

41. 王恩华. 大学学术失范与学术规范[M]. 长沙:湖南师范大学出版社, 2010.

42. 高一箴. 图书情报学论文的参考文献及其著录规范[J]. 现代情报, 2004(2):165-166.

43. 罗海艳. 英语论文MLA与APA格式中参考书目格式的异同比较[J]. 怀化学院学报, 2008(5):31-33.